网球运动的发展与科学化训练研究

王兴通　著

中国水利水电出版社
www.waterpub.com.cn
·北京·

内 容 提 要

本书首先对网球运动的基本概况进行了阐述，包括网球运动的起源、功能特点、网球竞赛、现代网球运动发展概况等；其后重点对网球运动的科学化训练的各个方面进行了深入的分析和探讨，包括技战术的基本理论、科学化训练的理论、体能、心理、技战术训练以及医务监督等。本书内容翔实，理论与训练实践密切结合。通过本书的学习，能够全面了解网球运动训练的基本理论知识，提高网球运动训练的科学性。

图书在版编目（CIP）数据

网球运动的发展与科学化训练研究 / 王兴通著. -- 北京 : 中国水利水电出版社, 2016.10（2022.9重印）
ISBN 978-7-5170-4664-6

Ⅰ. ①网… Ⅱ. ①王… Ⅲ. ①网球运动－运动训练－研究 Ⅳ. ①G845.2

中国版本图书馆CIP数据核字(2016)第207796号

责任编辑：杨庆川　陈　洁　　封面设计：马静静

书　名	网球运动的发展与科学化训练研究　WANGQIU YUNDONG DE FAZHAN YU KEXUEHUA XUNLIAN YANJIU
作　者	王兴通　著
出版发行	中国水利水电出版社 （北京市海淀区玉渊潭南路1号D座 100038） 网址：www.waterpub.com.cn E-mail：mchannel@263.net（万水） sales@mwr.gov.cn 电话：(010)68545888（营销中心）、82562819（万水）
经　售	全国各地新华书店和相关出版物销售网点
排　版	北京鑫海胜蓝数码科技有限公司
印　刷	天津光之彩印刷有限公司
规　格	170mm×240mm　16开本　20印张　358千字
版　次	2016年10月第1版　2022年9月第2次印刷
印　数	1501-2500册
定　价	60.00元

凡购买我社图书，如有缺页、倒页、脱页的，本社营销中心负责调换

前　言

网球运动由网球游戏逐渐发展而来，是一项魅力十足的运动。近年来，世界网球运动迅速发展，网球运动在世界范围内的影响力逐渐增加，尤其是四大满贯赛事，广为人们所熟知。与此同时，随着我国社会主义现代化建设的进行，我国的社会经济发展水平快速提高，人们的体育需求不断增加，这为网球运动在我国的发展提供了契机。

网球运动作为一项高雅的运动项目，近年来在我国得到了快速的发展。网球运动能够在我国民众中普及和发展，要得益于网球运动员李娜的出色表现，正是由于她两夺“大满贯”，激发了人们对于网球运动空前的热情。近年来，我国举办了中国网球公开赛、上海大师赛和武汉网球公开赛等顶级网球赛事，不仅提升了我国网球运动在国际上的知名度，更加促进了大众对于网球运动的兴趣。如今，很多高校都开设了网球课程，各地也陆续修建了网球运动场馆，各种形式的网球运动培训学校逐年增多。总体来看，我国网球运动发展火热，青少年参与网球运动的积极性较高。

人们对于网球运动的需求逐渐增加，而网球运动技战术与其他运动项目相比具有其复杂性。这就需要促进人们网球运动的科学化训练，这样才能够促使人们更好地投入到网球运动实践中。因此，特撰写了这本《网球运动的发展与科学化训练研究》。

本书共有九章，第一章为绪论，对网球运动的基本知识进行了分析，包括网球运动的起源、特点、功能、场地、器材、组织机构、重要赛事以及其他形式的网球运动简介；第二章对现代网球运动的发展进行了分析，首先分析了世界网球运动的发展，其次分析了我国网球运动的发展，最后对现代网球运动的发展趋势进行了探讨；第三章对网球运动技战术基本理论及其理论的发展趋势进行了研究；第四章为网球运动科学化训练理论，对网球运动训练的理论基础、基本原理、原则、方法等进行了分析，并且研究了网球运动训练计划的制定；第五章探讨了网球运动体能素质的科学化训练，首先阐述了网球运动的体能要求，其次分析了网球运动的基础体能和专项体能训练，最后对其体能训练评价进行了分析；第六章为网球运动心理素质的科学化训练理论，探讨了运动员的责任感、动机、情绪、注意力等方面的内容；第七章为网球运动的无球技术和有球技术的训练；第八章为网球运动战术的科学化训练；第九章为网球运动训练的科学医务监督，对训练的疲劳与恢复、营养的消耗与补充、伤病与防治等方面进行了研究。

本书内容相对较为全面，首先对网球运动的基本概况进行了阐述，其后重点对网球运动科学化训练的各个方面进行了深入分析和探讨。本书内容翔实，理论与实践密切结合。通过本书的学习，能够全面了解网球运动训练的基本理论知识，提高网球运动训练的科学性。

在撰写本书时，参考了多位专家学者的著作，在此一并表示感谢。由于作者能力有限，书中如有不当之处，敬请读者批评指正。

作 者

2016 年 6 月

目 录

第一章　绪　论

网球运动在世界范围内具有广泛的影响力，如今的大满贯赛事，越来越为人们所熟知。对网球运动进行研究时，需要对其基本理论进行分析，对网球运动的基本知识有所了解，这样才能更好地认识网球运动。因此，本章对网球运动的基本知识进行阐述。

第一节　网球运动的起源

关于网球运动的起源，共同的看法是其来自于游戏。但是，学者们对于何时、何地以及何种方式起源的却有不同的说法。相关的资料显示网球运动，掌球游戏是室内网球的先驱。网球游戏有起源于希腊、古罗马和波斯等学说，《简明大不列颠百科全书》中说，网球运动起源于十二三世纪法国的手掌球。

网球的玩法虽不尽相同，但是却大同小异，只是在不同的国家被赋予不同的名字，如在澳洲被称为 Royal Tennis；在美国则称之为 Court Tennis；在法国称之为 Jeude Paume（Handball）；在英国即称为 Tennis，或者细分称为 Tennis、Real Tennis 或 Royal Tennis。

很多学者认为，网球最早在法国成形，因而可以说法国是网球的发源地。在十二三世纪时，法国的传教士为了调剂单调的生活，在教堂回廊里用手掌击球，这种游戏被称为“jeu de paume”。事实上，英语网球 Tennis 是从法语词 tenez 或是动词 tendere 演变而来的。其后，这一游戏逐渐出入宫廷，但是由于其平民化和大众化的特点，有损贵族的形象，因此被法国国王路易四世禁止。最初这种游戏在大厅进行，球以布裹头发用绳子绑成，场地中间高高架起一绳子，利用两手当球拍。

14 世纪初，网球游戏已经演变为一种竞技活动，网球活动深受路易十世的喜爱，并且经常进行网球比赛。14 世纪中期，网球运动在英国民间广泛传播，出现以球聚赌的现象，为了整治社会风气，法国国王查理五世颁布禁令，禁止在巴黎打网球。

14 世纪 30 年代时，这种游戏传入英国，爱德华三世为了打球方便，在温莎城堡内修建了网球场，保留至今。据传在“英法百年战争”期间，法国王储向英皇亨利五世下了战表，而这种战表就是一箱网球，由此引发了阿金库尔战役。不过，网球也因此在英国盛行，成为英国上层社会的一种娱乐活动，因而有“贵族运动”之雅称。

16 至 17 世纪是法国和英国宫廷从事网球活动的兴盛时期。人们逐渐厌倦了用手击球，于是板拍和球拍便应运而生。起初，皇室贵族们用一种介于驾驶手套和棒球手套之间的皮制手套击球，后来，手套逐渐演变成板拍，而拍板由蒙着羊皮的木制球拍代替。同时，场地中间的绳子，增加了许多的短绳子，直至 17 世纪初场地中间的绳帘才改成小方格网子，并且球拍也改成穿线的球拍。伴随着球拍的变化，球也随之发生变化。最初的球是由羊毛和麻制成，很柔软。由于球拍的出现，于是出现了一种比较结实、用皮革充填锯屑和细砂制成的球。后来出现了穿线球拍，于是人们便用皮革、棉、麻缠在一起并在接缝处缝合起来的球，并根据场地的背景，并把球分黑、白两色。直到 1845 年，用橡胶制成的网球的出现，从而使得网球运动有了革命性的发展。

关于网球的记分制起源，历史学家公认是来自于法语。其中“Loue”来自“L’oeuf”一词，而“Deuce”来自“a deux”，积分顺序则为 15，30，40。起初网球赛每局 4 分。4 个 15 为一度，和 4 个 15 度构成 1/6 个圆一样，采用 15 为基数以计算每一分球的得失，至于 45 改成 40，是为了报分发音的简便清晰。

1858 年，英国人哈利·梅姆在伯明翰建造了一个“网球场”，促进了早期网球游戏的开展。然后他又于 1872 年建造了莱明顿网球俱乐部，扩大网球游戏的影响。1873 年，美国人沃尔特·克洛普顿·温菲尔德改进了早期的网球打法，并取名为“草地网球”。他还于同年出版了一本以《草地网球》为题的书，书中详细介绍了此项运动，于是草地网球取代了板球成为英国最流行的室外活动，温菲尔德因此本称为“近代网球之父”。1875 年英国的板球俱乐部修订了网球比赛规则后，于 1877 年 7 月在英国的温布尔登举行了第一届温布尔登草地网球锦标赛。后来该俱乐部把网球比赛场地定为长 23.77 米、宽 8.23 米的长方形，球网中央高度为 99 厘米，每局采用 15、30、40 等记分方法。1884 年英国伦敦的玛丽勒本板球俱乐部把球网中央高度改为 91.4 厘米。至此，现代网球运动正式形成。

在 1896 年第一届奥运会上网球就被列为正式比赛项目，后来由于国际奥委会和国际网球联会在“业余运动员”的定义上有分歧，国际奥委会取消了奥运会中的网球项目。1984 年在第 23 届洛杉矶奥运会上，网球比赛被列为表演项目，1988 年在汉城奥运会上，网球又重新被列为奥运会正式比赛项目。20 世纪 70 年代以后，网球运动快速发展，器材生产技术不断发展，并出现了一批优秀的选手，人们观看网球比赛的积极性空前发展。

第二节　网球运动的特点与功能

一、网球运动发展特点

(一)获得更为广泛的开展和普及

根据相关调查研究资料显示，1990 年初，在国际网联注册的就有 156 个网球协会。近年来，网球运动在我国获得广泛的开展和普及，参与网球运动的人口也在不断增加。近年来，青少年参与网球运动的积极性不断发展，年轻选手在比赛中的表现也吸引了人们的目光。如今，在很多城市都有相应的青少年网球培训学校，指导青少年进行网球技战术的学习训练，网球运动也成为在大众中广受欢迎的运动项目之一。

高水平的网球运动比赛也吸引了众多人群的观看。尤其是近年来，随着中国网球公开赛的举办，人们对于网球运动的了解越来越深刻，网球运动逐渐在我国大中城市中得到了普及和发展。

(二)职业化和商业化程度进一步增强

在 1968 年以前，网球运动大型比赛一直拒绝职业运动员的参与。1968 年国际网联取消这一禁令后，世界各大网球运动赛事便充满了商业色彩，当今四大比赛和不同级别的大奖赛、巡回赛、大满贯和独资赞助的大赛奖金数额均高得惊人。在巨额奖金刺激下，优秀网球选手的职业化程度、早期专项训练、早期参赛等不断增强，由此推动了网球训练的变革与技术水平的不断提高。

优秀的网球运动员会有其相应的经纪人、教练员、体能康复训练师等团队，运动员能够取得成功，与其团队的努力是分不开的，而仅仅依靠个人努力是远远不够的。例如，我国网球运动员李娜，在 2014 年夺冠时，首先感谢了其经纪人，让她变得富有；感谢了她的体能师，让她保持健康；感谢了她的教练，一直以来对她的信任。

如今，网球运动的职业化和商业化越来越明显，运动员取得成功，离不开职业化、商业化的团队运作。

(三)多样化的网球竞赛场地开始出现

从目前来看,网球运动竞赛场地开始越来越多样化,各类型的网球竞赛常使用的是沥青混凝土涂塑硬场地,球速快,较适合于进攻型打法。此外,还有草地、红土、地毯。英国温布尔登比赛场地是草地,球速和弹跳规律不同,跑动步法和调整方式也不同,这就要求运动员具有广泛的适应能力,从而要求运动员更加全面地提升自身技战术水平。

网球场地不同,则对运动员具有不同的要求,要想在不同的场地上取胜,就需要运动员具有超强的调整能力。例如,纳达尔被称为红土之王,其在红土地上夺冠的次数要远远多于在其他场地上,其技术特点更加适应红土场地,而在其他场地上可能会受到一定的限制。

(四)各种攻防技战术水平获得空前提高

网球运动的各种攻防技战术获得不断的发展和创新,技战术水平获得空前的提高。网球运动的双手握拍技术大大加强了反拍的攻击力,攻击性上旋高球现已发展为反拍攻击性上旋高球,提高了防反能力。双打中的抢网技术、鱼跃截击球技术、用快速起跳高压来对付攻击性上旋高球等高难度技术不断出现。发球上网技术在快速场地上的运用,推动着接发球破网技、战术的发展。双打接发球方的抢网战术不仅在男双中使用,而且也在女双和混双中使用广泛,这使各项攻防技、战术达到空前的高水平。

(五)更多青少年网球运动员跨入世界水平行列,呈现出早期成熟趋势

就目前来看,国际大型网球赛事中出现了越来越多的青少年的身形,他们在比赛中不断取得令人瞩目的优异成绩。例如,1985 年,温布尔登男子单打冠军被德国 17 岁小将贝克尔夺得;德国姑娘格拉美 16 岁就跻身世界前列,1987 年积分超过老将纳芙拉蒂洛娃而成为新的“网球女皇”;1989 年,法国网球公开赛男子单打冠军被美籍华人 16 岁小将张德培夺得,震动了世界网坛;接着南斯拉夫 16 岁姑娘塞莱斯脱颖而出,击败各国对手,荣获 1990 年法国公开赛冠军,1991 年又获得澳大利亚公开赛和美国公开赛冠军,并蝉联法国公开赛冠军,跃居世界女子排名第一位;1997 年瑞士 16 岁的“网球天才少女”辛吉斯,不仅登上世界女子排名第一的宝座,还一人独揽三项“大满贯”冠军。

二、网球运动的理念特点

(一)积极而专注的态度

网球运动是一项全身性运动，在进行运动比赛时，运动者需要积极调动全身各个部位的肌肉和关节，积极主动地面对球和对手，需要以积极的态度来应对。优秀的网球运动员具有一种自我挑战的态度，积极向上，不断进取，其具有强烈的打球热情，如果被迫进行网球运动练习，则其不会取得较大的成就。

另外，网球运动需要运动者具有高度的注意力，专注、用心才能打好网球。网球运动与其他小球类运动具有很大的区别。例如，乒乓球、羽毛球等运动，其场地较小，在击球时，主要靠人的手上直觉，这些球即使没有训练过，也能进行业余玩乐。网球运动的技术动作含量较高，如果没有进行过相应的训练，则其在球场上根本无法打球，甚至连球也碰不到。

在打网球时，需要集中注意力，要认真对待每一个球。尤其是在比赛时，更加要求运动员注意力高度集中。

(二)耐心而不懈的毅力

网球运动技术难度相对较大，在业余休闲娱乐时，掌握基本的打回合的技术是最为起码的条件，否则只能在场上不断捡球，最终丧失对网球的乐趣。网球运动对于身体的协调性和灵活性要求较高，不下功夫进行练习是打不好网球的。

网球运动的动作技术每个环节都有其科学性和合理性，不同的位置、不同的来球，则会需要不同的技术进行应对。运动者要灵活控制自己的身体，并注意力量的控制。在学习技术动作时，应有充分的耐心，不急躁，体会动作技术的细节，掌握其基本规律。

对于一个普通的网球爱好者而言，能潇洒地挥拍与同伴打数个回合已经是一件不易之事。要想掌握高难度的动作，更不是一蹴而就的。人们将网球运动学习的过程分为三个阶段，即兴奋阶段、痛苦阶段和幸福阶段。要想经过三个阶段，最终成为一个高手，必须持之以恒、循序渐进。

(三)务实而乐观的精神

在观看网球比赛时，常常被优秀球员的技术所折服。但是，这些明星球员的技术动作是经过长年累月的训练才取得的成就，而非一般人所能够掌握的。学习网球时，应该以自身的实际情况作为出发点，不应脱离实际，好高骛远。只有脚踏实地进行训练，才能促进自身技术水平的不断提高。

对优秀的职业运动员进行学习和借鉴是必要的，但是简单的模仿是学不来的。其独特的动作技术，可能是球员通过多年训练的积累，超强的身体协调性和力量才能完成的，只是简单的模仿是不可取的。

在进行网球学练时，可能在开始时会有一些不好的习惯，有些技术动作也是错误的，要提高自身的实力，需要改掉这些习惯和错误动作，这是一个螺旋上升的进步过程。运动者需要脚踏实地，以乐观的态度进行网球运动训练。

三、网球运动的技战术特点

（一）合理性

在运动比赛过程中，优秀的运动员每一个精彩的技术动作环节都是合理运用技术动作的结果。各种技术动作都有其科学性和合理性，如果各动作胡乱拼凑，各技术动作不标准，就会出现失误。例如，如果对方拉过来的是上旋球，正手进行回击时，必须以西方或半西方握拍击打，否则可能会造成失误。在击球时，挥拍的轨迹、发力部位和动作等都有相应的要求，如果不标准，则会造成失误率的增高。

（二）协调性

优秀的网球运动员其身体动作往往潇洒、舒展，给人以美的享受，这是其具有良好的协调性和平衡性的表现。平衡的击球位置是保证击球质量的重要条件，如果身体失去了平衡，则打球的稳定性就会降低，从而使球失去控制。优秀的运动员往往能够将一些刁钻的球以不可思议的方式救起，这是其能够很好地控制自身的身体的效果。优秀的运动员在击球时始终将肩膀放平，头摆正，打低球的时候，屈膝沉腰；打高球时，脚尖踮起，手臂随身体的转动自然挥动，具有较大的稳定性。

（三）移动性

网球运动看似用手臂在打球，其是却是双腿的比赛。在网球运动中，移动是尤为重要的，为了保证回球的质量，必须及时移动到相应的位置，良好的平衡和协调是尤为重要的。在比赛中，打两角的战术经常采用，打底线然后吊网前也是杀敌的利器。在对方运用这些打法时，就需要我方球员能够积极、快速的移动到位。

(四)预判性

网球运动员的头脑起着重要的作用,能够根据对方的动作特点来预判来球的性质和落点,然后快速移动到位。相应的研究发现,网球运动比赛中,80%的击球是在预判的基础上进行的,甚至优秀的运动员在自己击出球后,会预判到对方可能的回球方式,判断出对手可能做出的回击。因此,反应和预判能力是衡量一个运动员网球水平的重要方面。

(五)有效性

网球运动员在击球时,其每一次击球都是由身体控制和自身力量控制这两方面决定的,并不是力量越大取得的效果越好,应对力量和身体进行良好的控制。在击球时,只要稍微改变一下球拍的角度,则击出的球就会有很大的不同,因此运动者需要有效控制自己的身体。

四、网球运动的功能

(一)调节和放松身心

对于现代人而言,快节奏的生活和竞争激烈的环境使其面临来自多重压力,无论是工作、学习还是生活方面,不同年龄段的人有着不同程度的压力。在这样的生活环境下,人们需要缓解压力,放松身心。因此,人们需要休息,需要缓解压力。而经常从事网球运动锻炼并配以充足的休息,可有效起到疏解压力、调节免疫的重要功能。网球运动是一项需要全神贯注排除一切杂念的运动,在运动的过程中需要快速奔跑,需要随机应变地击球等,锻炼者可以在运动中充分发泄,可以把生活上、工作上的压力、疲劳、困扰等充分释放,从而达到调节和放松身心的目的。

(二)增强体质,促进健康

体育运动能够对人体的各方面生理机能进行锻炼和发展,经常参加体育运动,对于促进人的身体健康具有重要的意义。

经常从事网球运动,还可起到增强体质和促进健康的锻炼功能。网球运动是典型的有氧为主、无氧为辅的运动。经常参加有利于降低人体的血脂,防止高血压,提高人的心血管系统的能力。运动量的大小可以自己控制。经常打网球可以增强人的灵活性,提高人的反应速度,使人充满朝气、精力充沛,可有效防止老年痴呆。

(三)促进良好心理素质的形成

网球运动可有效锻炼人的意志品质,促进良好心理素质的形成。对于网球运动爱好者而言,经常参加网球运动的训练和比赛,不仅有助于学会控制自己的情绪,合理掌握调节自身心理的手段与方法,而且还能够更好地锻炼意志品质,从而促进良好心理素质的形成。

(四)有助于良好情操的培养

良好的情操是人应具备的基本品德之一,而经常参与网球运动则有助于人的良好情操的培养。网球运动在增强体质和促进健康的同时,还可以帮助人们在运动过程中结识更多的朋友。在进行网球学习时,会与教师和同伴进行交流,小小的网球会使人们相识、交流、交心、知心,且网球运动不受年龄、性别、门第等因素的限制。

第三节　网球运动的场地与器材

一、场地规格

根据影响球的反弹程度的不同,网球场大致可分为以下几种:①慢速球场(黏土、其他土质球场等);②中速球场(粗糙的人工合成材料,油漆地板等);③快速球场(草地、光滑的人工合成材料、硬木地板等)。当然这些都只是粗略的划分,而在两块不同的粘土球场上球的反弹情况也可能不大相同。原则上,球场越硬,尤其是越光滑的球场表面对球的反弹影响越小。

网球场地应该是长方形,长度为23.77米(78英尺),单打比赛的场地宽度为8.23米(27英尺),双打比赛场地的宽度为10.97米(36英尺)。

场地由一条挂在绳索或钢丝绳上的球网从中间处分隔开,所使用的绳索或钢丝绳附着或挂在1.07米(3.5英尺)高的两根网柱上。球网应充分伸展开,使之能够填满两个网柱之间的空间,其上网孔的大小以确保球不能穿过为宜。球网中心的高度应当为0.914米(3英尺),并且用中心带向下绷紧固定,网绳或钢丝绳和球网的上端应当用一条网带包裹住,中心带和网带都应完全为白色。网绳或钢丝绳的最大直径为0.8厘米(0.33英寸);中心带的最大宽度应为5厘米(2英寸);球网每一边垂直向下的网带宽度应当在5厘米(2英寸)与6.35厘米(2.5英寸)之间。

双打比赛中，每侧网柱的中心应距双打场地的外沿 0.914 米(3 英尺)。

单打比赛中，如果使用单打球网，每侧网柱的中心应距单打场地的外沿 0.914 米(3 英尺)。

如果使用双打球网，那么球网要用两根高 1.07 米(3.5 英尺)的单打支柱支撑起来，每侧单打支柱的中心距单打场地的外沿 0.914 米(3 英尺)。网柱的边长不应超过 15 厘米(6 英寸)或直径不应超过 15 厘米(6 英寸)；单打支柱的边长不应超过 7.5 厘米(3 英寸)或直径不应超过 7.5 厘米(3 英寸)；网柱和单打支柱的上端不能超过网绳顶端以上 2.5 厘米(1 英寸)。

球场两端的界线称为底线，两侧的界线称为边线。

在两条单打边线之间画两条距球网 6.40 米(21 英尺)并且与球网平行的线，这两条线称为发球线。在球网每一边的发球线和球网之间的区域，被一条发球中线分成相同的两个部分称为发球区，发球中线应当和单打边线平行并且与两条边线的距离相等。

每一条底线都被一条长 10 厘米(4 英寸)的中心标志分为相等的两部分，中心标志要被画在场地内并且和单打边线平行。发球中线和中心标志的宽度为 5 厘米(2 英寸)；除底线的最大宽度可以为 10 厘米(4 英寸)外，场上其他所有线的宽度均应介于 2.5 厘米(1 英寸)和 5 厘米(2 英寸)之间。

所有场地的测量都应以线的外沿为标准，所有场地上的线的颜色均必须相同，并且和场地的颜色有明显的区别。

单打场地规格如图 1-1 所示。

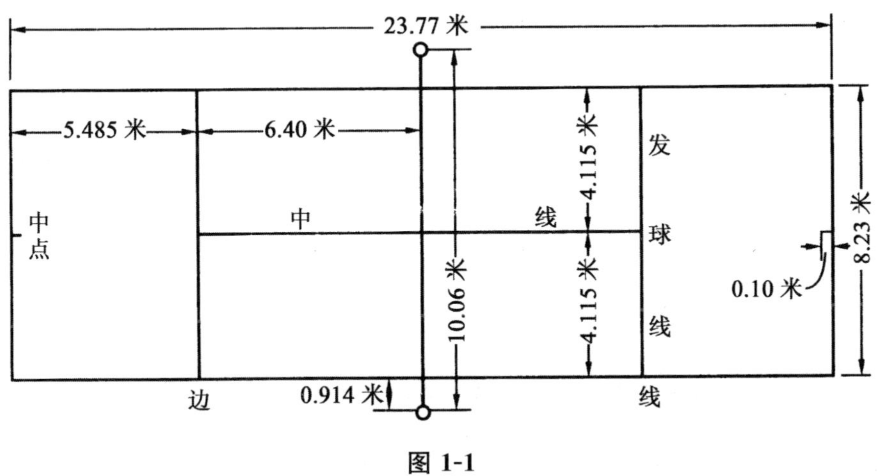

图 1-1

二、球

网球比赛所用球为白色或黄色，由橡胶化合物制作而成，外表毛质均匀,接缝处没有缝线。球的直径为6.35～6.67厘米,重量是56.7～58.5克,球的弹力为从2.54米的高处自由落下时,能在硬地平面弹起1.35～1.47米高,球在气温为20℃时,如果在球上加压8.165千克时,推进变形应大于0.559厘米,小于0.737厘米,复原的平均值为0.89～1.08厘米。

这两种变形值是对球的三个轴方向所施的试验后读数的平均值。在每一种情况下任何两个数据之间的差异不得相差0.076厘米。

以下三种类型的球均符合网球规则的要求,可用于比赛:①快速球,一般用在慢速球场;②中速球,一般用在中、快速球场;③慢速球,一般用在快速球场。

具体内容可参考表1-1。

表1-1 不同规格的网球

	快速球	中速球【1】	慢速球【2】	高海拔用球【3】
重量	1.975～2.095盎司 56.0～59.4克	1.975～2.09盎司 56.0～59.4克	1.975～2.09盎司 56.0～59.4克	1.975～2.0盎司 56.0～59.4克
直径尺寸	2.575～2.700英寸 6.541～6.858厘米	2.575～2.700英寸 6.541～6.858厘米	2.570～2.875英寸 6.985～7.303厘米	2.575～2.700英寸 6.541～6.858厘米
弹性	53～58英寸 135～147厘米	53～58英寸 135～147厘米	53～58英寸 135～147厘米	48～53英寸 122～135厘米
向内变形【4】	0.195～0.235英寸 0.495～0.597厘米	0.220～0.290英寸 0.559～0.737厘米	0.220～0.290英寸 0.559～0.737厘米	0.220～0.290英寸 0.559～0.737厘米
反弹变形【4】	0.265～0.360英寸 0.673～0.914厘米	0.315～0.425英寸 0.800～1.080厘米	0.315～0.425英寸 0.800～1.080厘米	0.315～0.425英寸 0.800～1.080厘米

注:

【1】这种球可以是有压球或无压球。在海拔高度4 000英尺(1 219米)以及以上的地方比赛时,无压球有内压且内压不得超过1磅/平方英寸(7千帕),并且还可以在规定的比赛海拔高度或高于该海拔高度存放60天。

【2】这种球也可用于海拔高度4 000英尺(1 219米)以上的任何球速的场地。

【3】这种球是有压球,只用在海拔高度4 000英尺(1 219米)以上的比赛中。

【4】这两种变形的数据应该是从球的三个垂直轴方向测试后得到的平均值。任何两数据之间的差异不得超过0.30英寸(0.076厘米)。

三、球拍

网球拍主要有木质球拍、铝合金球拍、钢质球拍与合成材料(尼龙、石墨、碳素、钛等)球拍几种。最早的网球拍全是木制的。进入20世纪80年代,碳素、石墨等新的合成材料被广泛用于球拍制造,球拍制造工艺有了新的突破,由于采用新材料,减轻了球拍的重量,击球时震动也减小。

在20世纪60年代,木质球拍几乎占了所有的网球拍市场。到了70年代,金属的球拍取代了多数的木质球拍。如今的球拍多用复合材料,如碳纤维、玻璃纤维、克维拉纤维、高张力碳纤维、钛、超刚性碳纤维等材料单独使用或混合使用。这主要是因为这些材料与木或铝比起来更轻、更硬、更耐用,也更能吸收震荡与振动。这些材料同时也让制造厂商在球拍的硬度、球感、击球性能的设计上有更大的伸展空间。

在选购球拍之前,最好先了解该球拍是什么材料所做成的,不过也有很多厂商所表示的材料只加入一点点,根本起不了作用。表1-2是各种材质的性能。

表1-2　不同材质的性能

材料	硬度系数	强度系数	减震系数
超刚性碳纤维	10	10	5
钛	2.5	2.5	3
高张力碳纤维	8	7	4
克维拉纤维	2	10	7
碳纤维	5	8	4
玻璃纤维	1	6	4
高粘性糖料聚合物	3	8	8
铝	2	4	1
木	1	1	10

现代网球拍制造业中已使用了接近宇航工业和军事工业产品的材质。近20年来,金属材料和化学材料的高水平提升为网球拍制造奠定了坚实基础。当然,这些新材料和新技术的应用,不仅是商业产品激烈竞争所致,更是网球运动飞速进步所需。目前,碳纤维、玻璃纤维、克维拉纤维、高张力碳纤维、钛、超刚性碳纤维等材质已大量使用到网球拍制造材质之中。越来越

坚硬的球拍被不断制造出来，以适应击打出更快速，更有力的球来。这场网球拍制造技术的革命至今仍然在继续。但是坚硬的球拍及其硬度提高必然降低了球拍的避震和回弹性能，也更容易造成初学者和非力量型选手的手关节和腰背肌肉受伤。

所以，在选购网球拍时，应首先了解所使用的材质和避震性能设计时有无“双重互补”系统。刚接触网球的人更应该选择材质硬度适中且兼有避震性能设计的网球拍(表 1-3)。

表 1-3　不同材料的特点

品名	石墨	搪瓷	硼	玻璃纤维	钛合金
硬度	较硬	非常硬	极硬	不硬	硬
弹性	一般	差	差	较好	适中
适用于	中等力量型	强力型	技术型	全面型	全面型

需要说明的是，材质的坚硬都是制造网球拍所追求的目标。但只有材质坚硬适度，且有避震系统设计较好的球拍，才是与网球运动发展相适应的成功球拍。

各种材质的网球拍都有其优缺点，因此网球爱好者应根据自己的技术水平、身体素质、性别、年龄、经济状况等条件去选择合适的球拍。目前，铝合金和碳素合成的球拍往往受到网球爱好者的喜爱，铝合金球拍价格便宜、耐用，比较适合初学网球者，而当网球技术水平进一步提高时，可选择碳素合成的球拍，同时这也对网球技术的提高有一定的帮助。一般来说，少年儿童应选择短球拍，然后再使用成人球拍，女士选择轻型球拍，男士一般要选择中型头球拍，中型头球拍较适合打底线，力量型的球员要选择拍架坚固的球拍。

在选择网球拍时，适合本人使用的球拍拍柄粗细的尺寸，大约等于本人的中指指尖到手掌第二掌线的长度，见图 1-2。或者用正确的握法握拍时，拇指和食指的指尖正好斜对在一起。

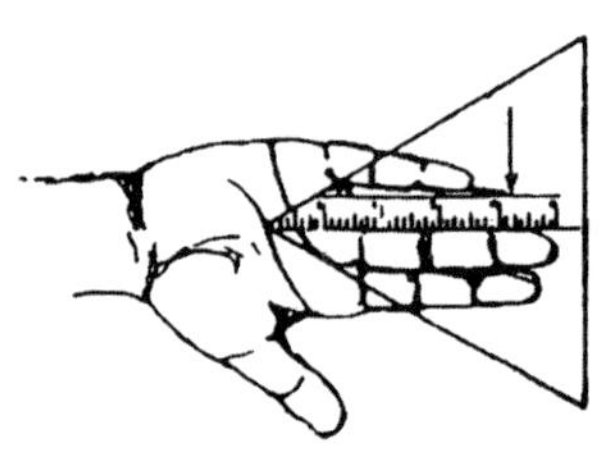

图 1-2

正式比赛中所用的球拍要符合网球比赛的规则要求。

(一)拍面大小

网球拍的拍面有多种规格,不同的拍面类型会有不同的特点,现在的网球拍依其拍面面积的大小,大致上可分为四种类型。

(1)中拍面球拍:穿线面积介于94平方英寸。

(2)中大拍面球拍:穿线面积介于95~104平方英寸。

(3)大拍面球拍:穿线面积大于105~115平方英寸。

(4)超大拍面球拍:穿线面积大于116平方英寸。

不同的拍面会有不同的适用范围,具体可参考表1-4。

表1-4 不同拍面的特点和适用范围

类型	中拍面	中大拍面	大拍面	其他型
特点	拍框小,甜点区小、高磅上弦	拍框中度,甜点区中度	拍框大、甜点区中等、触球范围大	拍框多样,甜点区中度
适用范围	出球准确、力量集中的职业选手	力量适中,全面型的选手	初学选手,青年选手,老年选手	有一定训练水平的选手

不同的拍面具有不同的特点:小型头拍需要很精确的击球点,挥动灵活,击球力量集中;中型头拍打底线球时球感较好,球容易控制,因此中型头拍的球拍受到大部分网球爱好者和优秀网球选手的喜爱;大头拍的拍面较大,在网前截击时比较有把握,有些名牌大头拍的球拍具有很好的弹性。

目前,市场上最普遍的拍面大致在110到115平方英寸之间。不同的拍面大小对网球技术水平的发挥起着不同的作用。具体而言,大拍面对网球技术动作有较大的宽容度(More Forgiving),也就是说当你击球偏离甜点区(Sweet Spot),也可以把球打出去。因此,拍面越大则甜点区越大,击球的稳定性强,对技术动作的要求难度降低。另外,大拍面的直弦较长,从而使弹力增加。

目前市场上最大的拍面大致在135~138平方英寸之间。这些球拍虽然具有良好的弹性,能够轻松将一些球送回,在业余比赛中不错;但是,由于拍面过大,就造成了阻力的加大,使得在挥拍时缺乏速度,回过去的球也缺乏力度,球容易漂浮。另外,拍面较大,则整个拍的重量也会随之增加,这就造成了拍重而缺乏灵活性。

通常，职业运动员的球拍拍面是相对较小的，并且很薄。这主要是因为，拍面越小，则因为这甜点区越小，在挥拍时击球的力量也就相对越集中，从而能够使得回球的速度也越快。而在人们日常健身锻炼过程中，为了容易打到球，往往采用较大的拍面。职业运动员经过长期的训练，其已经不再考虑能不能打到球这些较为初级的问题，而更加注重击球的速度和击球的力量，所以他们几乎都使用95平方英寸左右的中拍面。对中大拍面的使用也不限于职业球员。因为只要控球良好，反应快，稍有基础的年轻或中年人都可以用中到中大的拍面。因此，我们可以看出，大拍面易学，稍微偏离中心也能打到，而缺点则是缺少速度，控制也较差，适合女性、初学及年纪大者使用。中拍面适合中上级及年轻球员，用它击出的球速快，控制好，但是甜点区小，技术水平较高的职业选手或有良好球技的选手多使用该类型球拍。

（二）球拍的厚度

球拍的厚度影响着球拍的性能。球拍厚度尺寸在22～34毫米之间，越厚的拍子硬度越大，爆发力也就越强，击出的球强劲有力，但控制性差，容易出界。如果臂力充足最好使用较软一些的薄型拍。此外，有些球拍不是一样厚，比如把拍头部分做厚是为了增加底线对抽的分量；把拍颈部分做厚是为了在击球一瞬间增加球拍的稳定性。此外，越厚的拍框弹性越大，薄框的拍子弹性相对较小，因此，建议女性和中老年朋友选用中等偏厚的拍子，而年轻的男选手则可以选中等偏薄的拍子。

（三）球拍的平衡点

平衡就是指杠杆的支点，也是反映拍头轻重的标志，而拍头的轻重直接关系到击球的速度和力量。首先可量一下球拍，在1/2处就是球拍的平衡点，然后把球拍水平置于椅背正对平衡点。这时，球拍往拍头方向下垂就是头重，反之则头轻，如果球拍能保持水平就是平衡。头重的球拍适合于底线对打；头轻的球拍适合于网前截击，上网型和双打球员多用此拍；攻守兼备的全能型球员一般用较平衡的球拍。然而，最近球拍设计的趋向，多把超轻的球拍头部加重，根据力臂惯性原理，重量对挥拍的感觉是成平方正比。因此，使用拍头重的球拍，使离心力增加，也有利底线的抽球。

若自己的球拍与球风不符，可以用前面所提到的小铅片来加以调整：把铅片加到拍框两侧，拍头就变重了，把铅片加在握把头上，拍头就会变轻了。

在打球时手和球拍的唯一接触点就是握把。太细的握把不仅会使人疲劳，而且不容易处理好小球和截击球；同样，太粗的握把会使人抓不紧球拍，用力击球时容易产生松动导致球拍失去稳定。

（四）球拍的重量

网球拍的重量系数指未上网线和握把胶皮等配件即整支网拍的净重克数。具体可分为拍头重量和拍身重量两部分。

从网球技术理论上可以认为，网拍的重量与选手的技术力量和能力有关，也就是随选手球技与能力的改变，其球拍的重量应该做相应调整。

关于网球拍的重量，常有以下表示方法：以 L（11～13 盎司）代表轻型球拍、LM（13～13.5 盎司）代表中轻型球拍、M（13.5～14 盎司）代表中型球拍、H（14～15 盎司）代表重型球拍（1 盎司＝28.35 克）。

一把球拍不仅有重量表示，而且还有拍柄粗细表示。一般，网球拍上都会有重量标志，具体内容详见表 1-5。

表 1-5　网球拍重量表

重量标志	实际重量		型号
	盎司	克数	
L	＜13	＜369	轻型
LM	13～13.5	369～383	中轻型
M	13.5～14	383～397	中型
T	＞14	＞397	重型

作为初学者或初级水平的选手，由于对高速运行的网球不太适应，对球的性能和线路把握不准，应该选择拍头和拍身较轻的球拍，也就是拍头较宽大，拍头平圆为流线型的球拍。此类球拍可培养灵巧和球感性能，还可减少回球失误率。待球技有了提高之后，则可根据网球技术提高的程度和自己的感觉做适当的调整。但此种网拍在职业选手使用中，对回球的加力和加速度等方面不适宜。

随着球技和力量的提高，可更换拍头稍重、拍身重量适中的中间型球拍。这种球拍通常拍面面积中等，拍头呈几何图形。这种球拍击球力量适中，回球时加速度较好。如上弦磅数适中，也能较好地配合上网截击和打出旋转方向的球，但对于击球精度不高的选手常有碰框、碰颈等失误。

对于职业选手，较常使用拍头重沉，拍身坚硬的标准型球拍，且多用高磅数上线，这种球拍的使用者是击球精确、力量大的选手。希望技术和体力并进的人，应避免选择重球拍；如果考虑易于操作，可选择使用小型头拍。

（五）握把规格

在选择握把的尺寸时，应选择最适合自己的尺寸。如果握把不合适，则会影响技术的发挥。具体而言，如果握把选得太细，不易抓紧，遇上强球容易造成拍面松动而使拍面翻转；如果握把太粗，则容易使握把手产生疲劳，灵敏度会降低，不易处理小球或截击球。

尺寸表示通常都贴在球拍外框或内框，标上注释的 L，SL，USL，标识球拍的重量范围，L 指拍重（含网线）在 335 克以上，SL 指拍重在 320～335 克之间，USL 则指拍重在 320 克以下，其后面的数字则是以英寸为单位标识的手柄周长，数字越大则表示手柄越粗，相反，则越细。通常拍柄粗细有欧式和美式两种标识法，其换算公式为美式 0、1、2、3、4、5 依此类推；欧式 4、$4\frac{1}{8}$、$4\frac{1}{4}$、$4\frac{3}{8}$、$4\frac{1}{2}$和 $4\frac{5}{8}$。

实际上，选手应该选多少尺寸才合适，必须看自己的手掌大小，不可一概而论。不过有一个指标就是我们东方人很少有人需要 $4\frac{1}{2}$ 以上的握把。

注意球拍上的标注，普通男性一般选用 $4\frac{3}{8}$ 号握把，手大者用 $4\frac{1}{2}$ 号；普通女性一般选用 $4\frac{1}{4}$～$4\frac{3}{8}$ 号之间，手特小者用 $4\frac{1}{8}$ 号。

正确的球拍握把应是：自然地握住握把，手指与手掌之间的间隙刚好能放入另一手的食指。不过，现在的零件工业很发达，已使加码容易。如四分之一英寸程度的调节，在原来的握把上面加上一层握把皮也就轻而易举地达到了此目的。如果已用的球拍握把粗细不合适，如细一些的可再加一条薄缠把；粗一些的，就要剥去球拍本身那层较粗的缠把。建议在选择握把时要挑略细一点的（表 1-6）。

一种寻找适合自己手掌尺寸的握把最简易的方法是：在原先稍微细小的握把上缠上一层薄薄的握把皮。一条不够可以再加一条。请勿忘记，握把是球拍与人体之间最重要的接触点。拍子抓不好，不舒适，再好的球拍，再好的球技都无法发挥。

表 1-6 网球球拍拍柄尺寸表

拍柄号	拍柄尺寸(英寸)	拍柄尺寸(厘米)
2	$4\frac{1}{4}$	10.8
3	$4\frac{3}{8}$	11.1
4	$4\frac{1}{2}$	11.4
5	$4\frac{5}{8}$	11.7
6	$4\frac{3}{4}$	12.0
7	$4\frac{7}{8}$	12.3

此外,还有挥重(表示球拍挥动时球拍重量)、绕曲度/硬度(表示球拍击球时的变形量)等技术指标,这些指标主要针对职业选手,对一般业余选手影响不大。

(六)网拍长度

对于网拍的长度,选择标准一是依据使用者的身高;二是使用者追求的打法特点。通常,身高与网拍长度成反比。选手为弥补身高的不足,选用加长的网拍是适宜的。在技术风格上的打法类型上也有底线型选手用加长拍,上网型选手用非加长拍之说法,但网球拍的长度一旦按选手身高条件和打法类型确定后就不应随便改动。

当一只球拍比较长而且头比较重的时候,不管当你第一次拿起这支球拍的感觉有多轻,它加长的长度和平衡点将使挥拍重量增加。这两点都可以增加击球的力量,但是这也会使灵活性变差。

(七)挥拍重量(Swing Weight)

其实比静止重量更重要的是挥拍重量,它表示球拍在挥动时感觉有多重或多轻。影响挥拍重量的因素包括球拍的长度、固定重量(Stationary Weight)和平衡点。所谓的平衡点是指球拍的重心是偏向于拍头、还是偏向于握把或在中央。

网球运动者在选择球拍时,挥拍重量的轻重要视自己的打球风格而定。如果是攻击型的底线型选手可选择挥拍重量较重的球拍,那些要求落点精准的对球的控制要求较高的选手可以选择挥拍重量轻的球拍。挥拍重量越重，需要的击球力量就越大。测量挥拍重量最好是使用 RDC (Racquet Diagnostic Center)测量仪。它将挥拍重量分成 0 到 999 个等级，数值越小，挥拍重量越轻。

需要注意的是，任何材质的球拍均可用于比赛，但是不符合相应规格的网球拍则不得用于比赛，具体而言，网球拍具有如下几方面的规定。

(1)网球拍的击球面必须是平的，由弦线上下交替编织或联结组成，其组成格式完全一致。每条弦线必须与拍框连接，特别是穿线后其中心密度不能小于其他任何区域的密度。

(2)网球拍的拍框和拍柄的总长不得超过 73.66 厘米(29 英寸)，拍框的总宽度不得超过 31.75 厘米(12.5 英寸)。拍框内穿弦平面的总长度不得超过 39.37 厘米(15.5 英寸)，总宽不得超过 29.21 厘米(11.5 英寸)。

(3)网球拍的拍框包括拍柄，不应有附属物或装置，如有附属物或装置，只限用以限制或防止拍框和拍柄的磨损、振动或分散重心。任何附属物或装置，其大小和布置必须合理。

(4)网球拍的拍框、拍柄和弦线，在网球比赛期间，不应有任何可使运动员实质上改变其球拍形状或改变其重心分配的设备。

第四节　其他形式的网球运动

一、软式网球

(一)软式网球概述

软式网球是在网球的基础上发展而来的一种运动项目，最早出现在日本明治维新时期。在当时的日本，积极引进和学习西方的思想文化，一些西方的传教士和商人将草地网球运动带入日本。因此，当时在日本的一些较大的城市中开始有人进行网球活动。由于当时日本还不具备制作球和球拍的条件，依靠进口价格又比较昂贵，所以用作为玩具的橡胶球进行网球运动。由此，在日本诞生了软式网球运动。

1973 年国际软式网球协会成立。第 1 届世界软式网球锦标赛是 1975 年 10 月在美国的夏威夷举行的。1986 年，软式网球进入中国，第二年，中国软式网球协会成立。1994 年在日本广岛举行的第 12 届亚运会上，软式网球被正式列为比赛项目。世界上有许多国家和地区开展这一运动,其中以日本、韩国和中国台北水平最高。

(二)场地器材

1. 场地

软式网球场地,软式网球的场地与网球场地相同,有沙地和沥青涂塑地等。端线和边线连成的区域为内场,内场以外的平坦地面称为外场。场上的附属设备有网柱、裁判椅、挡网、凳子等。球网为黑色,长 12.65 米,高 1.06 米,网孔边长 3.5 厘米,球网上端用两片 5～6 厘米宽的白布包裹(穿钢丝绳用)。球网两端要和网柱密接,球网下沿要与地面相连。

软式网球场地与网球场地的不同点有以下几点。

(1)发球区中线不仅具有限定发球是否错区的作用,其另一个重要的作用为判定单打是否界外。

(2)发球区中线向两端线延长与中点相连成球场中心线,球场中线将球场分成左右相等的两个半场,这两个半场分别是单打比赛的场地。

(3)场面排水坡度,从场面中央到端线不得超过 10 厘米。

(4)外场是指场地周围的空地,它与比赛场地在同一个水平面上,用挡网围起,保证比赛不受阻碍。

(5)外场的宽度,端线后不少于 8 米,边线外不少于 6 米,如果两块场地并排而建,两场地间的距离不少于 5 米。

(6)场线原则上为白色,线宽 5～6 厘米。

2. 器材

(1)球拍

软式网球的球拍比普通网球的球拍要小,材料和普通网球拍差不多,是用木料、金属及其他材料制成的。拍框上要穿织网弦,拍长 69 厘米,拍框一般为椭圆形,长 32 厘米,宽 22 厘米,拍把长 37 厘米。初学者应使用 260～290 克重的球拍为宜。初学者,在选择球拍时,球拍把应该选择相对较为粗一点的。

(2)球

软式网球是充气的白色橡胶球,需要充气,并对气压有一定要求,直径为 6.6 厘米,重 30～31 克,从 1.5 米高处下落的反弹高度为 65～80 厘米(国际标准为 55～80 厘米)。

(三)软网比赛

比赛方式分为团体赛、双打比赛及单打比赛。软式网球的单打比赛与一般网球不同。软式网球比赛实行一盘定胜负,双打比赛一盘进行 9 局,单打比赛一盘进行 5 局。软式网球的用球更加柔软和轻便,对于力量很大的人来说想在软式网球比赛中表现出色并不容易。这也使得在男女混合双打比赛中,实力变得更加均衡,因此也非常受欢迎。

比赛双方在规定的场地上,场地中间以球网相隔,利用球拍相互对打落地反弹一次的球或凌空击球,比赛不受时间和击球次数的限制,正式比赛采用单打 7 局 4 胜制和双打 9 局 5 胜制,单打选手谁先获得 3 局,双打获得 4 局则获胜。

(四)软网技术

握拍方法:多采用网球西方式握拍法,即将球拍平放,以握拍手虎口部位放在拍柄处,手指围绕拍柄握拢,这种方法便于发力。

抽击球多采用平击球;网前抢网或中场截击采用平推截击。

发球和高压球一般采用平击或削击的方法。

在进行双打时,一般采取一前一后站位,后面队员称后卫;前面队员称前卫。后卫主要在底线活动,用抽击球威胁对手,同时为本方前卫创造抢网的机会。前卫一般在网前活动,主要任务是抢拦对方的抽击球和扣杀对方挑出的高球。

二、短式网球

(一)短式网球概述

随着网球运动的快速发展,网球运动出现了年轻化发展的趋势,很多青少年运动员具有了世界水准。网球运动呈现了“启蒙小,成长早”的趋势。在此趋势的基础上,针对儿童身心发展特点和生理负荷特点,并遵循相应的网球运动原理而形成的儿童网球运动逐渐兴起,这就是短式网球。

短式网球与普通网球运动具有相同的内涵,所不同的是,其适合 5 岁以上的各个年龄儿童的生理、心理特点,是对儿童进行网球启蒙训练的有效方法和手段。通过短式网球运动训练之后,儿童掌握了相应的网球运动的技战术方法,之后再和标准的网球运动相接轨。

短式网球运动起源于20世纪70年代后期的瑞典,其后在欧美各国流行甚广。现在世界各国普遍用来对儿童进行网球的启蒙训练。短式网球运动对网球人才的培养,对于增加网球运动的人口,以及提高网球运动科学训练水平起到了积极的促进作用。正是由于短式网球的出现,使得网球运动训练克服并纠正了儿童成人化训练所产生的一切弊端。短式网球运动场地较小,器材相对较为简单,投资少且便于掌握,深受教练、家长、儿童的欢迎。

短式网球出现之后,引起了国际网球组织的高度重视。1990年,国际草地网球协会正式认可并接纳这项运动为发展规划项目。1995年,国际网球联合会正式决定并颁发了短式网球推广计划,公认短式网球是儿童训练的最理想方法。20世纪90年代,我国也引进了短式网球,并且逐渐在我国推广开来。

(二)场地器材

1. 场地

短式网球其球场占地面积只有正规网球场地的三分之一大小(含球场侧、后应留的空地)。球场一般长为13.4米,宽为6.1米,端线至挡网不少于4米,场地之间应间隔2米以上。室外场地应置南北向。

短式网球场地一般在室内,在防风条件较好的场地上进行。场地具有良好的透明度,为了节省成本,一般为棚状建筑。

2. 器材

(1)球

短式网球的专用球为高弹性泡沫塑料制成,球体直径为7厘米,重14.5～15克,要比标准网球轻很多,体积却比标准网球要大。不仅具有良好的弹性,其飞行中空气阻力相对较大,运行或落地后前冲力小。

(2)球拍

短式网球球拍与正规网球球拍形状和结构一样,但轻小,它分有不同重量和长度,拍面形状和大小各异,重量在140～160克之间,每种球拍的重量和长度是正比例的。儿童选择球拍是很重要的,因为它会直接影响以后的学习和技术的掌握。儿童可以依据年龄大小和自身的力量条件选择适合的球拍。选择球拍时要“宁轻勿重”,切忌不能使用成人球拍或超出自身力量负荷能力的球拍。

在挑选球拍时,除了应注意重量之外,握柄的大小也应引起注意。短式网球的球拍握柄和成人球拍一样，有粗细不同规格，儿童在选择时，握柄的尺寸要依据自己手掌大小而定。一般来讲，初学者应该选择稍细一点的握柄，如果以后嫌握柄细了，还可以用纱布或专用的包柄布包裹加粗。

第五节　网球运动主要组织机构及重要赛事简介

一、主要机构

随着网球运动的不断发展，其影响力也越来越大，这就需要建立完善的运动管理机构，并对其规则进行完善和发展。因此，一些网球管理机构应运而生。目前，世界上著名的国际网球运动组织机构包括三个，即为国际网球联合会（ITF）、世界男子职业网球协会（ATP）、国际女子网球协会（WTA）。下面对这三个机构进行分析。

（一）国际网球联合会（ITF）

国际网球联合会（International Tennis Federation，ITF）其前身为国际草地网球联合会（International Lawn Tennis Federation，ILTF），成立于1913 年 3 月 1 日，是成立最早的国际网球组织。1977 年，ILTF 正式改名为ITF。目前，ITF 有会员 200 多个，中国在 1981 年被接受为正式会员。

ITF 其总部位于伦敦，主要职责是负责有关网球比赛的一切事务；负责制定与修改网球规则；为发展中国家的网球教练开设培训班；推进各国网球协会搞好本地区网球运动的普及；协调世界青年、成年和老年网球比赛；提高人们对网球运动的兴趣，以吸纳更多的人参与网球运动，促进网球运动的发展。ITF 没有自己的排名，但它承认 ATP 和 WTA 的排名是最具权威性的网球选手排名。

国际网球联合会每年都要组织 100 项青年级比赛，组织 16 岁以下的国际男、女青年团体赛，名叫“世界青年杯赛”。国际网球联合会直接领导世界上的两大团体赛，即戴维斯杯赛（男子）和联合会杯赛（女子）；负责指导和协调四大公开赛，即温布尔登、法国、美国和澳大利亚网球公开赛；负责奥运会网球比赛的最后阶段的比赛等。

其在世界范围内推广网球，负责承办所有低级别比赛和青少年比赛。男子比赛为希望赛和卫星赛；女子比赛为巡回赛和挑战赛。ATP 和 WTA 旗下有众多的球员，其中绝大多数要在低级别赛事中打拼来维持状态和收入，确保奖金和积分。这些低级别的赛事，几乎是每一位球员在成为真正的职业选手之前的必经之路。我国的李娜、彭帅、郑洁等选手都是从 ITF 这些赛事中磨炼出来的。

(二)世界男子职业网球协会(ATP)

ATP 是国际职业网球协会(Association of Tennis Professional)的英文缩写，因其是世界男子职业网球选手的“自治”管理组织机构，通常被称为世界男子职业网球协会，该协会在 1972 年美国公开赛上成立。1988 年，ATP 掌管了除四大公开赛和戴维斯杯以外的所有高水平男子职业网球赛事。

1973 年开始使用的排名法，其主要弊端是使一些优秀网球选手每年参赛的次数急剧下降。1990 年，该协会的负责人马克·迈尔斯为了提高赛事水准，他首先改革了沿用多年的平均体系排名法。新的排名方法纠正了球员重积分、轻比赛的观点，新星和赛季表现优良者竞相浮出水面，从而使得世界第一的争夺更加激烈，吸引了无数球迷的关注。为了保证客观性和公平性，在采用新的排名办法的同时，依然采用旧的排名办法，两者优势互补。

ATP 还对赛制进行了改革，通过减少赛事来提高比赛的质量，将赛事缩减为 9 起，在此基础上组织巡回赛。为了保证赛事的质量，ATP 和排名前十的球员都签订了合同，球员必须准时参加相应的赛事。

ATP 其主要任务是协调职业运动员和赛事之间的伙伴关系，并负责组织和管理职业选手的积分、排名、奖金分配，以及制定比赛规则和给予或取消选手的参赛资格等项工作。其下属的赛事主要分为两大类，即为巡回赛和挑战系列赛。

(三)国际女子网球协会(WTA)

WTA 是世界女子职业网球协会(Women's Tennis Association)的英文缩写，成立于 1973 年，总部设在美国佛罗里达州的圣彼得堡。它是世界女子职业网球选手的自治组织，由一个主席和一个董事会来管理。像男子网球运动一样，WTA 的主要职责是负责所有球员的问题，比如积分、排名、奖金分配、协调与赞助商、赛事主办者之间的关系等。

球员们在女子网球协会中有各自的代理人，女子职业网球协会决定整个巡回赛的所有规则，并资助一些表演赛，使球员们能参加一些这样的比赛而不必担心与真正的职业联赛相冲突。

WTA 的赛事系统相对较为简单，其按照奖金金额分为 1～4 级。最低为 4 级，其每项比赛总奖金为 14 万美元；第 3 级每项比赛的总奖金为 17 万～22.5

万美元;第 2 级每项的总奖金为 58.5 万～65 万美元;最高级为 1 级,每项的总奖金为 126 万～132.5 万美元。

WTA 冠军排名是指女子职业球员当年参加所有赛事获得积分的总和,冠军排名是球员能否入围年终总决赛的参考标准。WTA 世界排名是指女子职业球员在过去 52 个星期内 16 项成绩最好的赛事中获得的积分总和(值得一提的是大满贯和强制参加的一级赛事必须算入这“16 项赛事”中,如果缺席就按“0”分算)。

二、重要赛事

随着网球运动的不断发展,国际网球比赛越来越多。据统计全世界每年举行的各种男子国际网球赛有 100 多次,女子比赛也有近 100 次。其中最著名的比赛有英国温布尔登草地网球锦标赛、法国网球公开赛、美国网球公开赛、澳大利亚网球公开赛。每年举行的这四项赛事代表着世界最高水平的比赛,被人们称为国际四大网球公开赛,同时被人们统称为“大满贯”网球赛。四大网球公开赛的详细情况见表 1-7。

表 1-7　四大网球公开赛的详细情况

四大网球公开赛	地点	比赛月份	起始时间		场地
			男	女	
英国	伦敦温布尔登	6—7 月	1877 年	1884 年	草地
美国	纽约林山	8—9 月	1881 年	1887 年	人工塑胶场
法国	巴黎奥太伊	5—6 月	1891 年	1897 年	红土场
澳大利亚	墨尔本	1—2 月	1905 年	1922 年	人工塑胶场

四大网球公开赛设有男、女单打,男、女双打和男女混合双打五个项目。赛制采用淘汰制,男子比赛采用五盘三胜制,女子则采用三盘两胜制。如果一名运动员在一年内同时获得四大网球公开赛的冠军,即被称之为夺得了“大满贯”。夺取“大满贯”是网球运动员获得的最高荣誉。

近些年来,网球运动在全世界范围内的普及程度不断提高,网球运动竞赛也越来越激烈。网球运动的优秀运动员层出不穷,形成了群星璀璨的局面,如费德勒、纳达尔、德约科维奇、穆雷等都是网坛顶尖选手。

(一)四大公开赛

1. 澳大利亚网球公开赛

澳网是四大满贯中最年轻的,却是新赛季中最先举办的。每年1月,澳网在澳大利亚的墨尔本举行。比赛男子单打与女子单打项目的奖金数额相同。2014年1月25日,我国选手李娜在澳大利亚网球公开赛夺冠,获得第二个大满贯冠军奖杯。2016年女子单打冠军为德国选手安杰利克·科贝尔,2015年冠军为塞雷娜·威廉姆斯。

2014年1月26日进行的澳大利亚网球公开赛男单决赛中,8号种子、瑞士悍将瓦林卡战胜世界第一拉斐尔·纳达尔(西班牙),在终结对纳达尔12连败的同时,职业生涯首捧大满贯冠军奖杯。2011年至2016年,除了2014年之外,男单的冠军都为诺瓦克·德约科维奇(塞尔维亚)。最近几年澳网男单、女单冠军如表1-8所示。

表1-8 澳网近几年男、女单冠军

年份	男单冠军	女单冠军
2016	诺瓦克·德约科维奇(塞尔维亚)	安杰利克·科贝尔(德国)
2015	诺瓦克·德约科维奇(塞尔维亚)	塞雷娜·威廉姆斯(美国)
2014	斯坦尼斯拉斯·瓦林卡(瑞士)	李娜(中国)
2013	诺瓦克·德约科维奇(塞尔维亚)	维多利亚·阿扎伦卡(白俄罗斯)
2012	诺瓦克·德约科维奇(塞尔维亚)	维多利亚·阿扎伦卡(白俄罗斯)
2011	诺瓦克·德约科维奇(塞尔维亚)	吉姆·克里斯特尔斯(比利时)
2010	罗杰·费德勒(瑞士)	塞雷娜·威廉姆斯(美国)

网球运动在1880年传入澳大利亚,1887年澳大利亚有了自己的第一场草地网球比赛。1904年,为了能参加戴维斯杯比赛,澳大利亚成立了"澳大利亚(Australia)草地网球协会",其发起人是澳洲网坛先驱诺曼·布鲁克斯和阿尔弗莱德·邓禄普。该网协的首要任务之一,就是组织并承办次年将举行的第1届澳大利亚网球锦标赛,此赛事在今天也被称为澳大利亚网球锦标赛,即澳网的前身。

1905年,第1届澳大利亚网球锦标赛如期举行,比赛地点是墨尔本的威尔霍斯曼板球场。首届比赛仅设男子单打和男子双打,冠军都由本土选手获得。1908年,美国人亚历山大成为了首位夺得男单冠军的非本土球员。由于澳大利亚草地网协在成立时就吸收了临近的新西兰为会员，所以1905—1922年间，澳大利亚网球锦标赛一直在这两个国家间的各大城市轮流举行。直到1922年，新西兰决定成立自己的网球协会并脱离出澳大利亚草地网协后，澳大利亚网球锦标赛才开始固定在澳大利亚国内举行，澳大利亚草地网协也在这一年更名为澳大利亚草地网球协会。同年，澳大利亚网球锦标赛增设了女子组比赛。

1941年，澳大利亚锦标赛因第二次世界大战而暂停，1946年恢复，也经历了一段低迷时期，但进入50年代后又逐渐步入辉煌。1968年，国际网球开始职业化并进入公开赛时代，澳大利亚锦标赛被列为四大公开赛之一。1969年，赛事正式更名为澳大利亚公开赛，简称澳网。

20世纪80年代之前，由于场地设施较差、天气过热以及奖金低廉等各种原因，很多一流球员不愿意参加澳网。为了恢复澳网的声誉和影响力，澳大利亚网协开始了大规模的改革进程，将比赛定在1月份，并保持至今。1988年1月，将澳网比赛场地移师至新落成的大型体育中心——碎片公园网球中心，比赛场地也由原先的草地球场改为了中速硬地球场。“澳网”的比赛场地是所有大满贯赛场中，性能最为均衡的硬地球场，它给各种类型、不同风格的选手创造了展示才华的机会，使他们都有可能赢得桂冠。1996年，碎片公园改名为墨尔本公园。澳大利亚网球公开赛有着自身独特的个性，友善、清新、真诚、包容、兴奋，浸润着一个民族的精神。

墨尔本公园网球中心的中心球场为罗德·拉沃球场，另一较大规模的球场名为沃达丰球场，这两个球场都拥有可开合顶篷，这在四大满贯中是独一无二的。

2. 法国网球公开赛

法网是四大满贯中唯一的红土赛事，每年5—6月在法国巴黎郊外的罗兰·加洛斯举行。罗兰·加洛斯场馆，建筑古典优雅，别具一格，处处显得优雅浪漫。2005—2014年的法网男子单打冠军，除了2009年被罗杰·费德勒(瑞士)夺得之外，这些年的男子单打冠军均为拉斐尔·纳达尔(西班牙)。至2014年，纳达尔共9次夺得法网男子单打冠军，夺冠次数排名第一。2016年男单冠军为塞尔维亚运动员德约科维奇。法网历史上最年轻的单打冠军是17岁的美籍华裔选手张德培，这也是第一位具有亚洲血统的选手获此殊荣。

2011年，李娜获得女子单打冠军。2014年女子单打冠军为莎拉波娃(俄罗斯)。2016年女单冠军为西班牙选手穆古拉扎。

最近几年法网男单、女单冠军如表1-9所示。

表 1-9 法网近几年男单、女单冠军

年份	男单冠军	女单冠军
2016	诺瓦克·德约科维奇(塞尔维亚)	加尔比妮·穆古拉扎(西班牙)
2015	斯坦尼斯拉斯·瓦林卡(瑞士)	塞雷娜·威廉姆斯(美国)
2014	拉菲尔·纳达尔(西班牙)	玛利亚·莎拉波娃(俄罗斯)
2013	拉菲尔·纳达尔(西班牙)	塞雷娜·威廉姆斯(美国)
2012	拉菲尔·纳达尔(西班牙)	玛利亚·莎拉波娃(俄罗斯)
2011	拉菲尔·纳达尔(西班牙)	李娜(中国)
2010	拉菲尔·纳达尔(西班牙)	弗朗西斯卡·斯齐亚沃尼(意大利)

1998 年,法国网协将法网的官方名称正式改为“罗兰·加洛斯公开赛”。人们习惯于称这项赛事为法国公开赛。

法网创办于 1891 年,其前身是法国网球锦标赛,在过去的 110 余年中曾因两次世界大战而被迫停赛 11 年。1925 年,原本仅限本国人参赛的法网开始对外国选手开放。1927 年,经过测评和协商,法国网协从位于巴黎市郊德乌泰尔港附近的法兰西运动场俱乐部租借了 3 公顷土地,用于建造新的球场。土地租期为 99 年,租借条件则是以罗兰·加洛斯的名字命名新球场。

1928 年 7 月 29 日,罗兰·加洛斯球场正式落成,随即也成为法国的国家网球中心。在年底的戴维斯杯比赛中,法国队击败美国队成功卫冕,此后更是完成了 6 连冠的伟业(1927—1932 年)。法网也从这一年开始移师至罗兰·加洛斯举行。如今的罗兰·加洛斯网球中心是经过多次扩建而成的。

法网比赛场地为慢速红土场地,因为红土所存在的黏性,选手每一次击球都要付出比在其他场地上多几倍的努力。想在这样的场地上获胜,不但需要精湛的技术,更需要充沛的体力和坚强的意志。正因为如此,法网也是四大满贯中冷门概率最高的赛事。

3. 温布尔登网球锦标赛

温网每年 6—7 月在英国伦敦西南郊区的温布尔登镇举办。现役球员中,瑞士选手费德勒至 2016 年共夺得了 7 次温网男子单打冠军,并且在 2003—2007 年实现了 5 连冠。2014 年和 2015 年男子单打冠军为德约科维奇。

2000 年以来,威廉姆斯姐妹(美国)两人共夺得了 11 次温网女子单打冠军。2015 年女单冠军为科维托娃塞雷娜·威廉姆斯。

最近几年温网男单、女单冠军如表1-10所示。

表1-10 温网近几年男单、女单冠军

年份	男单冠军	女单冠军
2015	德约科维奇(塞尔维亚)	塞雷娜·威廉姆斯(美国)
2014	德约科维奇(塞尔维亚)	科维托娃(捷克)
2013	穆雷(英国)	巴托丽(法国)
2012	费德勒(瑞士)	塞雷娜·威廉姆斯(美国)
2011	德约科维奇(塞尔维亚)	科维托娃(捷克)
2010	纳达尔(西班牙)	塞雷娜·威廉姆斯(美国)

首届温网比赛1877年举行，当时的主办方为全英槌球和草地网球俱乐部。该俱乐部原名“全英草地槌球俱乐部”，成立于1868年，1875年引进了一项叫作“司法泰克”的草地网球运动，1877年更改为现在的名称并于当年举办了第1届全英草地网球锦标赛(仅限业余选手参加)——这就是温网的前身，温网也因此成为四大满贯中历史最悠久的赛事。

首届温网只设立了男子单打比赛，1884年，女单项目正式设立，共有13名选手参赛。男双项目也在同一年被列为正式比赛项目。1889年，女双和混双也被列为正式比赛项目。1901年，温网开始允许英国海外领地的选手参赛；1905年，正式对所有外国选手开放。

1877—1912年，温网的一切运作都由全英槌球和草地网球俱乐部(简称全英俱乐部)独立承担。1913年，为扩大比赛影响力，全英俱乐部将属下的3项比赛(男单、男双和女双)与英国草地网球协会(LTA)属下的5项比赛合并。从这一年起，温网即由全英俱乐部和英国草地网协共同举办。

早期的温网赛事还有一项特殊的“挑战赛”规则，即前一年的冠军在第二年的比赛中只需要打一场卫冕战，获胜即告卫冕。这项规则于1922年被废除。第一次世界大战期间，温网被迫停办，英国草地网协也是靠全英俱乐部会员的捐款才勉强存活下来。直到1919年，温网比赛得以继续进行。

1920年，温网组委会成立了全英俱乐部场地有限公司，通过发行债券的方式筹到资金，于1922年将温网举办地从温布尔登沃尔普路迁到了现在的教堂路，并修建了一座可容纳近15 000名观众的体育场。

1940—1945年，由于第二次世界大战的影响，温网再次被迫停办。战后，温网在1946年恢复比赛，尽管英国网球已辉煌不再，但温网的世界影响力却逐渐上升，非本土选手屡屡夺冠。20世纪50年代的温网几乎是美国选手的表演舞台，他们垄断了大多数冠军。

1968年，温网正式向职业选手开放，成为真正意义上的温布尔登公开赛。1977年，温布尔登草地网球博物馆也在比赛期间揭幕。百年温网还实施了一项对现今网坛影响极大的措施——外卡制度。2001年，克罗地亚选手伊万尼塞维奇成为首位持外卡参赛获得男单冠军的选手。

4. 美国网球公开赛

美国网球公开赛是每年度第4项也是最后一项网球大满贯赛事，通常在每年8月底至9月初举行，赛事共分为男子单打、女子单打、男子双打、女子双打和男女混合双打五项，并且也有青少年组的比赛。自1978年开始赛事在纽约USTA国家网球中心举行。美国网球公开赛由于具有较高的地位和高额奖金，因此每年吸引了众多世界网球高手的参赛。中心的中央球场可容纳79 987名观众，仅中央看台就可容纳观众6 000人。美网公开赛以其热情、奔放、激情，吸引着世界各地的网球爱好者。

从1968年开始，在纽约森林山举行的集美国五项主要网球锦标赛为一体的美国网球锦标赛被列为正式公开赛。经过组委会不懈的努力，美网才从业余赛事发展到现在世界上奖金最丰厚的大满贯赛事。每年在美国国家网球中心进行的美国网球公开赛都能吸引超过50万的球迷到现场观看。

公开赛时代以来，约翰·麦肯罗曾于1979—1981年取得过三连冠的纪录，伦德尔1985—1987年取得三连冠的纪录，费德勒是自1924年比尔·蒂尔凳之后首位在美网取得男子单打五连冠的选手。

公开赛时代以来，美国女子选手克里斯·埃弗特曾经取得过四连冠，共获得六次冠军。塞雷娜·威廉姆斯到2015年，也获得了六次冠军，其中2012—2014年取得三连冠。2015年女子单打冠军为意大利选手佩内塔。2015年男子冠军为德约科维奇。表1-11为美网近几年男单和女单的冠军。

表1-11 美网近几年男单和女单冠军

年份	男单冠军	女单冠军
2015	德约科维奇（塞尔维亚）	佩内塔（意大利）
2014	西里奇（克罗地亚）	塞雷娜·威廉姆斯（美国）
2013	纳达尔（西班牙）	塞雷娜·威廉姆斯（美国）
2012	穆雷（英国）	塞雷娜·威廉姆斯（美国）
2011	德约科维奇（塞尔维亚）	斯托瑟（澳大利亚）
2010	纳达尔（西班牙）	克里斯特尔斯（比利时）

(二)著名团体赛

1. 戴维斯杯男子团体赛

戴维斯杯网球赛每年举行一次,由国际网球联合会主办,是除了奥运会网球赛之外历史最长的网球团体赛。其由美国人戴维斯提议举办,首场戴维斯杯赛始于1900年。戴维斯杯是一项为国家荣誉竞争的团体赛事,并没有设立奖金制度,授予冠军队以银质奖杯。第一届比赛只有英国和美国两队,一百多年后的今天有134个国家参赛。2015年,英国队夺得了冠军。

随着参赛队伍的增多,出现了区域赛,逐步建立了欧洲/非洲区、美洲区和亚洲/大洋洲区,并于1972年废除了挑战赛制,赛制改变为由16个最强的国家队组成世界组,世界组设立8个种子队,捉队厮杀后,前8强争夺戴维斯杯。在世界组和按地理划分的区域组之间建立了升降级制。由世界组首轮告负的8支球队和欧洲/非洲区、美洲区、亚太区各区前2名的队进行预选赛,胜者将进入下一年度戴维斯杯世界组的比赛,负者则下降到各区域赛。各区域赛,又根据每个国家上届的成绩分成A组和B组,最高组为A组,各组之间也实行升降级制。

2. 联合会杯女子团体赛

1963年,为了庆祝国际网联成立50周年,特成立了联合杯网球赛,每年举行一次。联合杯网球赛是和戴维斯杯齐名的网球团体赛事,能够在一定程度上反映各国的网球实力。2015年,联合会杯决赛在捷克举行,最终捷克队以大分3∶2战胜俄罗斯对卫冕联合会杯,5年内第4次夺冠。

联合会杯是每年一度的世界女子顶级团体赛事。1980年,联合会杯赛首次获得日本NEC公司的赞助。从此,比赛设立了奖金。随着报名参加联合会杯国家的增多,国际网联推出了地区资格赛制,即除了上届前16名的国家作为世界组外,其他国家按欧洲/非洲区、美洲区和亚太区进行地区资格赛(采用分组循环,交叉淘汰制),获地区赛前2名的国家进入世界组外围赛,与当年世界组首轮负队进行预选赛,胜者进军下一年度世界组的比赛。联合会杯赛的赛制也进行了多次调整。从2001年起,进入决赛周的8个国家先进行分组循环,获小组前2名的队进入半决赛,半决赛采用交叉淘汰制,胜者争夺联合会杯。取消了原先对上届冠军队保留的直接进入前4名的特权,使比赛在更公平的环境下进行。

(三)ATP大师赛与WTA顶级赛

1. ATP大师赛

(1)ATP世界巡回赛1 000大师赛

ATP世界巡回赛1 000大师赛(ATP World Tour Masters 1 000)是ATP下辖的ATP世界巡回赛的一个系列,又被简称为“ATP 1 000大师赛”或“ATP大师赛”。该系列比赛共包含了9个站的大师赛,分别分布在欧洲、北美洲和亚洲(2009年后)。这一系列比赛对顶尖的男子网球选手来说极为重要,其重要程度仅次于网球四大满贯和ATP世界巡回赛年终总决赛。在2008年后,比赛已经全部改为三盘两胜的比赛制度。除了蒙特卡洛大师赛之外,其他八项赛事均为强制赛事。每一站比赛的获胜者将获得1 000个ATP积分。ATP世界巡回赛1 000大师赛比赛见表1-12。

表1-12 ATP世界巡回赛1 000大师赛比赛列表

比赛	创办时间	场地类型
印第安维尔斯大师赛(美国)	1987	硬地
迈阿密大师赛(美国)	1985	硬地
蒙特卡洛大师赛(法国)	1897	红土
马德里大师赛(西班牙)	2002	红土
罗马大师赛(意大利)	1930	红土
蒙特利尔网球大师赛(加拿大)	1881	硬地
辛辛那提大师赛(美国)	1899	硬地
上海大师赛(中国)	2009	硬地
巴黎大师赛(法国)	1968	硬地

(2)ATP世界巡回总决赛

ATP世界巡回总决赛,每年年底在不同国家举行,只有在全年比赛中成绩最好的几位选手才有资格参赛。在精英赛上夺冠,其意义不亚于赢得大满贯赛事冠军。塞尔维亚人诺瓦克·德约科维奇在2012年、2013年、2014年、2015年都夺得ATP总决赛的冠军。

2. WTA顶级赛

(1)皇冠赛:由WTA主办的最高水平的网球赛事,奖金和积分也是WTA巡回赛中最高的,冠军可获得1 000分。其包括四大赛事,分别为:印第安维尔斯大师赛(巴黎银行公开赛)、迈阿密大师赛、马德里大师赛、中网网球公开赛。

(2)超五巡回赛:由 WTA 主办的较高水平的网球赛事,奖金和积分仅次于皇冠赛。

赛事:多哈/迪拜赛(超五顶级一年一换)、罗马赛、辛辛那提赛、蒙特利尔赛(罗杰斯杯)、武汉赛(2014—2028 年)。

(3)顶级巡回赛:由 WTA 主办的一般水平的网球赛事。顶级巡回赛赛事包括:布里斯班赛、悉尼赛、查尔斯顿赛(家庭生活圈杯)、斯图加特赛、伊斯特本赛、斯坦福赛、纽黑文赛、莫斯科赛、伯明翰赛等。

(4)WTA 年终总决赛:诞生于 1972 年,是由 WTA(女子职业网球协会)设立的、代表着女子网坛最顶尖水平的赛事。从 2012 年开始,WTA 年终总决赛将停留在伊斯坦布尔,只有当年冠军排名前八的球员才有资格角逐这项规模盛大的赛事。2015 年 WTA 新加坡年终总决赛,A·拉德万斯卡在女单决赛中击败科维托娃折桂,首次赢得总决赛女单冠军。

第二章　现代网球运动的发展

现代网球运动的发展历史是从 19 世纪 70 年代开始的，到现在已经经历了 140 多个年头了。在这一百多年间，无论是世界网球运动，还是我国的网球运动都处于不断发展中，并取得了可观的发展成果，且未来发展趋势良好。本章就世界网球运动的发展、我国网球运动的发展及现代网球运动的发展趋势进行详细研究，以对现代网球运动的发展历史、现状及发展方向有一个系统的了解与认识。

第一节　世界网球运动的发展

一、世界网球热的形成

自 19 世纪末温布尔登网球锦标赛拉开现代网球运动的帷幕之后，网球运动一直以它特有的魅力吸引越来越多的人参与其中。目前，网球运动已经发展成为国际性的一项热门运动，欧美地区更是掀起了网球运动的热潮。在欧美国家，网球运动极其普及，其他任何项目都无法比拟。在法国、美国、德国、英国、瑞典、澳大利亚、西班牙等一些网球强国中，人们对网球的热情仍在与日俱增。随着网球运动的日益普及与其影响力的不断提高，大量的优秀青少年网球选手逐渐涌现，并在国际性的网球大赛中取得优异的成绩，受世界网球爱好者瞩目，世界性的网球热已经形成。

二、世界网球赛事的发展

在国际体坛所有运动项目的比赛中，网球比赛的活跃程度是很高的。从 1968 年规定职业和业余网球运动员均可参加同一比赛以后，网球比赛的次数和名目比以前更多了，有大奖赛、锦标赛、巡回赛、挑战赛、卫星赛等各种形式的比赛。在世界范围内，这种大型的国际网球赛几乎每周都有。

1988 年汉城奥运会，网球重又被列为正式比赛项目。目前，世界上每年举行的国际网球赛，男子赛事达到 100 多次，女子赛事也基本上接近 100 次。在众多的网球运动赛事中，大都设有高额的奖金，尤其是职业网球选手被允许参加各种网球赛事后，大赛的奖金数额更是逐年增加。以美国网球公开赛为例，第 1 届美国网球公开赛奖金总额为 10 万美元，至 1982 年增加到 150 万美元。近些年更是大幅增加。2014 赛季美网总奖金增至 3 830 万美元，与 2013 年相比有了 11.7％的增长，与 2011 赛季总奖金相比则提升了 65％。男女单打冠军获得的奖金高达 300 万美元，双打与混双的冠军奖金分别为 52 万美元和 15 万美元。2015 年，美网总奖金继续提升，达到 4 300 万美元，历史首次突破 4 000 万美元大关。男女单打冠军的奖金也达到 330 万美元，较 2014 年增加了 30 万美元。网球赛事奖金数额庞大，球星的收入自然也就很可观，这便会对更多的人造成吸引，促进世界网球运动的发展，而且网球运动在世界上的影响力也会越来越大。

第二节　我国网球运动的发展

一、我国网球运动的发展历史

1895 年，网球运动由国外传教士和商人传入我国。最初，只有部分教会学校开展了这项运动，如北京汇文学校、通州协和书院、上海圣约翰书院、广州岭南学校以及香港的教会学校等，且参与的人仅限于上流社会人士和少数学校师生。后来，网球运动在我国上海、香港、北京、天津、广州等大城市和一些通商口岸城市中相继开展起来。

新中国成立以前，中国的网球赛事就很盛行，从 1910 年第 1 届全国运动会到 1948 年第 7 届全国运动会，网球比赛一直被列入正式比赛项目。不过前两届只允许男子参加，第 3 届才允许女子参加。

1913 年远东运动会设立网球为正式比赛项目。1915—1934 年，中国男子网球队共参加了九届远东运动会的比赛，女子网球队参加了第 6 届和第 10 届远东运动会的表演赛。在第 8 届远东运动会上，以邱飞海、林宝华为主力的中国队登上了冠军宝座。1924—1946 年中国选手还参加了 6 次戴维斯杯网球赛。我国第一个参加温布尔登网球赛的运动员是邱飞海，在 1924 年的比赛中进入第二轮。在温布尔登比赛中成绩最好的是许承基，他在 1938 年被列为赛会第八号种子，单打比赛进入第四轮。1938 年和 1939

年，他蝉联了英国硬地网球锦标赛的两届单打冠军。

中国解放前，我国网球运动只局限在少数人中开展，水平一直不高。新中国成立后，在党和政府的关心与重视下，网球运动得到了空前的发展，它不再是少数人的活动，而是成为群众性的比赛项目。

1953 年中国网球协会成立，由吕正操担任主席，同年在天津市举办了首次全国网球表演赛。1956 年 7 月 9 日至 8 月 17 日，印度尼西亚草地网球协会派队访华，双方先后在北京、天津、上海、南京、广州等地进行了 24 场比赛，客队胜 15 场、负 8 场、平 1 场。这是新中国成立后首次进行的网球国际交往，促进了网球运动在中国的发展。此后，中国网球运动员曾先后同 30 多个国家和地区交往，参加过不少大型的国际比赛，并取得了较好的成绩。例如，1959 年，朱振华、杨福基在波兰索波特国际网球赛中首次获得双打冠军。在 1960 年匈牙利布达佩斯国际网球赛中，朱振华、杨福基再次合作，夺得双打冠军。1965 年戚凤娣和徐润珍分别获得了索波特国际网球赛女子单打冠军和亚军。这一时期，我国还对全国网球单项比赛、全国硬地网球冠军赛、全国青少年网球比赛等赛事定期进行举办。另外，也大范围开展了老年网球赛、高校网球赛、少年网球赛等赛事，这些竞赛对促进网球技术水平的提高起到了积极的推动作用。

此后，由于“十年动乱”我国的网球运动同其他体育项目一样受到了很大的冲击，网球运动水平停滞不前，甚至倒退，与国际网坛也几乎断绝了交往。1978 年后，随着我国经济的快速发展，我国网球事业也步入了腾飞的阶段。

1980 年，中国网球协会被国际网球联合会接纳为正式会员，我国网球运动发展水平大大提高。网球运动的发展呈现出勃勃生机，越来越多的人喜爱网球运动，直接参与网球运动的人数急剧上升，一些大中城市开始建造网球中心或俱乐部，一些高校也建造了网球场，网球运动在我国大中城市，特别是在我国高校轰轰烈烈地开展起来。国家也投入大量的人力、财力和物力，采取“请进来、送出去”的方法大力培养优秀选手，努力缩短与网球先进国家的距离，并取得了可喜的成绩。

1986 年第 10 届汉城亚洲运动会网球赛上，我国选手李心意获女子单打冠军。在 1990 年第 11 届北京亚运会网球赛上，我国网球选手夺得了 3 枚金牌(男子团体冠军、潘兵获男子单打冠军、夏嘉平和孟强华获得男子双打冠军)、3 枚银牌和 1 枚铜牌，创造了历届亚运会最好成绩。在 1992 年第 25 届奥运会上，我国网球女选手李芳、陈莉、唐敏和男选手夏嘉平、孟强华首次打进奥运会赛场。

1994 年亚运会网球赛，我国选手潘兵再次荣获男单冠军。1995 年 1

月，李芳进入世界女子排名前50强，继而又前进至世界排名第37位。1996年法国网球公开赛，易景茜进入第二轮，追平了李芳在罗兰加洛斯创造的中国网球选手最好战绩。

进入21世纪，随着我国网球运动更进一步发展，在训练和竞赛体制上对网球运动的规律严格遵循，并结合本国的实际情况发展网球运动，我国选手又取得了更好、更值得骄傲的战绩。

2002年，我国女子网球队在联合会杯亚太区地区赛中荣获亚运会网球女单冠军；第21届世界大学生运动会网球赛上，我国选手李娜取得了历史性的突破，首次冲出亚洲，打入了联合会杯世界组外围赛。

2003年是我国网坛硕果累累的一年，男女运动员均取得了不俗的成绩。同年6月，在维也纳职业女子网球赛上，孙甜甜、李婷、晏紫、郑洁首次包揽WTA双打冠亚军。男网选手朱本强/曾少眩在上海喜力公开赛上，获得了中国男网历史上首次ATP双打亚军。此外还有多名颇具潜质的青少年选手活跃在国际青少年赛事中，并取得了多项冠军。

在2004年第28届雅典奥运会网球赛场上，李婷、孙甜甜经过奋力拼搏，在决赛中以2∶0击败西班牙选手马丁内斯、帕其斤奎尔，勇夺女子双打金牌，取得了令人骄傲、令人鼓舞的成绩。她们在希腊神话诞生的地方把中国神话变成了现实，中国人第一次在奥运会网球赛场上看到了冉冉升起的五星红旗，听到了雄壮的国歌，这对中国网球和亚洲网球来说，都是一个划时代的里程碑。

在2006年1月澳大利亚网球公开赛上，郑洁、晏紫一路过关斩将，给国人带来一个又一个惊喜，最后在决赛中战胜赛会头号种子——美国选手雷蒙德和澳大利亚选手斯托瑟组合，在墨尔本中心赛场上托起了女子双打冠军的奖杯。这也是中国第一座大满贯赛事的奖杯。

2007年初，在悉尼网球公开赛上，李娜进入四强，并将自己的世界排名提升到第16位，创造了中国选手的最高世界排名。

2008年北京奥运会，李娜连克3号种子库兹涅佐娃和8号种子大威廉姆斯等好手，获得女子单打第四名。创中国运动员网球女单奥运会的最好成绩。

2010年6月28日，在温网第四轮比赛中，李娜凭借实力首次进入世界第9强，再创中国选手新高。

之后，李娜夺得了2011年澳网的亚军和法网的冠军，掀起了中国风暴。

2014年1月，李娜第三次跻身澳大利亚网球公开赛决赛并最终收获女单冠军。

2015年1月，郑洁与詹咏然搭档，获得澳网女子双打亚军；6月，在伊斯特本举行的草地网球赛女双决赛中，郑洁与詹咏然搭档获得亚军。

以上比赛成绩的取得，标志着我国网球运动，特别是女子网球运动已与世界最高水平越来越接近，说明我国网球运动的发展取得了显著的成绩。但是，我国的网球水平同世界其他国家相比，还存在着相当大的的差距，这就需要我国网球教练、运动员及相关人士继续努力，共同促进我国网球运动的快速发展。

中国网球运动发展历程中的大事件见表 2-1。

表 2-1　中国网球大事件

时间	中国网球大事件
1860 年	英法联军在天津紫竹林修建练兵场，附带网球场
19 世纪末 20 世纪初	以上海圣·约翰大学为首的 14 所教会学校率先举办网球活动
1953 年	在天津举办的全国四项球类运动会上，网球成为正式比赛项目
1955 年	中国派遣代表队参加英国温布尔登网球锦标赛
1971 年	十年动乱尚未结束，一些地方体工队悄悄组建网球队
20 世纪 90 年代中后期	中国开始有计划地向国外输送优秀的女子单打运动员参赛
2003 年	优秀的中国球员正式注册为职业球员，开始巡回赛
2004 年	孙胜男夺得澳大利亚网球公开赛青年组女子双打冠军，成为中国历史上第一个大满贯冠军 李婷、孙甜甜获得奥运会女双冠军，是中国网球在奥运会上获得的第一块金牌
2005 年	彭帅在阿库拉精英赛中闯入四强，成为第一个进入 WTA 一级赛的单打四强选手
2006 年	郑洁、晏紫在澳网、温网女双比赛中夺得冠军，创造中国选手在四大满贯赛中的最佳成绩
2007 年	在悉尼网球公开赛上，李娜进入四强，并将自己的世界排名提升到第 16 位，创造了中国选手的最高世界排名
2008 年	北京奥运会，李娜连克 3 号种子库兹涅佐娃和 8 号种子大威廉姆斯等好手，获得女子单打第四名
2010 年	在温网第四轮比赛中，李娜凭借实力首次进入世界第 9 强，再创中国选手新高

续表

时间	中国网球大事件
2011 年	李娜夺得法网冠军
2013 年	海峡组合彭帅/谢淑薇联手捧起了温网女双冠军奖杯
2014 年	1 月，李娜第三次跻身澳大利亚网球公开赛决赛并最终收获女单冠军。9 月，仁川亚运会网球女单决赛中，王蔷夺得金牌
2015 年	1 月，郑洁与詹咏然搭档，获得澳网女子双打亚军

二、我国网球运动的发展现状

网球运动在我国的发展历史也有一百多年。但在新中国成立前，社会上普遍认为，网球属于贵族运动，所以很少有人参与。学生、教师、外侨和社会上层人士是主要的网球参与群体。十年动乱时期，与许多体育项目一样，网球也被打入“冷宫”。1972 年，我国网球运动重新得到开展。改革开放后，我国经济发展及综合国力都在大幅增强，人民的生活水平也随之提高，这时网球运动在良好的环境中得到了快速的发展。网球日渐成为人们的一种休闲及娱乐及健身方式，现在无论什么职业、年龄，都有很多人在打网球。

根据有关资料统计，现阶段我国网球人口遍布全国，达到 100 多万，全国的网球场地数量也在不断增加，这说明我国网球运动的发展面临着越发广阔的市场。遗憾的是，虽然打球的人在增加，但是我国真正可以对网球运动加以欣赏的人却很少。每年举办全国卫星赛时，只有少数人入场观看赛事，在一些个别的比赛中，观众甚至还不如运动员多。但上海大师杯赛却有很多人入场观看，可能观众更愿意追求与观看高水平的网球比赛。观众少可以反映出的一个重要问题就是，我国的顶尖级国际网球球员很少。此外，也说明我国有关部门没有做好网球运动的普及工作。

场地少、场租费用高是制约我国网球发展的重要因素之一。以上海为例，平均每 20 万人一块场地，可见网球场地数量极少。在美国，每 1 万人就有 5 片场地。另外，我国很多工薪阶层都难以承受较高的网球运动消费。20 世纪 90 年代，我国迈出与国际接轨的探索之路，实行新的巡回赛制，并设有奖金、有排名，但这样的赛制在经历了短短几年的火热之后，因为缺乏赞助资金而变得越来越冷清。可见，网球运动要想维持强大且持久的生命力，就需要群众基础、资金、市场化运作等做后盾。

目前，我国有 4 万左右的青少年在从事网球活动，有两千名左右的人注册专业运动员。但我国网球发展的一个主要困扰就是高水平的运动员较少，在世界网球大赛中很少有运动员可以取得良好的成绩。在国际体坛中，网球运动的职业化程度非常高，一整套固定的职业化运行模式基本已经形成。近几年，我国也开始尝试先让个别网球运动员进入职业圈，但在实际运作上一直未能与国际完全接轨，因此我国参加国际性高水平网球比赛的机遇并不多。我国网球运动要想走向世界，就要采取科学有效的措施来使男子网球运动员涉足职业网球选手协会（ATP）巡回赛，女子网球运动员踏进女子网球协会（WTA）巡回赛，参加四大网球公开赛。

另外，我国网球运动的发展还面临着体制薄弱的问题，运动员工资基本固定，国家承担其生活费与医疗费，其在没有压力的情况下参与训练和比赛，产生了较强的优越性，而且在比赛中取得良好的成绩后还会有高额的奖金。这样，运动员经常处于轻松的状态，很难对其良好的拼搏精神与意志品质进行培养，成绩也很难取得快速的提高。

以上分析了影响我国网球运动发展的外部因素，当然，除了这些之外，我国网球运动的发展过程中还存在着一些矛盾，也就是影响网球运动发展的内部因素，具体作如下分析。

（一）网球训练理念与方法较为传统

我国网球运动训练理念较为传统与落后，这突出表现在我国不重视网球运动员战术意识的培养。通过调查发现，大部分省体工队的训练都是单纯的底线对攻打法，连续对打十几拍甚至几十拍，只是以熟练的技术和顽强的意识，消极地等待着对手的失误，这样运动员就难以形成主动进攻的意识。运动训练的科学性与有效性是保障比赛成绩提高的基础，而现阶段我国网球运动发展存在的主要问题之一就是训练和比赛脱节，没有从实战出发组织具体的训练工作，平时训练的内容在赛场上用不到，而用得上的在日常训练中没有得到应有的重视。并且，在战术组合上略显粗糙，以不变应万变，很少灵活采取变化的战术行动，对网球竞技制胜的规律没有进行深入的把握。另外，因为没有采用恰当的方法进行训练，所以运动员在赛场上灵活性不足，调整能力也比较欠缺。

当今世界网球比赛中，球速、力量都较以前有了飞速的提高，一场比赛结束后，比分的70%都是在双方运动员各击二至三拍就能分出胜负。所以，应将头三拍作为训练的重点，发球和接发球的训练尤其关键。因为在一场比赛的比分中，发球、接发球的得分总和几乎占到一半。此外，在日常训练中，教练员要指导运动员对先进打法加以掌握，使运动员可以用较大的力量和较快的速度击球，积极进行网前拼抢，树立良好的攻守转换意识，从而形成自己独特的技战术风格。

(二)运动员态度不端正

国外的一些网球运动员为了能够参加世界性的网球大赛，往往会付出他人难以想象的努力。例如，俄罗斯球员萨芬 13 岁时在举目无亲、语言不通的情况下独自前往西班牙参加培训；瑞典名将博格自己背着帐篷参加比赛，正是因为他们付出了常人没有付出的代价，所以才能够一步步取得成功，得到应有的回报。

反观我国的一些网球运动员，他们很少会自觉地投入到刻苦的训练中，有些球员心生厌倦，希望快些退役，他们甚至只想利用自己的运动员身份去赚钱，很少将心思放在训练与比赛上。大部分运动员都是以“要我练”的心态参与训练的，而不是自发地以“我要练”的态度参与训练。运动员个人心态有了问题，所以即使有教练员监督，也难以取得良好的训练效果。可以说，我国很多网球运动员参与训练的动机都不是很明确，动力也就不会很大，他们很少有向自己挑战的勇气，缺乏战胜一切的精神。WTA 网球学院教练丹尼尔·柯谈到曾在他们学院训练的几名中国球员时指出，阻碍他们运动水平提高的最大原因就是没有良好的主观精神，一些球员往往因为一些个人的私事而放弃训练，这样运动水平难以提高也就不足为奇了。

(三)教练员执训水平较差

网球运动水平的提高离不开高水平、高素质的专业教练员队伍。前国际网联主席贝蒂曾经非常坦率地指出，我国网球教练员水平较低是我国网球发展的一个重大问题。的确，网球比赛成绩直接受到教练员执训水平的影响。现在，我国网球教练员大都是早期退役的运动员，这些教练员的普遍特点就是年龄偏大，观念较落后，而且更新速度慢，训练方法传统，没有很强的创新观念与能力。

优秀网球教练员的一个主要标志就在于对世界网坛的最新技战术发展和动态能够在第一时间迅速了解与掌握。并且，随着网球技术的发展与创新，教练员应该对世界网坛的发展动态、技战术变化等各方面的知识加以全面的了解与熟悉，以便能够将训练方法与手段及时更新。通过对比中澳网球教练员的执训特征后发现，澳籍教练员为了对运动员的训练积极性进行调动，会组织球员参与具有较强趣味性的对抗运动。在指导运动员进行技战术学练时，教练员通过画图与演示来对网球运动原理及战术原理进行讲解，以使运动员能够直观地接受。这些教练员还经常通过对比的方法来对网球技术进行分析，对训练和竞赛的智能化作用尤为重视。而且，澳籍教练员掌握了良好的陪练技巧，这些都是我国的网球教练员所不具备的素质及能力。

从上述可知，要想促进我国网球运动的发展，提高网球比赛成绩，就需要更新训练理念，采用科学的训练方法，端正运动员的训练与比赛态度，提高教练员的专业素质与执训能力。但是，我们在关注上述问题，采取有效措施解决上述问题的同时，还要对与中国国情相适应的网球发展之路进行积极的探索。具体就是要努力提高我国网球运动的普及性，促进网球训练及竞赛管理体制的不断完善，对传统的训练方法及模式进行更新，为运动员参与国际网球赛事提供机会，促进运动员及教练员网球科研水平与实践能力的提高，加强各级院校中网球课程的开展，促进网球教育改革力度的深入，等等。通过这些方面的积极探索来使我国网球运动走向世界的梦想早日实现。

尽管目前有很多外界因素与内部矛盾制约着我国网球运动的发展，但是，在我国网球运动发展的过程中，进步还是比较明显的。所以，我们要在看到不足与缺陷的同时保持积极的心态，通过有力的措施来为我国网球事业的辉煌而努力。相信在政府、社会以及广大体育工作者的共同努力下，我国成为世界网球强国指日可待。

三、网球运动在我国高校的发展情况

(一)高校网球运动硬件发展状况

1. 高校网球运动场地设施状况

场地、器材以及网球辅助墙等都是在高校开展网球运动需要具备的硬件设施。高校网球运动得以顺利开展的重要保障条件是网球运动的场地设施与器材的完备。高校网球运动的教学情况以及组织形式直接受到高校网球场的数量与质量以及网球运动器材情况的影响。所以说高校开展网球运动的状况也最终是受场地与器材影响的。

现阶段，我国高校在不断扩招大学生，而且扩招的进程在不断加速，在这一背景下，高校不断加强基本设施的扩建，如新建教学楼、宿舍楼等。这样一来，高校的可用空间就在不断减少，而网球场地的修建需要占用很多面积，而且投资也很大，这样就为建设网球场增加了障碍。我国高校网球运动开展普遍存在投入少、场地有限、建设进程缓慢等问题，这些问题对高校开展网球运动造成了严重的阻碍。

网球场地的不足使得网球教学的场地需求无法得到满足。经过调查可知，总体来说，我国高校的网球场地较为缺乏，没有得到充分的建设，高校大学生网球学习的基本需要难以得到满足。网球运动只有在标准规范的场地上开展才能真正感受到网球的魅力，而我国高校网球运动的开展直接受到了网球场地不足现象的影响与制约。一些高校因为没有足够的场地而无法顺利开展网球课程，或者只安排很少的网球课程。学生也因为没有场地而不愿意选修网球课程，因此学生也就没有机会去学习网球，难以实现网球技术的提高，制约了高校网球运动的发展。

通过调查我国高校网球教师对网球运动投资满意度得知，对高校网球运动投资现状非常满意的高校教师只占小部分的比例，大多数教师是不满意的。从高校教师的满意程度来看，说明高校对网球课程的投资力度较弱，使得高校网球教学的基本场地条件得不到保障，这就难以将教师与学生参与网球运动的热情调动起来。

通过调查我国高校中领导对网球运动的重视情况得知，大部分高校的领导对网球运动重视程度一般，不重视的领导也有很多。可见高校领导阶层与管理阶层并没有高度关注与重视网球运动的开展。高校网球运动的开展需要领导的大力支持与高度推动才能有效地开展起来，如果离开领导的重视与支持，网球运动的开展就会被搁置一方，难以积极开展与有效发展，因此高校领导一定要对网球运动开展的必要性进行充分的认识，要对师生对网球运动教学的需求进行深入的了解，这样才能支持网球运动在高校的开展。

2. 高校网球运动场地使用情况

(1)网球场地在教学中的使用

因为网球场地的造价高，而且对材料也有较高的要求，所以只要修建好网球场后，就需要安排专门的人员对其进行养护与管理，而且因为养护费用比较高，所以网球场地除了供应正常上课之外，基本上处于闲置状态，以免对其造成破坏，有些高校也会对外开放，以此来营利，这一部分收入主要是用来对场地进行养护的花销，这就形成了以场地养场地的良性循环。

经过调查我国高校网球运动场地利用的情况可知，我国高校网球运动场地主要用于网球教学与网球训练，有时也会用于举办网球竞赛、教师活动以及对外盈利。分析这一调查结果可知，我国高校对网球场地进行运用的现状整体上是比较令人满意的，大部分时间用于网球教学与学生的网球训练，教师活动与举办比赛也合理运用了网球场地，通过对外开放能够获取利润，增加收入来对网球场地进行维修与保护，如此来看，高校网球场地得到了高效的利用。

(2)网球场地的经营开放状况

高校开展网球运动的状况会直接受到高校网球场地的经营情况的影响,如果可以良好地经营网球场地,就能够使学生的学习需要以及教师与学生的网球活动需要得到充分的满足,能够对学生参与网球运动的热情与积极性进行培养,而且可以通过一些途径来增加一部分收入,以增加维修网球场地的费用。这样不但能够充分利用网球场地,而且还能够促进网球运动得到更大限度地开展。但是如果高校没有很好地经营网球场,就不能够充分利用网球场地,这就导致浪费资源的现象出现,如果网球场地遭到自然现象的破坏,没有足够的费用来对其进行维护,就会使网球场地的使用寿命减少,从而使在网球场地修建上的开支也白白浪费。

通过调查我国高校网球场经营情况得知,我国高校经营网球场地的现状不是很好,很大一部分高校只是经营得一般,能够良好经营网球场馆的学校只占到很少的比例,其中无经营与经营得不好的高校占到相当大的比例。鉴于这一经营现状,高校要提高对高校网球场地的经营效率,对现在的经营情况进行积极的改善,对正确的经营模式进行不断的探求,以促进以场地养场地良性循环的快速形成。

网球教学与训练对网球场地的运用会占据很长时间,除了教学与训练之外,学生在课余时间也会对网球场地进行运用。经过调查显示,有些高校会免费向学生开放,使学生在课余时间能够在场地上进行网球训练,这部分高校还是比较多的。有些高校的网球场地对学生开放采用的是分时间段的形式,有些高校采用的是收费的方式,一部分高校中学生在课余时间使用网球场地每小时需要支付 5～20 元,也有一部分高校每小时向学生收费超过四十元。从这一数据来看,总体上高校在学生的余暇时间对其开放网球场地的现状是较为良好的,学生在余暇时间顺利进入网球场地学习与训练网球技能,能够促进其学习技能的提高,促进其网球素养的训练,使其学习网球的需要得到满足。但是一些学校向学生收取的费用过高,超出了学生的经济能力,使一些经济困难但是热爱网球运动的学生没有机会进入网球场练习网球,从而挫伤了其学习的积极性,这一点需要引起高校相关人员的关注与重视,制定合理的费用收取方案。

(二)高校网球运动软件发展状况

1. 高校网球运动的教学情况

(1)高校网球运动课程性质与授课形式

经过调查我国高校网球教学情况得知,我国高校以自身的现实状况为依据开设了不同形式的网球课程，主要有两种性质的课程，即必修课和选修课。授课形式也有两种，即小班和大班。调查中发现有些学校没有开设网球课程，选择大班形式进行授课的高校较多，选择小班形式进行授课的学校较大班授课少一些。网球运动是一项较为特殊的运动，它有着很强的技术性，运动周期也较长，动作定型的速度较慢，很难学习高水平的技术动作，因此需要在充足的场地上在教师的悉心指导下学习，这样才能真正达到学习的目的，才能提高自己的实际水平，所以说大班授课形式不适合用于网球教学，因为大班授课这一形式会有很多学生一起上课，高校的网球场地是比较有限的，教学时数也不充足，教师不可能一一指导，这会花费太多的时间，这些都会对网球教学效果的提高造成不良的影响。

此外，在大班授课中，学生如果遇到自己不懂的问题，教师很难照顾到每个人，这时学生会因为自己的问题得不到解决而对网球运动产生畏难情绪，从而对学习网球技术效果造成影响，所以如果学校的条件允许，尽量采用小班授课的形式进行教学。在教学教法方面，传统的教学方法也不适合用于网球教学，要想促进网球教学质量的迅速提高，就需要对新的教学方法进行不断的探索。

(2)高校教师对网球教学方法的看法

经过调查我国高校老师对现有网球教学方法是否合理的看法得知，大多数高校教师认为现在高校网球教学方法比较合理，而认为现有教学方法不合理的教师只有少部分。网球教学质量要想得到保障，就需要增加网球运动的教学时数。我国一些高校网球运动的教学时数为 36 学时，有些高校是 72 学时，但有些学校的网球教学时数很少。

从上面的调查结果与分析中可以看出，我国高校网球运动的教学方面还存在许多问题和不足，无论是网球课程的性质，还是网球教学的形式都存在不合理的现象，而且教学方法过于陈旧，不能取得良好的效果，所以也不能让教师感到满意。为了使高校网球教学中的这些不足得到解决，促进网球教学的开展，需要高校教师对新的教学形式与教学方法进行积极的探索，对现有的教学方法进行优化，对其他高校良好的网球教学方法进行合理的借鉴，了解学生的学习情况，有针对性地采取适合不同学生的不同方法进行教学，共同努力促进网球运动在高校的顺利开展。

(3)高校学生掌握网球技术难易度的现状

网球运动有着很强的专业性，不可以通过其他运动项目的技术动作进行迁移，因此学习起来比较困难，经过调查我国高校大学生学习网球技术的难易程度得知，大多数学生认为网球技术的学习难度不是很大，只是一般，也有一小部分学生认为网球技术掌握起来很难。通过这些数据可知，对于高校大学生来说，学习网球技术并不是很难，只要有端正的学习态度，有充足的锻炼时间，就能够充分地掌握网球运动的技术。调查中也发现学生对网球技术的学习很感兴趣，而且有很大的学习决心。

2. 高校网球运动专业队建设情况

作为一项奥运会比赛项目，网球运动得到国家领导与人民大众的普遍关注与重视。我国的竞技体育制度随着经济水平的提高和全球化进程的加快而在一定程度上发生了变化，主要体现在竞技体育的发展逐步采用市场化与商业化的运行模式，竞技体育后备人才的输送模式也不断向西方发达国家转变。近些年我国网球运动迅速发展，这就为高校网球运动的发展提供了良好的机会，一些高校对网球专业队进行了组建，并且也创办了一些以网球运动为主要运动项目的特色学校，以此来促进高校网球运动的不断发展，促进网球运动水平的不断提高，对新的网球后备人才进行科学培养，以期使国家的资源能够节省下来，并对竞技体育运动员退役后期遗留的一些问题进行根本上的改变。

通过调查我国高校网球专业队建设情况可知，大多数高校并没有建立网球专业队，只有少部分的高校成立了网球专业队，且这些高校即使成立了网球专业队，但专业队的运动水平较低，而且专业队中也存在许多问题。主要表现如下。

(1)高校没有合理地组织与管理网球专业队。

(2)高校对网球专业队运动员水平的提高并不重视。

(3)高校网球专业队的训练不科学。

(4)高校网球专业队的竞赛组织比较落后。

(5)一些高校尽管成立了网球专业队，但是专业队并没有很多机会来参加各级网球赛，这就使得高校的网球专业队只是流于形式。

随着网球运动的不断发展以及网球教学方法的不断创新，高校的师资力量在不断壮大，高校网球专业队还是有很大的可能来提升自己的水平，尤其是随着网球运动的普及对网球教师的需求不断增加，高校开始注重培训网球教师。高校网球专业队建设不但与网球后备人才的输送有关，而且与网球师资力量的培训工作有关，这样就可以反映出高校网球运动的开展也会受到高校网球专业队发展的影响与制约，可见建立一支高水平的网球专业队是特别重要的。

3. 高校网球运动师资队伍建设情况

(1)高校网球教师性别比例现状

作为学校新开展的一个体育运动项目，网球运动的师资力量是否雄厚会对这一运动是否能够在高校顺利开展造成直接的影响,甚至是决定性的影响。通过调查我国高校网球教学师资得知,高校网球教师在性别比例上严重失调,大部分网球教师为男教师,只有一小部分的女网球教师。

(2)高校网球教师配备现状

经过调查我国高校网球教师的配备情况得知,大部分高校只配备了3～4位网球教师,少部分高校配备了4～5位网球老师,而配备5位以上网球教师的高校只有几所。可见我国高校网球教师数量上存在不足的现象。

(3)高校网球教师的职称、学历、教学年限现状调查

通过调查我国高校网球教师的职称情况可知,高校网球教师的职称主要是初级和中级,只有少数的网球教师职称是高级。

通过调查我国高校网球教师的学历情况可知,拥有研究生学历的教师占到大多数,也有一部分教师是本科学历。

通过调查我国高校网球教师的教学年限可知,有三年以上教学经验的网球教师占到很少一部分,三年以下教学年限的教师比例较大。

(4)高校网球教师获取网球技术的途径调查

通过调查我国高校教师获得网球技术的途径可知,大部分网球教师是通过系统学习获取网球技术的,通过紧急培训获得网球技术的教师占到一小部分,也有一些教师是通过自学获得网球技术的。不同的技术获得途径决定了不同的教学质量。一般来说,如果教师是通过系统学习获取网球技术的,就能够使学生的网球技术学习过程不断系统化,这类教师能够对网球教学的节奏与规律进行良好的把握。而通过紧急培训和自学获得网球技术的教师对网球教学的发展难以适应,在网球教学过程中会遇到许多问题,也会走很多不必要的弯路。

(三)高校网球运动发展对策

1. 增加经费的投入

体育课能否取得成功,关键在于体育设施的条件要有保障。高校体育教学顺利进行的重要物质保障就是学校的体育场地与器材。现在高校大学生越来越多地参与到网球运动中,网球的学生基础特别广泛,随着网球群体的增加,学校的网球场地就明显不能满足学生的需求,所以高校有关部门应该加大对网球场地建设的投入力度。具体如下。

(1)修建辅助墙

有些高校的条件较差,没有足够的资金,因此无法建设耗费高的网球场

地，这类学校可以先修建网球辅助墙，可以在平坦的场地旁修建，比如篮球场地旁、排球场地旁等，但要注意不要对原场地的活动造成影响。

(2)将排球场改为网球场

高校可以将原来的排球场地加工为网球场地，使原场地能够实现多样化的用途，将不同场地的利用优势充分发挥出来。调查发现，一些高校的排球运动开展得并不好，除了课堂教学之外，就没有人去排球场地练习，因此在课余时间排球场地一直处于闲置状态，造成了排球场地资源的浪费，如果将原有的排球场改为网球场地，那么就不需要花费太多的成本，这样不仅解决了场地浪费的问题，而且能够使网球场地不足的现象得到解决，使高校中的场地得到高效的利用。

(3)扩建或利用周边网球场

对网球场地进行扩建，如果周边有其他学校或者社区已经修建了网球场地，也可以加以利用。如果高校没有修建网球场地，或者修建的网球场地不够标准，质量差，就可以对周围学校或者高校的网球场地进行利用，但要提前与其他学校或者社区管理者协商，可以通过租赁的方式使用。节假日或者课余时间，如果周边的网球场地闲置，可以鼓励学生积极去进行网球习练，只要条件允许，应尽可能使学生网球学习的需要得到满足。

2. 加强网球运动课程开发

作为一项新兴的体育项目，网球运动是大学生进入高校之后下慢慢熟悉的，在小学与中学阶段对网球运动基本上没有任何了解，甚至没有一个清晰的表象。进入高校以后，学生体育运动的追求上升了一个层次，因此需要通过参加新型的体育项目来满足自己的需求，网球运动能够使大学生的这一心理诉求得到满足，这就是高校网球运动普遍受欢迎的主要原因之一。

考虑到网球运动的特征，高校应该有机结合网球运动与其他体育运动项目，对综合性的体育课程进行合理的开发。高校不仅要在其他体育运动课程的建设上下功夫，也要不断加强建设网球运动课程的力度。然而我国高校因为没有足够的场地和较强的师资力量，因此没有很好地开设网球运动的课程，为了与大学生学习以及社会发展的需要相适应，我国高校需要以体育教学改革为背景，对网球场地建设与师资队伍培养的问题进行解决，对与本校实际情况相符合的网球教材进行编制，促进网球教学方法的改进，对网球教学管理模式进行合理的开发，促进网球运动在高校的开展。

3. 培养学生终身网球意识

在高校网球教学中，学生的学习应该是一个主动、能动性学习活动，这一过程具有自主性、互动性和开放性的特点。具体来说，在参与网球活动的过程中，高校大学生可以结识具有同样兴趣爱好的学生，这对于其扩大自己的交际圈、培养自己的人际交往能力具有重要的作用，此外通过与他人(尤其是志同道合的人)接触，有利于大学生学习对方的优秀品质，对大学生积极学习、提升自我、挑战自我以及积极创新具有重要的促进作用。因此，网球运动不仅能增强学生的身体素质、提高学生的运动能力，还能使学生在进入社会后继续受益，教师在高校网球教学中应让学生充分认识到这一点，以促进其将网球运动作为一项终身受用的运动来学习，引导学生树立正确的体育价值观，使学生参与网球运动，并从中受益终身。

4. 加强网球运动师资力量建设

高校开展网球课的前提条件就是要保障有足够的网球师资，网球教师的执教能力与水平直接受到其获得网球技术途径的影响，高校中喜欢网球运动的教师很多，而且有些教师有着很强的竞技水平，然而网球竞技不同于网球教学，网球教师要想顺利实现网球教学的任务，就需要对网球专业知识进行系统的学习，不能近亲繁殖，更不能以自己的经验进行主观教学。高校要定期举行网球教师的业务交流会，积极举办专家座谈，鼓励高校网球教师参加高水平的网球赛或培训，促进其网球知识和技能的不断提高，从而促进网球教师教学技能的全面提高，使网球教学和网球运动训练的质量得到提高与保障。

另外，高校要加强对网球教师的高水平培养，并且要做好网球运动人才引进工作。在促进网球运动师资力量不断增强的同时，也要促进网球教师科研水平的不断提高，高校教师在对新的网球知识与技能进行吸收之后，要有意识地促进自身科技创新能力的提高，要对创新性的与高校实际情况相符合的教学方法与教学模式进行积极的探索，为高校网球教学奉献自己的力量。

5. 加强创新教学方法与模式在网球教学中的运用

(1)多元反馈教学法在高校网球教学中的运用

多元反馈方法更加侧重于强调教师与学生之间在学习过程中的融洽与合作关系，主要是教学过程中学生通过系统的知识学习，注重知识的运用以及自身能力的发展。这种教学方法更加突出了师生之间、学生与学生之间进行信息的交流与反馈的及时性，通过对学生的积极性、主动性和创造性的激发和调动，进而促使单向的教学信息传递转变为多向的教学信息传递，从而使得课堂教学的质量不断得到提高，同时对课堂教学的效果也进行了更好地优化。

现代“三论”，即控制论、系统论、信息论是多元反馈教学法的理论基础，同时这种教学法又结合了现代教学论和心理学，使学生从单一的模仿—记忆转变为探索—记忆—创造的新教学模式。教师要在教学过程中，根据学生反馈的信息来进行及时、恰当的调整，从而更好地对信息进行有效控制，在信息转变的过程中，要遵循以教师为辅、学生为主，形成以教师为主导、以学生为主体的教学模式，使教师与学生之间、学生之间，以及学生与教材、媒体之间形成多元化的信息反馈，使教学始终处于动态的平衡之中。在对教学效果进行合理优化的同时，还要转变单一地掌握基本知识、技术与技能的传统教学观念，这样既能提高课堂教学的质量，同时又能促进学生综合素质的提高。

多元反馈教学法在高校网球教学中的运用可以达到如下效果。

①促进师生交流，提高学生学习效果

多元反馈教学方法在高校网球教学过程中的运用能够促进信息的多向传递，在师生之间、学生之间、学生与教材之间形成信息的多元反馈，既提高了学生的网球学习的兴趣，同时也能满足学生的求知需求，使学生的积极性得到进一步的激发和调动。学生在网球教学中的积极性的充分激发和调动，便于教师对整个教学过程秩序进行控制，更好地营造出和睦融洽的网球教学氛围。在学生的学习状况、学习成绩以及所达到的程度方面，通过教师及时、准确的反馈，可以使学生对自身学生情况有一个更为详细的了解。对于还没有达到教学目标的学生，教师还应进行再评价，让学生反复巩固和练习网球知识、技术和技能，待达到教学目标后，再学习下一个单元。多元反馈教学法在这个循环过程中起着非常重要的作用，将更多的网球教学信息向教师反馈，更有利于强化学生的网球学习，从而对学生所存在的问题和薄弱环节给予及时、准确的指出，以使学生在网球学习过程中自觉寻求必要的帮助并对存在的问题进行自觉改正，这样既可以使学生获得更好的网球学习效果，同时也能使学生的思维和能力水平得到提高。

②便于评价网球教学效果

在高效网球教学中，多元反馈教学法可以对学生的学习情况做出诊断性评价、形成性评价和总结性评价。所谓评价网球教学效果是指在网球教学过程中，检验学生学习网球的效果，这也是对网球教学效果进行反馈的一种形式。通过这种形式的信息反馈，据此提出相应的解决方案，并在新的网球教学活动中进行应用，这是对反馈的信息进行再利用的过程。教师通过该教学法做出的教学评价，及时、准确地了解各个学习阶段学生所掌握知识、技术与技能的情况，以及在学习过程中学生所遇到的各种问题等情况，并通过整理分析，来对网球教学方案进行修改与完善，进而制定出正确的网球教学目标，选择合理的教学手段，划分出网球教学的重点与难点，同时对网球教学对策与方法措施进行改进。

③便于网球动作技能反馈指导

网球技术教学对教师的技术水平有着较为严格的要求，也就是说教师要具备正确、规范的网球技术。在进行网球技术练习的过程中，教师通过运用多元反馈教学法，能够及时、准确地掌握有关动作技能的信息，并通过向学生反馈网球动作的准确性、适合性和正确性信息，促使学生根据所获得的各种关于完成动作的信息，来对自己的动作进行修改和调整，从而使学生更快地掌握和形成动作技能。

因此，多元反馈教学法在网球技术的学习过程中有着非常好的作用，并能够促进网球教学质量的不断提高，进而更好地完成网球技术教学任务。

(2)动式优化型教学模式在高校网球教学中的运用

动式优化型网球教学模式是不固定、灵活多样的多元化网球教学模式的优选和组合。这种网球教学模式是由绥化学院在动式教学模式理念的启发下提出的。它是在对不同的教学目标和不同的教学内容进行充分考虑的基础上，通过分析学生的不同需求而对相应的众多教学模式进行很好的优选组合，从而形成一种良好的教学模式。根据网球运动教学的特点，在网球教学中所采用的动式优化型体育教学模式是：分层教学模式与课内外一体化教学模式的配套组合。

动式优化型网球教学模式的实施过程如下。

①分层教学模式的实施过程

分层教学就是在原有教学班的基础上，在不改变原有教学计划的前提下，根据不同教学群体的特点来选择不同的教学方式和手段，并设立不同的教学难度标准。根据学生的兴趣爱好、性格特点、运动水平、兴趣爱好、个人意愿、网球技术水平等，将条件相近的学生划分为三个教学层次，即休闲组、技能组和竞技组，这三个教学层次之间的学生比例控制在 2∶3∶1 之间；根据各个层次学生的实际情况来对教学目标、教学方法和教学对象进行设计(表 2-2)。在运用这种模式时，必须要告知学生各个层次之间没有优劣之分，而是根据学生的个体差异来进行的，每一个层次都只是在一定的区域和时限内保持相对稳定的状态，也就是说，其发展是相对化，而分化是经常的。在对学生进行研究和观察时，要注重运用发展和动态的观点，同时还要根据学生发展的意向和具体情况灵活地做出调整。对学生进行考核主要是根据学生在学习过程中的表现、学习态度、在原有基础上网球技术提高的幅度进行衡量，使学生消除顾虑，以积极的心态来选择适合自己的分成组别。

表 2-2　分层教学模式实施过程

分层组别	教学目标	教学方法	教学对象
休闲组	在娱乐休闲的过程中使学生掌握网球技术，提高身体素质，并在学习的过程中使学生体验到成功的快乐，具备基本的网球运动能力，形成良好的锻炼习惯和参与体育的意识	分解教学法 自主教学法 激励教学法 情感教学法 小团队教学法	身体素质、运动能力较差，具有个性的学生
技能组	使学生熟练掌握网球技能，并运用该技能进行体育锻炼，提高自身的身体素质，使学生在锻炼的过程中体验到运动的乐趣，掌握锻炼方法，形成积极的学习态度	自主教学法 同步教学法 情感教学法 激励教学法 小团队教学法	有较好身体素质和运动能力，对网球技术有较高要求的学生
竞技组	使学生的网球技术水平和身体素质达到较高的水平，充分体验网球运动的快乐与刺激。具备参加更高级别的网球竞赛的能力，展示学生的自我实现的价值。使学生的骨干带头作用得到充分发挥，进而使自己的能力得到锻炼与提高	团队教学法 自主教学法 竞技教学法 激励教学法 对比教学法	具有体育天赋，对网球技能有更高要求的学生

②课内外一体化教学模式的实施过程

课内与课外一体化教学模式是指使课堂网球教学活动与课外网球活动相互结合，有针对性地将课内与课外、学习与锻炼、专项活动与竞赛活动进行结合，使学生参与网球锻炼的时间得到延长，从而全面提高学生的网球素质，掌握更多的网球运动技能。教师要根据三个不同层次的教学组有计划地将课内与课外有机地结合起来，并以小团队或分散式的形式来合理安排学生的课外网球训练内容，做到以学生为主体，将学生学习的自觉性和主动性充分发挥出来。另外，还要充分发挥和调动各层次小组长和体育骨干的作用，使学生的网球技术水平和运动能力得到最大限度的提高，更好地培养学生自我锻炼、自我管理的能力，促进学生的网球运动能力全面发展。

6. 构建科学的网球教学评价体系

目前，我国大多数高校网球教学评价体系还未建立，已经建立的教学体系还不够健全，导致高校网球教学工作的实施缺乏科学性和系统性，现阶段，迫切需要构建一套完整的教学评价体系，来指导高效网球教学。

构建科学的高效网球教学评价体系过程中，主要从以下三个方面入手。

首先，通过国家体育教育教学的相关基金项目增设关于网球运动项目教学评价体系的研究项目。

其次，通过校级课题立项形式，加强对高校网球教学评价体系建设的研究。

最后，鼓励教师和学生多提意见和建议，鼓励个别教师进行教学实践和实证研究，加强对科学网球教学评价体系的理论和实践探索。

7. 加强高校网球专业队的建设

在高校开展网球运动的过程中，网球专业队建设也是一个十分重要的环节。高校中的网球专业不但能够将高校的网球教学水平体现出来，也能够将高校的办学特色与风格彰显出来，而且随着我国竞技体育和高校体育教学的不断改革，我国输送体育后备人才的模式出现了多元化的趋势，所以高校建设网球专业队不仅是为了将高水平网球运动员输送给国家，也是为了对网球师资进行培养，因此高校建设网球专业队的工作要提到重要日程上，以促进高校网球运动发展潜力的激发。

8. 加强网球运动训练管理机制的创新

高校网球运动训练管理机制的创新方法有很多，具体包括管理制度、管理观念、管理方法以及管理组织的创新等几个方面。

(1)管理制度创新

高校网球运动训练管理机制的创新关键是要做好管理制度的创新。管理制度创新是指管理人员要对管理制度不断进行更新，更新时要以管理过程中出现的新问题与新情况为主要依据，更新后要使高校网球运动训练管理工作有法律保障。对管理制度进行创新有两种主要方式：首先是修订之前规章制度中不合理的部分，使之趋于完善；其次是对新的管理制度加以制定。

高校网球运动训练管理制度创新要遵循如下几个要求。

第一，管理机构的设置制度要逐步完善。要综合考虑体育事业的特点，对包括行政制度、干部人事制度、运动员选拔培养制度、工资福利制度、社会保障制度、财务监督制度、后勤服务制度等在内的整个管理制度系统都要做出新的制度安排，使机构设置更加科学化和高效化。

第二，对相关管理部门的权责要重新明确。行政管理体制改革的深化要加快转变政府职能，所以，加快转变相关政府管理部门的职能是高校网球运动训练管理制度创新的首要要求。

第三，管理资源的优化配置制度要逐步完善。要想提高高校网球运动的训练与竞争水平，就要善于做好各种体育资源和社会资源的整合工作，促进资源优化配置效率的不断提高。充分组织、协调与调动各种管理要素要依靠制度的创新才能得以实现，尽量用最少的管理成本来获取最大的管理成绩。

第四，管理行为的监督制度要不断完善。管理制度的创新要求建立一个体系完备、监管有力的监督制约制度，监督制约制度的完善其实就是高校网球运动训练管理创新其中的一个重要范畴。

(2)管理观念创新

高校网球运动训练管理机制的创新要以管理观念的创新为前提。管理观念的创新就要对管理理念与思维进行综合创新，管理观念指导管理的许多环节，如管理监督、管理决策以及管理执行等。管理人员要改变陈旧的思想，不断创新，实现高校网球运动训练管理机制与社会发展的高度适应，主要在管理观念上要做到以下几点。

第一，及时发现并解决问题。高校网球运动训练管理的问题会随着网球运动事业的发展而逐渐增多。管理人员不要等问题多了再集中解决，而是要及时发现每个新出现的问题并采取合理的方法进行解决，这样的管理是动态的。

第二，实行开放管理。随着市场经济挑战的日益严峻化，管理人员一定要更新固有的管理思维，管理观念与方法要逐步开放，实行开放管理，以此来应对市场经济的挑战。

第三，实行服务管理。高校网球运动训练管理的相关部门要对固有的管理方式进行更新与转变，管理从本质上来讲就是服务，因此管理者要全心全意地服务于网球运功的全面健康发展。

第四，重视人力资源的作用。高校网球运动训练发展的首要资源就是人力资源，人力资源是创造物质财富和精神财富的第一大资源，管理人员要充分认识到人力资源的优势及重要性，管理过程中把人放在第一位。

(3)管理方法创新

高校网球运动训练管理机制的创新重点是要做好管理方法的创新。多种方法共同构成网球运动机制的管理方法体系，管理人员行使管理权利、实现管理目标、落实管理工作也离不开管理方法这一重要环节。科学与可操作的管理方法决定着管理实践的效果。网球运动训练管理方法创新，就是管理者根据网球运动训练系统的特点，把现代网络技术、预测技术、决策技术、可行性分析技术、统计技术、多媒体计算机技术、全面质量管理技术、目标管理技术等先进管理技术成果引入训练领域，并根据实际情况加以调整和改革。

通常，高校网球运动训练管理方法主要有思想教育管理方法、经济管理方法、行政管理方法以及法律管理方法等几种。采用的管理方法必须与社会发展的要求相符，管理人员要认真分析不同管理方法的主要特征及优缺点，要整合与创新各种管理方法，管理方法的整合与创新要以具体管理对象的性质和特征为依据。对高校网球运动训练管理方法进行创新，促使管理水平不断提高的一个重要方法就是在管理中使用新的管理方法。

(4)管理组织创新

高校网球运动训练管理机制的创新要以管理组织的创新为前提。网球运动训练管理组织要明确划分职权和职责、要选择合适的管理幅度、要设计高效运作的管理部门，这与其他管理组织相类似。管理人员能否充分发挥自身的管理能力，能否取得较高的管理效率，这与职责权限、管理幅度以及管理部门等因素密切相关。实现资源优化配置、对管理机构加以整合、精简管理人员、提高管理效率是网球运动训练管理组织创新的主要目的，管理组织创新的重点是“重新界定运动训练管理系统内部各种机构的职责与权限，以平面式、网络型组织模式逐步取代金字塔式、等级型组织模式，从而为实现从垂直管理向水平管理的转变创造有利条件。”

9. 建立高校网球竞赛的管理体制

要想提高学生对体育运动的兴趣，促进体育运动对学生吸引力的加强，就要开展各种形式的比赛。网球运动也是如此，网球比赛不仅能够提高学生的参与积极性，而且能够对网球教学与训练质量进行有效的检验，促进对网球运动的普及。学生通过参与网球比赛能够将自己的缺点暴露出来，从而有针对性地去改正，提高自己的技术水平。在网球比赛过程中，高校网球教师和学生能够开阔视野，学习他人的比赛技巧，促进自身网球技术水平和比赛能力的不断提高。

10. 加强对网球运动的宣传

人脑＋电脑＋网络＝未来教育，这是我国著名科学家钱学森曾经对未来教育的论述。从这一等式中看出，在未来教育中网络的作用及其重要。

在21世纪，人们对体育信息进行接收的主要途径就是网络，悉尼奥运会期间，奥运官方网站的访问量达到了72亿次就是很好的证明。因为网络是人们接收信息的主要途径，因此通过网络进行宣传必然能够收到很好的效果。因此高校应该建立网球运动项目的专门网页，并对网页内容进行及时更新，使学生及时了解世界最新、最快、最前沿的网球运动信息，以促进网球知识在高校中的快速传播，从而实现对网球运动进行普及的目的。高校中的传播媒体也是对网球运动进行传播的主要途径，如校园广播、校园墙报等，利用校园广播对最新的网球运动信息进行传达，将最新的网球知识与网球运动新闻写在校园墙报上，能够促进高校网球运动的普及与发展。

第三节　现代网球运动的发展趋势

一、现代网球发展的国际化趋势

(一)网球的赛事国际化

现代网球运动发展迅速，而且表现出鲜明的国际化趋势。国际性的赛事是代表各类体育项目最高水平的赛事，每年都不会频繁出现，举办次数有限。例如，世界杯足球赛是4年一次，其他项目的世界性比赛每年也只有一两次或几年才有一次。而各国国内区域的比赛较为频繁，其中世界知名的比赛也较多。例如，篮球有NBA赛事；足球有意甲、德甲、法甲、英超等赛事；乒乓球有中国的全国乒乓球俱乐部赛等。

然而，网球运动与其他项目有所不同，每年都有6个世界级的网球赛事，即四大公开赛和两个年终总决赛。每年其他著名的赛事都有上百个。例如，ATP负责70个左右的国际性网球比赛，除四大公开赛外，还有世界系列赛、大师杯赛、大师系列赛、卫星赛、挑战赛等。WTA负责60个左右的国际性网球比赛，除参与四大公开赛外，主要负责四个等级的女子系列赛与WTA年终总决赛。国际网球联合会ITF负责100多个重要的网球赛事，除四大公开赛、联合会杯、戴维斯杯外，还包括女子挑战赛、男子希望赛、巡回系列赛、卫星赛等。每年由三大网球组织负责的世界性网球赛事高达数百个。除此之外，国际上比较著名的网球赛事还有世界少年杯赛、元老赛、世界青年杯赛等。

每天在五大洲的各个角落几乎都有网球大赛举办，所以说“日日有赛事，周周有大赛，月月有精彩”的说法毫不夸张。全球全年的网球赛事在地域和时间上分布十分密集。作为一项全球化的比赛项目，网球运动赛事举办的频繁程度和安排的紧凑程度是其他国际体育比赛项目所无法企及的。

另外，国际网球组织也特别重视网球运动在亚洲特别是在经济发展较快的中国的发展前景。在我国政府与相关组织的不懈努力下，我国在近几年举办了大量的网球赛事，而且产生了广泛的影响。以前我国只是举办十万左右美金的赛事，现在 WTA、ATP 负责的赛事有很多都在我国举办。

两大国际网球组织 ATP 和 WTA 将中国作为世界高水平网球赛事的举办地，在中国运动史上少见，而且在国际网球史上也是罕见的。通过举办这些顶级赛事，中国网球运动的发展会有很大的进步，网球运动在我国的发展空间将更加宽广，前途也会更加辉煌。

(二)网球人口的国际化

目前，世界网球运动极其普及，推广程度很强，这是网球运动发展史上从未有过的现象。之前，经济发达国家的网球运动较为普及，现在网球运动在不发达的国家和地区的普及性也很强，这就促使各地参与网球运动的不断增加，世界网球人口急剧上升。目前，国际网球联合会的会员及会员国已达到 200 多个。各国在普及与推广网球运动的基础上，对优秀网球运动员进行积极的培养。曾经美国、英国、澳大利亚、法国等网球强国独霸世界网坛的局面被打破，群雄争霸的多极化局势逐渐形成。

通过考量网球运动的发展速度和规模后能够得出，在人类社会新经济秩序基因库中，网球运动已经成为其中重要的成员之一。广大的网球爱好者被网球运动中的文化元素和愉悦大众的精神吸引，因此积极参与其中。网球已成为世界第二大体育项目，仅次于足球。

世界上接纳网球运动的国家与地区已越来越多，参与网球运动的人口也越来越多，伊斯兰教固然保守，但一些阿拉伯国家都已经接纳了 WTA 举办的女子比赛。可见网球运动已趋于全球化，在未来的发展道路上，网球人口还会继续增加。

(三)网球观众的国际化

电视机诞生之前，观看一场网球运动比赛的观众只有两三万人，电视诞生之后，无论是哪种体育项目，观众的增长速度都是特别迅速的。1936 年，英国广播公司播出歌舞节目，电视转播的历史由此开始，人们的生活与认知行为及习惯因为电视的出现而发生了翻天覆地的变化。

1968 年，国际网联与温网组织者经过协议后提出允许职业网球选手参赛的规定，温布尔登正式成为“公开赛”。英国广播公司将这个机会抓住用电视转播了比赛。从那时起，无法去比赛现场观看网球大赛的网球爱好者也可以通过电视银屏感受赛事的激烈对抗。观众收看赛事能够提高收视率，而这又为广播公司带来了巨大的利益。赛事组织者也能够从中获取BBC给付的转播费用，这对其而言是一个新的盈利机会。对于观众而言，通过电视屏幕看激烈的网球比赛是一种美好的享受。

1973年9月在休斯顿，在当时世界女子头号选手B.J金与R.L里格斯的比赛现场，只有三万多观众，但有五千万左右的观众在通过电视观看比赛直播，这次赛事被称为“世界网球大赛”，这其实已经预示了网球观众正向着全球化的方向发展。1978年，法国电视台第一次对法国网球公开赛进行不间断的直播。20世纪80年代后期广播卫星发射，三个广播卫星能够将整个地球覆盖，而且与地球是同步的，至此全球都遍布直播电视。

以四大网球公开赛为例，每次澳网、温网比赛时，会有50万左右的现场观众，法网比赛现场有40万左右的观众，美网有70万左右。一年中四大网球公开赛的现场观众加起来超过了200万。通过电视观看比赛的观众远远超过这一数据。据美国网协提供的数据，2005年仅美国观看美网的电视观众达到了8 700万人，收看美网系列赛的电视观众达到4 100万人。2011年，温网决赛中，李娜与意大利卫冕冠军斯齐亚沃尼吸引了约1.16亿名中国电视观众收看，不仅成为当年中国收视率最高的单场体育比赛，还是中国历史上单场网球比赛电视直播观众数最多的一场比赛。从全年、全球收视率来说，四大公开赛及其他高水平的网球赛事的全球观众可达十几亿人次。较高的收视率不但能够促进网球影响力的不断扩大和网球运动的普及，而且能够为各大电视台带来高额的收益。

网球赛事通过系列化的方式不断向全世界范围扩大，这对全球文化的交融和沟通具有积极的影响。随着各国在文化与经济方面的不断融合，网球运动的观众们也会顺应趋势而逐渐融合。

二、现代网球发展的市场化趋势

(一)网球产品消费市场

网球服、网球器材等是主要的网球产品，在整个网球产业中，这些消费是重要的部分。根据网球产业协会统计，每年网球拍、球、辅件等的批发额为3亿美元左右，并有20亿美元左右的网球专用服装销售额。据美国网球协会统计，每年全美大约销售300万支左右的成人网球拍，100多万支儿童球拍,1 亿多个网球,单是球拍就有 9 000 万左右的销售额。

这些年来,网球产品营销者开始找一些球星来代言球服、球鞋、球拍等,常见的网球服和球鞋品牌有锐步、阿迪达斯、耐克等,球拍品牌主要有海德、威尔胜等。经营者耗用了大量的资金,目的就是通过对“名人效应”的利用来对企业的产品进行大范围的宣传,促进企业知名度的不断提升和产品销售总额的大幅增加。这种高额的投资基本上可以得到同等的回报。在世界运动服、运动鞋、球具的市场中,网球的产品向来都是出类拔萃的。以这个发展的趋势,网球产品的消费会持续增加,相关的销售量和销售额也会大幅提高。

(二)网球比赛的场馆和赛事赞助市场

美国有很多体育职业俱乐部,而且大都经营得较好,每年都会有丰厚的收入。调查显示,NBA 的纽约尼克斯队在纽约麦迪逊广场花园的主场有 89 个包厢,每个包厢的出售额都在 30 万美元左右,仅出售包厢,每个赛季就有 1 000 多万美元的收入,在其总收入中几乎占到一半。

像美国的篮球职业俱乐部一样,英国温布尔登网球中心也是经营成功的一个典型范例,这个网球中心有几百名会员,他们入会需要缴纳会费,而且这个网球中心每隔几年都会对债券进行出售,会费和债券的销售额是网球中心的主要收入来源,他们将这些收入主要用于维护和保养场地和设备。

我国网球运动产业的发展虽然还处于起步阶段,然而在建设与经营场馆上的成效很大。就拿首都北京来说,北京有很多新建的网球馆,大部分是以会员制的宾馆、饭店来进行经营,而且取得了良好的经营效果。日常球馆的定价都比较统一和固定,但节假日会提高价位,每小时高达 300 元左右,即使如此,还是有很多人愿意去打球。

最大额度的网球产业经营就是举办赛事了。大师系列赛中每个赛事有 4 000 万美元左右的经营额,大师杯赛的经营额也远远超过了 1 500 万美元。尽管这些赛事的经营数额庞大,但是盈利状态都是良性的,并且有稳定发展的趋势。世界顶级网球赛事的商业运作如果合理,就能够取得良好的经济收益,并可以创造出大量的职位,供多人就业,也会吸引大量的观众,观众增加必然带来可观的收入。

世界高水平的网球赛事的冠名赞助商基本上每次都会获得高额的经济收益。四大网球公开赛都有自己的赞助商,虽然这些赞助商不会将赞助数目向外界披露,但其从中获得的收益必定远远超过了投资额。顶级网球赛事是全世界都关注的重要赛事,赞助商都会争相取得冠名权,这一趋势会随着网球运动的普及与发展而愈演愈烈。

(三)网球经纪业市场

从产值上来看,虽然在体育产业中体育经纪业没有占据很大的比重,然而,在一个国家整个体育产业中,其发挥的作用是至关重要的,是体育产业中不可或缺的一部分。职业体育产业的发展与壮大直接受体育经纪业的影响。体育经纪公司和体育经纪人的服务非常专业,且尤为卓越,特别是拥有很强的市场拓展能力,所以开发体育无形资产,生产和经营体育书刊及音像制品,促进体育广告业和体育用品业的发展等都离不开专业的体育经纪公司和经纪人充分发挥自己的价值与作用。

美国历史上第一个体育经纪人是戏剧推销商C.C.帕莱,其主要负责的是芝加哥熊队的业务。然而,美国体育经纪业真正发展壮大是在20世纪70年代。在这之前,很少有职业运动员拥有经纪人,而现在,每3～4名职业运动员中就有1名有经纪人。

网球运动史上,第一个经纪人是查尔斯·C·派尔,他是一名美国商人,也是网球推广者,其最初是苏珊·朗格伦的经纪人。随着职业网球的快速发展,现代网球经纪业也逐渐向成熟的发展阶段迈进,获得经纪公司或经纪人的赞助合同的网球选手日渐增多。

三、现代网球发展的科技化趋势

影视业在20世纪60年代以飞快的速度发展,网球运动的发展受此影响也有了很大的进步,主要表现在可以利用电视转播网球比赛。之后,为了与电视转播的需求相适应,有关人员对网球颜色做了改版,并对网球规则进行不断的完善,以此来对电视观众构成强烈的吸引。可见,网球运动能够成为娱乐大众的主要项目之一,主要得益于科技的发展。

21世纪之后,电子鹰眼系统成为网球比赛中运用得最先进的科学技术之一,其主要用来对网球落点进行准确的判断。随着球拍技术的日益发展,网球运动员的击球速度飞速提高,所以裁判员已经很难通过肉眼来对球的落点进行准确的捕捉与判断了;而且自电视转播网球比赛后,球员与裁判员都感觉到了很大的压力,对裁判员的任何误判,球员都是难以承受的,这时相关组织与人员就开始研究鹰眼技术在网球赛事中的运用了。

“鹰眼”即“及时回放系统”,2001年,这项技术由美国研究人员保罗·霍金斯发明。这是一种高速计算机成像系统,将十几台高速摄影机安装在赛场各个角落,与计算机成像软件相结合之后,网球飞行路线和落点图像就能够快速出现,通过大屏幕回放图像,裁判员就可以对球的落点进行准确判断了。在网球赛场上，裁判是使用鹰眼技术的主导，从而对球的落点进行判断，提高比赛的公平性与规范性。

21世纪初，鹰眼技术在体育赛事上的第一次应用不是网球赛事，而是英国超级联赛。后来，这项技术逐渐出现在美国的职业赛事中，如NBA以及全美橄榄球联赛等。随着这项技术的不断发展与影响力的不断扩大，国际网球联合会也希望能够将此运用在网球赛中，因此国际网联开始积极尝试鹰眼技术的运用，通过小型赛事对其进行不断的试验与检测。2003年，澳网对这项技术进行了采用，这是将鹰眼技术运用在网球运动中的第一个大满贯赛事，后来该技术在四大满贯的赛事转播上都有运用。然而，这只是将鹰眼技术广泛运用在电视媒体转播的过程中，在网球比赛现场上一直未能对该技术进行使用。

真正意义上促使国际网联决心在网球比赛现场引入鹰眼技术是在2004年的美网中。当时，在1/4决赛中，小威打出了反手斜线压线球，但主裁判判这个球出界，这一分错判始终没有纠正。人们因为这一分产生了广泛的争论，希望在裁判判罚中运用慢镜头重放，所以运用鹰眼系统的决心由此产生。

美国网协2005年提议将鹰眼技术运用在美国网球公开赛中，但因为诸多因素的影响最终未能成功试行。随着网球赛中质疑的声音越来越多，人们更加坚信要采用鹰眼技术来进行裁判，这是最具说服力的证据。第一个真正在现场采用这一技术的网球赛事是2005年美国迈阿密大师赛。在2006年美网系列赛、美网及2007年澳网对鹰眼技术进行了全面的运用。温网组委会一直比较保守，所以在2007年才决定在温网中对鹰眼系统加以采用。

现在，关于网球赛事中运用鹰眼技术有支持与反对两个不同的声音。支持这一技术在赛场上运用的人认为，当选手与球的方向正对或背对而运动时，其视线有一定的盲点存在。任何轻微的司线头部晃动都会使球员错过网球砸向地面的瞬间。这样，在网球比赛中，就会有越来越多的有关球的落点的争议，所以一定要使用鹰眼技术。

当初之所以在网球赛事中运用鹰眼技术，就是为了确保网球比赛的客观性与公正性，然而比赛不仅仅只有公正和客观。一个优秀的网球运动员不仅要有高超的专业技能，而且要善于与裁判沟通，学会快速消除误判给自己心理带来的影响，这同时也是网球比赛中非常重要的一部分。鹰眼技术虽然提高了公正性，减少了球员与裁判的争议，但是观众的消费趣味也因此受到了影响。

实践证明，网球界普遍欢迎有限的、不会让比赛节奏打断的鹰眼挑战。

而且很多赛事组织与运动员都已经接受了鹰眼技术。仅需10秒就可以使争论停止的鹰眼技术是网球运动中新的科技革命,极大地增加了网球赛事的魅力。随着科技的不断进步,在之后的网球赛事中,还会有更先进的技术会不断被发明与运用,在提高比赛客观性与公正性的同时,也会不失趣味。

四、现代网球发展的其他趋向

(一)网球组织日益完善

1912年,国际网球联合会成立,这是国际网坛的全球性组织,巴黎为这一组织的总部。国际网联成立之初,只有12个国家的网球协会代表参加,现已有210个协会会员,其中正式会员145个,无表决权的联系会员65个,可见这一组织已发展十分庞大。1972年,国际男子职业网球协会成立,这一组织主要是对职业网球运动员的利益进行维护,将比赛机会与高额奖金提供给运动员,并对《国际网球周刊》进行发行。1973年,国际女子职业网球协会成立,国际网联、男子职业网协和女子职业网协是网球运动的三大国际组织,它们有各自明确的职责与任务,共同确保世界网球竞赛的有序开展。

两大团体赛——戴维斯杯赛(男子)和联合会杯赛(女子)是代表一个国家整体网球实力的重要赛事,其均由国际网球联合会负责组织,2013年第7届联合会杯赛中东道国巴西夺冠,2015戴维斯杯赛中,英国摘得团体冠军,这两项赛事的顺利举办与收获的成功都离不开国际网联的有序组织与管理。每年,国际网联都会发行《世界网球排名表》,总共52期,这对世界优秀网球运动员参加各种级别的网球比赛具有重要的推动与促进作用,而且能够使国际比赛的高水平和对观众的吸引力得到保障。每周对男子名次进行一次公布,女子名次公布则是每两周一次。世界网球运动员的排名浮动在排名表中一览无余,同时,这个排名还具有重要的意义,榜上排名顺序的变化对运动员能否参加某一个重要比赛具有直接的决定作用,网球运动员在体育用品行业中的广告价值也受其世界排名的影响。

当今世界网坛中,非常活跃与频繁的网球赛事,惊人的高额奖金,与国际网球组织的发展是分不开的。

(二)网球赛事奖金数额惊人

当今世界,网球运动已发展成为一项热门项目,这固然是因为其魅力独特,但除此之外,人们热衷参与网球运动的一个不可忽视的原因就在于大部分网球大赛的奖金都很丰厚。现阶段,每年世界上都在不停地举行不同级别的网球赛事,而且大都设立了高额奖金,尤其是职业网球运动员被允许参加各种网球比赛后,每年的赛事奖金都在增加。以美网为例,2015 年,美网总奖金达到 4 300 万美元,历史首次突破 4 000 万美元大关。男女单打冠军的奖金也达到 330 万美元,较 2014 年增加了 30 万美元。同时,有些顶级网球赛事只允许在世界排名表上排在前面的运动员参加,这样在一年中能够使国际优秀网球运动员不断地参赛,从而获取比赛积分,不断提升排名,排名提升后获取的比赛奖金和广告签约费的数额就更多了。

(三)女子动作男性化

运动员的力量素质在网球运动中起着至关重要的作用。女子网坛中的力量派选手有很多,而且占主导地位的也多为力量型选手,女子动作男性化的趋势日益凸显。WTA 排名靠前的网球运动员大都属于力量派,如美国网球选手大威廉姆斯的发球时速超过 200 千米,这是男子网球运动员都无法企及的。尽管女子网坛中占主导的是力量派球员,但也不能忽视技术的重要性,如美国的网球选手威廉姆斯姐妹不仅拥有绝对的力量优势,而且也拥有与技术型选手同等出色的底线技术,再加上其步法灵活,体能充沛,在网坛上长期占据霸主地位。

(四)心理抗压能力在比赛中越来越重要

在竞争激烈的网球比赛中,特别是在处理关键球的时刻,运动员的心理素质直接决定了其比赛的结果,大多数的教练员与运动员都已经充分认识到了心理素质的重要性,并且加强在这方面的训练。在比赛的关键时刻,如果运动员的心理素质良好,那么其就能够将自身的技术水平充分或超常发挥出来,给对手造成强大的压力。相反,如果运动员心理素质较差,其就难以稳定地发挥应有的技术水平,从而导致不断失误,输掉比赛。现阶段,在国际网坛上,顶尖的优秀网球选手往往是那些技战术技能高超,体能良好和心理素质过硬的运动员。所以,在培养网球运动员的过程中,除了要加强体能及技战术的训练之外,心理素质的训练与培养也是不可忽视的,对球员的心理素质进行科学的培养具有非常重要的意义。要想在体育竞赛中取得成功,运动员就要将技战术、体力和心理协调配合好。而协调配合好这几方面的能力需要经过长期的训练与培养才能实现。在这几方面素质的培养中,心理素质的培养比较复杂,其与技战术动作不同,属于意识范畴,是无形的,看不到也摸不到。技战术与体能在经过科学与具体的训练之后能够得到提高,但心理素质需在长期的训练中养成习惯才能慢慢地对其进行合理掌握和控制。

(五)稳定性是现代网球竞赛中获胜的重要因素

稳定性是指运动员所具有的保持动作结构和功能相对稳定以及在受到一定的干扰和制约后恢复到原来竞技状态的能力。[①] 运动员在比赛中体能、技战术、心理及意志品质等各方面都综合体现在稳定性上。对运动员竞技状态维持时间进行衡量的一个重要指标就是其所表现出的稳定性。事实上,在网球运动中,稳定性并不是单纯指某一次击球或比赛中发挥的稳定程度,而是在整个网球生涯与参赛生涯中技战术、心理及意志等发挥的稳定能力。

判断网球运动员稳定性如何的第一指标就是非受迫性失误。运动员在比赛过程中的相持能力和发挥度(量)集中体现在非受迫性失误上。研究表明,比赛胜负的主要决定因素之一就是运动员的稳定性。调查发现,在四大满贯决赛和大师杯决赛中获得胜利的运动员普遍相持能力较强,发挥度也令人满意,非受迫性失误很少。失误送分的现象不多见,一般都可以将自己的正常水平或超常水平发挥出来。

现代网球运动的对抗性很强,攻防转换的速度也很快,稍不留意就会失去得分的机会,因此要注重运动员的稳定性并不是意味着让运动员被动防守,或只是处于对等的相持状态,稳定性更多是从运动员主动进攻和在受到制约后积极反攻中体现出来的。所以在网球、羽毛球等隔网对抗运动的研究中,特别重视受迫性失误率和被迫性成功率这样有价值有意义的统计数据。运动员的稳定性能够在这种数据中得到清晰的反映。

(六)全能型打法逐步取代单一型打法

经过调查发现,现在的网球运动员对积极主动的全能型打法运用得特别多,运用这一打法使他们拥有超过70%的一发成功率和超过60%的发球得分率,运用全能打法发出200千米左右时速的球后,发球方很容易获得ACE球。研究表明,现在的网球运动员有丰富多样的得分手段,能够均衡地分布攻击点面。

在网球比赛中,球员的正手是发挥主导作用的,正手发球、接发球都能够给对方造成强大的压力,在运用正手击球的基础上还配合使用整套技战术系统,如富于变化的反手、快速的步伐、巧妙的网前截击等。在网球比赛中,正手击球的表现往往都能取得良好的效果,通过这一击球方法所获的得

① 张荣魁.我国高校网球教学与训练的多维度探析[M].长春:吉林大学出版社,2012.

分几乎占到总得分的一半。可以说，强大的正手能够使运动员将底线的优势牢牢地抓住。正手击球稳定且锐利，对争取比赛得分与胜利具有积极的作用。当然，网球技术全面多样，绝不仅仅局限在正手上，其他各种击球也能取得良好的效果，例如，反拍灵活多变，打出的回球会超出对方的想象，可以成功对对方的击球节奏造成破坏。在比赛中，善于全能型打法的运动员还会通过对上网战术的运用给对手造成巨大的压力，通过成功拦截球获得比分。有时运动员也会不固定地放网前小球，多种变化的打法令对手难以提前做好防范。这些都表明，运动员在网球比赛中，运用全面主动的打法可以占据绝对的优势，提高胜利的概率。

现代网球运动中，越来越多的球手开始将这种技术与力量的运用结合起来，表现出全能的技术，技术、力量、技巧并重的全能型打法已经成为现代网球运动的一大趋势，很多网球运动员也通过对全能打法的运用将自己塑造成力量、技术等多方面都有突出优势的全能人才。

第三章　网球运动技战术基本理论及发展

技战术是网球运动最为重要的组成部分，网球运动员要想提高自己的网球水平，获得比赛的胜利，必须要深刻认识与了解网球技战术的基本理论知识，了解当前网坛运动员技战术的发展现状与趋势，从而有针对性地进行技战术训练，提高自身的竞技能力。与其他运动项目不同，网球运动技战术的基本原理有着鲜明的特色，本章就要对此作重点研究与分析。

第一节　网球运动技术基本原理

作为一名网球运动员，学习和掌握网球运动的基本知识，了解网球技术的基本原理是非常有必要的，因为这能帮助运动员更好地理解这项项目，从而在日常的运动训练中展开更加有针对性的训练，提升自己的技能水平。

一、网球技术的概念与特征

（一）网球技术的概念

网球技术就是按照网球运动的基本规则与原理，充分运用合理的击球动作和为完成击球动作所必需的其他配合动作的总称。一般而言，网球的基本技术主要包括两种，即无球技术和有球技术。无球技术，是指没有直接触击球的配合动作，包括准备姿势、握拍方法、步法等动作；有球技术，是指各种直接触球的动作技术，包括发球、接发球、挑高球、高压球以及截击球等技术。

网球技术主要由手法和步法两个部分组成：手法，是指击球时手部对球拍和球的控制所需要的动作方法；步法，是指快速灵活的脚步移动、助跑以及起跳等的动作方法。在网球运动中，运动员保持人与球合理位置关系的前提就是步法的掌握，快速灵活的步法能为手法的运用创造更好的条件与机会，而手法的熟练掌握则对步法的不足起到一定的补偿作用。

（二）网球技术的特征

网球技术有很多种，这些技术各有特点，总体而言，网球技术的特点主要体现在以下两个方面。

1. 稳定性特征

网球比赛规则规定，当对方合理接发球时，己方必须击球，并使球直接越过或绕过球网之后落在对方的场地内，这一过程不出现失误，即稳定性。稳定性是网球技术的基本特征之一。网球运动员要想提高自己的技术水平，保证技术的稳定性，首先必须掌握击球的稳定性，提高网球技术稳定性的方法主要包括提高球感、球性的练习以及提高专项技术的练习等。

2. 威胁性特征

在网球比赛中，合理击到对方场地的球要给对方造成一定的威胁或是直接使对方失误而得分，即威胁性。威胁性也是网球技术的基本特征之一。网球运动员要提高网球的威胁性，要建立在击球的稳定性基础之上，然后再加大技术的威胁性，否则如果单方面追求击球的威胁性就容易出现失误，得不偿失。在网球比赛中，威胁球往往更容易造成对方失误而得分或者使自己处于主动进攻局面。网球击威胁球的技术要求较高，网球运动员需要经过大量的实战演练才可掌握。

二、网球主要技术与辅助技术之间的关系

网球技术主要包括主要技术与辅助技术，其中主要技术占主体地位，起着主导作用，而辅助技术环节则是主要技术的有力补充，影响着主要技术的执行。网球的技术环节如图 3-1 所示。

（一）主要技术

在网球运动中，网球的主要技术环节是指在使用某种技术击球时，达到某种战术目的所必需的技术动作。比如当某个球员在网球比赛中试图击出一个快速有力的底线球时，为了达到此目的，网球运动员就必须要做到几点要求：第一，击球点应保持在身体的侧前方；第二，击球的后中部，同时向前上方挥动球拍；第三，快速挥动拍头。

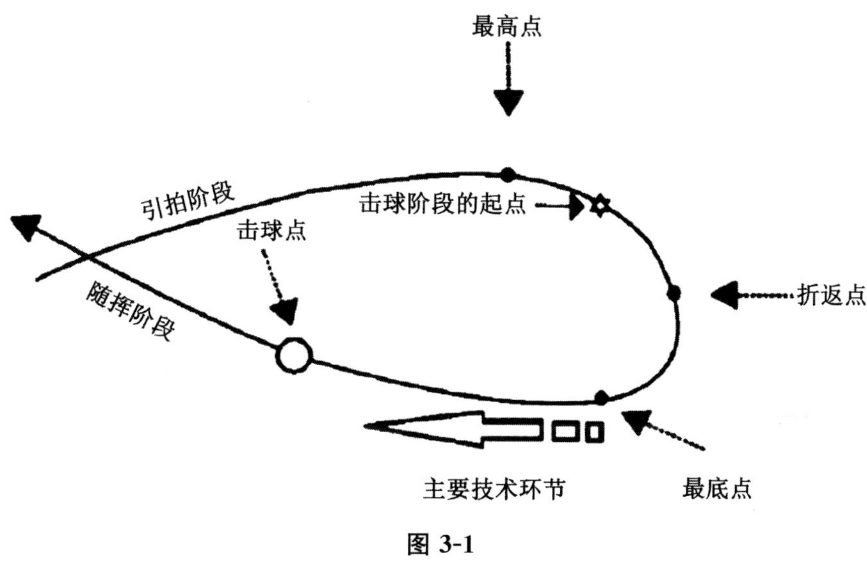

图 3-1

(二)辅助技术

在网球运动中,网球的辅助技术是指支持主要技术环节发挥作用的技术动作。它是除主要技术环节外的所有技术环节,由于辅助环节主要起辅助的作用,因此它并没有很严格的规范,运动员在训练和比赛中只需把握以下基本原则即可。

(1)击球阶段按照从下至上从内至外的发力顺序以有助于球速的提高。

(2)以流畅的弧形引拍并转入击球阶段以有助于延长加速轨迹并提高球速。

(3)击球时,沿着击球的方向跨出前脚有助于击球阶段的重心前移。

(4)正手击球时,合理地转体发力有助于球拍快速挥动并控制击球的方向。

(5)击上旋球时,应根据球的旋转强度,转入击球阶段时适当地降低拍头。

(6)保持击球点在身体的侧前方并采用合理的握拍有助于球速的提高。

三、网球击球的基本原理

击球时网球技术环节是最为重要的部分,网球击球动作比较复杂,形式多样,主要有发球、正手击球、反手击球、截击球、高压球、放小球等击球方式,由于击球方式不同,击球的弧线、击球的力量、击球的速度、击球的旋转和击球的落点等也不同。下面主要讲解一下网球击球技术动作的基本原理。

(一)击球技术的动作结构

在网球运动中,各种不同的击球动作和方法在击球动作结构方面却有着共同的规律。每一次击球,从开始挥拍到结束挥拍,都主要由以下几个部分组成:准备姿势、向后引拍、向前挥拍和触球、随挥和还原。

1. 准备姿势

运动员面对球网,双脚开立比肩略宽,脚掌着地、脚跟抬起,身体重心置于两脚前脚掌之间,两膝微屈,上体微前倾,两眼注视对手或来球。球拍置于腹前,拍头指向正前方,微上翘,手腕低于拍头。同时,两脚也可不停地轻微跳动,使身体重心随时可以向任何方向起动,即呈现一个轻快而富于弹性的准备姿势,不持拍手要轻扶着球拍的颈部。

在网球的准备姿势中,不持拍手扶拍具有一定的意义和作用,这主要表现在以下三个方面。

(1)能有效扶住并稳定球拍,减轻持拍手的腕部负担。

(2)能起到将球拍引至身体一侧的辅助作用。

(3)运动员可随时调整正、反手握法,保持身体平衡,随时发力击球。

2. 向后引拍

向后引拍,即进入挥拍击球之前向后挥摆球拍的动作。网球运动主要有从上往下、从下往上和直线三种引拍路线。一般的,正手击球时,使用从上往下的向后挥拍,反手击球时,多采用直线横向后挥或从下往上的向后挥拍。在网球运动中,运动员在做向后引拍动作时,需要注意以下几点要求。

(1)做向后引拍动作时除握拍需要用力外,其他部位应保持一定的放松状态,做到轻松协调,这样为向前挥拍击球动作的进行提供了充分有利的收缩条件,有利于获得理想的击球效果。

(2)运动员在拉球拍时,应伴随自己身体扭转的动作将球拍后引。若球拍向后摆动过大,势必会影响向前挥拍击球的速度,因此一定要把握好引拍的速度。

(3)后摆的大小还应根据击球需要灵活掌握。

3. 向前挥拍与触球

向前挥拍,即把引向身后的球拍,从身后向前挥动去迎击来球。在向前挥拍时，初学者往往因为在击球瞬间握拍不牢而出现击球不稳或失误的现象，这属正常现象但也应引起重视。球拍从下向上挥动回过去的球具有上旋性质，球拍从上向下挥动回过去的球具有下旋性质。向侧上挥动具有侧上旋性质，向侧下挥动则具有侧下旋性质。球拍触球时，拍面所朝的方向决定击球路线，拍面角度决定触球部位，并直接影响动作的稳定性。在整个击球技术过程中，挥拍是决定击球方向和落点的关键技术环节。

球拍触球，即球拍击中来球的瞬间。击球或接对方发球，为了克制来球的撞击力，应牢牢地固定球拍击球的拍面，球拍角度的变化会影响触球后球的飞行方向、力度、旋转和落点等，因此应避免使拍面晃动。在准备击球时，双眼必须看准来球的飞行路线、速度、飞越球网的高度以及它落地后的反弹。注视来球要特别注意球离开对手球拍瞬间的飞行方向，然后准确地做出判断，及时移动到位。击球者对来球判断得越清楚准确，就越有可能根据需要用拍面的甜点区准确击球。因此在自己完成击球动作并等待对手还击时，要重点观察对手。

在网球技术动作的实际运用中，向前挥拍和触球这两个动作是紧密联系在一起的，因此掌握此技术动作必须要有一定的握力和臂力，否则击出的球就软绵无力，不能对对方造成威胁。

4. 随挥与还原

随挥是指网球运动员在球拍击球后有一段随势前挥的动作。良好的随挥动作有利于增大击球的力量，同时，减少身体受伤的机会，并能在击球的结束阶段保证击球动作的稳定性和协调性。在网球运动中，随挥动作不是可有可无的，运动员一定要严格按照要求进行技术的练习。

还原动作是指网球运动员在随挥动作完成后的手臂平缓地收回到身体的中心的动作，击球后及时还原，有助于为下次击球做好充足的准备。

网球运动员击球时的随挥动作和还原动作是紧密联系在一起的，比赛中，网球运动员在做随挥和还原动作时，应注意步法的移动。以保证在正确的击球点上击球，只有移动到位才能击出有力且落点准确的球。

在网球运动中，击球动作主要包括以上四个环节。这几个动作紧密联系在一起共同形成一个整体，运动员在训练和比赛的过程中一定要注意击球动作的连贯性。

(二)击球部位与拍面角度

1. 击球部位

在网球击球的过程中，击球部位是指拍与球撞击时，拍碰撞击球的位置。将球的后半部的球体,从纵向分为上、中、下,从横向分为左、中、右。这样一来,在后半部半个球体的凸面上,即可分为九个部位,也就是左上、中上、右上;左中、正中、右中;左下、中下、右下。击球时,拍面角度不同,触球的部位就有所不同;触球部位不同,击出球的飞行轨迹也就有所不同。击球时如果选择拍与球的撞击部位,有助于掌握好还击球的方向。

2. 拍面角度

拍面角度,即拍形,是指击球时拍面与地面形成的角度。球的后半部是拍撞击球的有效部位。一般来说,网球运动中常见的拍面角度主要有以下几种。

拍面垂直:指拍面与地面的角度为 90°,击球部位为中部。

拍面稍前倾:指拍面与地面的角度接近并小于 90°,击球部位为中上部偏中部位。

拍面前倾:指拍面与地面的角度小于 90°,击球部位为中上部偏上部位。

拍面稍后仰:指拍面与地面的角度接近于并大于 90°,击球部位为中下部偏中部位。

拍面后仰:指拍面与地面的角度大于 90°,击球部位为中下部偏下部位。

拍面向上:指拍面与地面的角度接近 180°,击球部位为球的下部偏底部部位。

拍面向下:指拍面与地面的角度接近平行,击球部位为球的上部偏顶部部位。

需要注意的是,网球击球的拍面角度与击球角度是不一样的,网球的击球角度的原理表现为:在底线与对手相持时,如果打的球角度越大,对手回球的角度越大;如果把球打到对方底线中间则利于对方回球;如果打出的球离球网越近,则对方就越容易打出更大角度的球得分。了解网球击球角度原理,有助于在比赛中合理利用打出的球的角度来调整攻防战略,争夺比赛主动权。在网球运动中,控制击球路线和角度的能力,从技术角度来讲是应用技术,从战术角度来讲则是调动对方的能力,这种能力需要运动员反反复复地进行练习才能具备。

(三)击球弧线

1. 击球弧线的概念

网球运动中,击球弧线是指球在空中飞行的轨迹,即球飞行过程中所划出的弧线。击球使球获得水平方向的力而飞向受力方向的反方向，球在飞行的过程中，由于受到地球重力的作用会划出一道向下的弧线。简单来说，击球的弧线主要包括出手弧线和弹起弧线两个部分。

（1）出手弧线：球从击球员的球拍击出，到落在对方场区为止的这段飞行弧线。它主要包括：弧高、打出距高、弧线弯曲度和弧线方向。

（2）弹起弧线：球从对方场区地面弹起直至碰到其他物体（如球拍、地面、拦网等）为止的飞行弧线。它主要由弧高、弹起距离和方向等几个部分组成。

球的飞行弧线是否合理会在很大程度上影响到回球质量的高低。例如，发球弧线过高就很容易让对方抓住这一机会直接采取接发球抢攻的方式回球，给发球方带来极大的威胁；在相持对攻环节中，较低的弧线让对方难以做到高质量的回接工作，而较高的弧线则会给对方更多的反应时间。

2. 击球弧线的作用

在网球运动比赛中，合理的击球弧线可起到以下两个方面的重要作用。

一方面，出手弧线是否合理对击球稳健性具有决定性作用。在网球比赛中，球多以弧线形式来回飞行，不管打直线球还是打斜线球、不管打大角度的球还是打小角度的球，都要考虑制造合适的弧线，一般来说，运动员在拉抽小斜角时，弧线的弯曲度要稍大；回击网前高球时，可直线高压，其弧线无需有弯曲；回击底线球时，需有适宜的弧线高度。

另一方面，在击球时，球的弧线变化多端，这在很大程度上会增加球的威胁性。在网球技术具体的运用中，主要表现在可以利用忽高忽低、时长时短的弧线，破坏对方的节奏，提高自己的进攻性。

3. 击球弧线的影响因素

在网球击球动作中，影响击球弧线的因素主要有球的出手角度、球出手时的初速度、球出手瞬间距地面的高度和球的旋转等几种。

（1）球的出手角度

球的出手角度，是指球刚被击离球拍瞬间与水平面的夹角。一般情况下，球的出手角度越大，出手弧线的高度也越大。运动员在训练中要注意球的出手角度，击球的落点才能合理和准确。

（2）球出手时的初速度

球出手时的初速度，即球刚刚被击离拍瞬间时的飞行速度。在网球击球的过程中，运动员击球瞬间的拍形和用力方向决定了球的出手角度。

(3)球出手瞬间距地面的高度

球出手瞬间距地面的高度，是指击球点距地面的高度。

(4)球的旋转

球的旋转不仅对球的出手弧线有影响，而且还影响着球的弹起弧线。击球时，上旋可起到增加弧高和缩短打出距离的作用；下旋则反之。而左侧旋可使球向右拐；右侧旋则反之。

在网球运动中，攻球和削球是最基本的底线战术。前者击出的球为上旋，后者击出的球为下旋。

①攻球：在网球运动中，攻球是一项以速度和力量取胜的技术。运动员在不断加大速度和力量的同时，为防止球出界，会尽量压低弧高，但这是有限度的。若弧线比球网还低，就会触网失分。上旋可增加弧线的弯曲度，起到增大弧高、缩短打出距离的作用。攻球者为提高自己的速度和力量，需增大向前的击球力量，但同时还必须要有摩擦球力的配合，借以制造一定的上旋来确保合理的击球弧线。

②削球：在网球运动中，削球是一项偏重于防守性的技术，运动员在做削球动作时，弧线一定要拉低，否则就容易出界或者被对方抓住漏洞而攻击。通常情况下，上旋球的飞行弧线弯曲度大，而下旋球的飞行弧线弯曲度则很小。弯曲度小的弧线，可使整个弧线中相当长的一部分都保持在近似同一高度——稍稍高于球网的高度，这就有利于使削球达到既稳又低的要求。如果削球不带下旋，但又要求其飞行弧线很低，这就会大大增加削球的技术难度。不转体的飞行弧线弯曲度要比下旋球大，而来球的深、浅、高、低、左、右不一，所以很难保证击球弧线的最高点正落在球网上方，稍偏网前或网后的情况都是难以避免的。若击球弧线的最高点与球网同高，又正好在球网上方，球可擦网而过。倘若击球弧线的最高点偏于网前网后，此球就会触网失分。因此，为避免这种失误，就只有提高整个击球弧线的高度。但需要注意的是如果回球弧线过高的话又违背了对弧线球低的最基本的要求，一般情况下，运动员大都采用下旋式的削球，这样能最大限度保证击球的稳定性。

在网球运动训练和比赛中，为了能更好地提高击球的稳定性，可适当延长球在拍上的停留时间。对于初学者而言，由于对球的球性感觉不够，往往击球动作僵硬，控球能力差。而优秀运动员在打球时，球拍就像有粘性一样，击球瞬间拍与球的接触时间较长，这有助于调整技术动作，以便于在比赛过程中更好地制造出合理的击球弧线，从而保证落点精确，占据比赛的主动。

(四)击球力量

1. 击球力量的概念

击球力量对于网球运动员来说非常重要。一般情况下,网球运动员的击球力量越大,给对方接发球造成的困难就越大。动力学理论研究证明,物体撞击力量的大小取决于该物体质量的大小和物体本身加速度的快慢。将这一原理引申到网球运动中就是网球运动员挥拍时的速度越快,击球的力量就越大。

但需要注意的是,绝对力量与击球力量之间的关系并不是绝对的,两者并不完全成正比,即并不是绝对力量更大的人击出的球的力量就更大,这一点在实际的网球比赛中已经得到了证明。

相关理论研究与实践发现,在网球运动中,运用击球力量作用于球时,是通过球的前进速度和旋转强度来表现的。当发力点穿透球心时,力量完全作用在球上,而发力点与球心的关系若是相切的关系,那么力量中的一部分便会转化为球的旋转。在网球技术中,运动员击球力量的具体表现为“狠”,加大击球力量是运动员得分的重要手段,如大力击球可以抵消来球的旋转、压制来球的速度和落点变化、制造主动进攻的机会。但运动员在加大击球力量的过程中应注意选择合理的击球时间和击球点,并且应注意在发力前首先使手臂保持一种相对的放松状态做出引拍动作,只是在与球即将接触时突然收紧发力。

2. 加大击球力量的作用

在网球比赛中,如果击球员的击球力量加大,就会迫使对手的接球动作加快,否则就会造成不必要的失误;由于球向前飞行的速度很快,因此,在网球比赛中,运动员往往通过经验来判断球飞行的路线和时间。因此,判断失误的情况常发生在一些经验不足的年轻运动员身上,以快速击球来对付此类选手有利于把握比赛的主动权。

3. 加大击球力量的方法

在网球比赛中,运动员要想增加击球的力量,还要高度重视发力动作的顺序性和协调性,注意保持力的集中性和爆发力,避免力的分散。运动员全身的协同发力也是增大击球力量的重要方法,特别是对腰部与上肢力量的协同发力最为关键。因此,网球运动员在训练及比赛中,加大击球力量时需要注意以下几点要求。

(1)击球前,发力肌肉应尽量拉长且放松。

(2)适当加大动作半径,适当加大引拍距离。

(3)注意腿、腰、上臂和前臂力量的协调配合,击球瞬间应有突然的爆发力。

(4)掌握合理的击球时间和击球位置,以便身体各部肌肉集中发挥出最大的力量。

(5)击球动作完成后,应迅速放松,注意动作还原,以便于下一板球的发力。

(6)遵循身体肌肉发力的正常顺序。

(7)重视身体训练,提高力量素质,并使其与技术密切结合起来进行训练。

(五)击球速度

1. 击球速度的概念

击球速度,即从来球飞至网上开始,直到被我方球拍击出后,又飞行越网碰到对方场区内的障碍物为止所用的时间。一般而言,可以将这段时间分为两个部分:一是来球过网后的飞行时间;二是球被击出后的空中飞行时间。因此,运动员要想提高击球的速度,就必须设法缩短这两段时间,这样才能获得理想的击球效果。

2. 提高击球速度的方法

在网球训练和比赛中,运动员提高击球速度的方法主要有两种,一是缩短来球过网后的飞行时间,二是缩短球被击后的空中飞行时间。运动员在进行提高击球速度练习时,要高度注意以下几点要求。

(1)站位要靠近球网,击球点适当接近球网。

(2)适当降低球在空中飞行弧线的高度。

(3)适当提早击球时间,减小动作幅度,提高击球爆发力。

(4)提高判断和反应能力以及移动的速度。

(5)注意利用腰部动作,为稳定动作和加快球速提供力量支持。

3. 提高击球速率的方法

在网球比赛中,运动员的击球速率的效果主要体现为一方连续击球的衔接速度。较快的击球速率好似“连珠炮”一般咄咄逼人,给对方造成极大的回球压力。较快的击球速率固然能够提升对对手的压迫感,但是随之带来的就是可能提高本方击球失误率。因此,要想获得较高的击球速率,在平日就要进行对击球速率的针对性练习。从网球击球的技术原理上分析,增加击球速率时需要注意以下两点要求。

(1)对对方的回球落点和线路做好初步的预判。要想提高击球速率,对对方的回球必须要有一定的预判,以此为提高下一板球的衔接动作打下坚实的基础。试想,出乎意料的对方回球势必会占用己方的思考时间,在转瞬即逝的网球运动中,这一定会减慢下一板球的回接动作。

(2)在击球时力争在球的二跳上升后期击球。当球落到本方台面后才可进行触击,为了达到提高击球速率的目的,就要尽量缩短网球第二阶段的弧线占用的时间。由此可知击球点应该在高点之前,不过鉴于越靠近落点击球越不容易判断球的趋势的实际情况来看,过度迎前必然会带来过高的失误率,因此,为了提高击球速率,在来球的上升后期击球是最佳时机。

一般而言,优秀的网球运动员上网速度快,击球速率高,爆发力强,移动步法灵活,不仅能迅速跑到击球位置,而且能够及时或者提前到位。

(六)击球旋转

1. 球旋转的原因

在网球技术不断发展的今天,网球的旋转日益重要,成为运动员高度重视的一个技术运用环节。现代网球比赛中,还击球的旋转强度不断增加,旋转的性质更加复杂,旋转的变化也越来越大。因此,了解网球的旋转性能,对于提高网球技战术水平具有十分重要的作用。

运动学研究表明,网球产生旋转的原因是挥拍击球时作用力不通过球心,球就会产生旋转。如果击球时作用力通过球心,球只产生平动而不会转动。但在实际运用中,运动员每击一球,作用力或多或少都会偏离球心而产生一定程度的旋转。

在网球比赛中,使球产生旋转的主要原因是在击球时使作用力线偏离球心,这就要求击球的瞬间采用不同的拍面角度和挥拍方向。平击球一般要求拍面垂直,并向前挥拍;上旋球要求拍面前倾,并向前上挥拍;下旋球要求拍面后仰,并向前下挥拍;如果拍面垂直并向下挥拍,也可削出下旋球;如果拍面垂直并向上挥拍,也可拉出上旋球。

2. 球的基本旋转轴

在击球的过程中,网球本身并无固定旋转轴,而在旋转的过程中自然产生旋转轴。网球旋转的种类有很多,其旋转轴也是发生变化的。

(1)左右轴

网球的左右轴,又称横轴,是指通过球心与网球飞行方向垂直的轴。球的上半部绕此轴向前旋转,即为上旋球。若球的上半部绕此轴向后旋转,即下旋球。

(2)上下轴

网球的上下轴,又称竖轴,是指通过球心与地面相垂直的轴。球绕此轴旋转为侧旋球。根据击球者的方位,击球时,以球拍触球的某一点为基准,向左旋转为左侧旋球;向右旋转为右侧旋球。

(3)矢状轴

网球的矢状轴,又称前后轴,是指通过球心与球的飞行方向相平行的轴。球绕此轴按顺时针方向旋转为顺旋球,球绕此轴按逆时针方向旋转为逆旋球。在运动实践中,单纯地按横轴、竖轴、矢状轴转动的球是很少见的,大多数的上下旋球都带有侧旋性质,侧旋球也都带有上下旋的性质,如侧上旋球和侧下旋球。

3. 球的旋转与速率

现代网球发展非常迅速,技术内容也越来越丰富,一般来说,运动员击出的球的特点主要是通过球的旋转与飞行速率表现出来的。球在飞行过程中的不同强度的旋转会增加对方的还击难度,从而达到迫使对方出现回球失误的目的。由于圆形的球体可以根据受力的不同产生出多样化的旋转轴,因此网球的旋转是非常复杂的。另外,旋转的复杂性还在于旋转时,球的旋转轴与基本旋转轴都有所偏离,随着偏离程度的增大,球的旋转开始变得没有规律,即从一种性质的旋转逐渐变成另一种性质的旋转。

在网球比赛过程中,运动员要想击出带有特定的旋转与飞行速率的球,就必须要以特定的挥拍方向与速率来击打球,以使球产生不同的旋转。一般情况下,网球运动员的挥拍方向与击出球旋转存在着以下关系。

首先,挥拍方向决定了击出球的旋转。当挥拍方向通过球心时,击出球并没有产生明显的旋转,而当挥拍方向没有通过球心时,则会使球产生旋转。

其次,挥拍方向和挥拍速率共同决定了击出球的飞行速率。当挥拍方向通过球心时,挥拍速率是决定击出球飞行速率的唯一因素;而当挥拍方向不通过球心时,挥拍所产生的能量则主要被分为两个部分:一是水平分量;二是垂直分量。因此,网球运动员在击无旋转球时,要提高击出球的速度只需提高挥拍速率即可;而在击旋转球时,可使挥拍向前或加快挥拍的速率从而提高击球的速度。

在网球比赛中，运动员对球速的控制是以固定的握拍方式、击球步法以及球触及球拍的位置为基础的，换句话说，如果网球运动员的握拍方式、击球步法、触球球拍位置不同，那么即使挥拍速率和方向相同，也会使击出速率不同的球。

4. 球的旋转与反弹

运动员在击出球后，由于球的旋转特性不同，因此触地后的反弹也表现出不同的特点。一般来说，从球被击出到落地，网球本身的旋转、速率和反弹的角度均会发生明显的改变。在场地材料相同的情况下，当球以相同速率和落地角度接触场地表面并产生反弹后，不同旋转的球具有不同的特点。

(1)上旋球：反弹后上旋更为强烈，反弹角度比落地角度略小，反弹后向前的速率加快。

(2)下旋球：反弹后呈上旋，反弹角度比落地角度大，反弹后的飞行速率比落地前低。

(3)无旋转球：反弹后上旋，反弹角度受到场地摩擦力及软硬度的限制；反弹后的飞行速率要比落地前低。

5. 球的旋转与飞行

在网球运动中，决定击出球飞行轨迹主要因素有飞行方向、飞行速率、球的旋转、空气阻力以及地心引力等。除了空气阻力和地心引力外，其他因素都是可控的，而球的旋转是决定击出球飞行距离的唯一因素。

6. 加大旋转的方法

在网球的旋转过程中，球的旋转方向受运动员挥拍方向影响，旋转强度受触拍部位、击球力度以及击球角度影响。如果运动员对网球旋转的原理了解透彻的话，将无疑会对其练习中对旋转的制造、对抗与变化有极大的帮助。

需要注意的是，球的旋转主要是依靠撞击力和摩擦力产生的，要想制造最大的旋转需要在这两个力中找到最佳的协调点，任何一个分力不足或者过大都会过犹不及，给旋转的制造带来限制。

具体来说，加大球的旋转可采用以下三种方法。

(1)加大挥拍摩擦球的力量。

(2)采用向内凹的弧形挥拍路线。

(3)用力方向应适当地远离球心。

(七)击球点

1. 击球点的概念

击球点,是指运动员在击球时,球拍与球碰撞瞬间在空中接触的那一点。击球点主要包括以下三个要素:球处于击球人的前后位置、球处于击球人身体一侧的左右距离、球处于离地面的高低位置。

运动员在击球时,对击球点的选择是否合理至关重要,在选择击球点时,运动员应着重考虑以下两个方面的因素。

(1)击球时球与身体的前后距离。运动员在击球时如果击球点离身体过远,则击球无力,动作过于勉强;击球点在身后则会形成球撞击球拍,而不是球拍主动迎击球的被动局面;击球点在身旁的合理位置,则易于发力。合理位置是指当身体侧向来球,两脚前后站立时,击球点的前后位置应保持在前脚附近。

(2)击球时球与身体的左右距离。击球人在选好前后和左右适当距离后,就可以控制好球的高度,对来球进行合理的还击。我们可以从正手抽击俯视图看清击球点距离身体前后和方右的距离,最佳的击球点其前后距离应保持在前脚附近,其左右距离应保持在距身体重心右侧70~80厘米。

2. 击球点与球的性能

在网球比赛中,运动员对击球点的选择对网球的发球和回球质量的好坏具有至关重要的作用。在击底线球时击球点的高度应与膝关节保持同等高度,但是也有例外,如反弹较高的上旋球不可避免地会使击球点高于肩膀;而反弹较低的下旋球则往往使击球点在膝关节的左右两边。

网球运动击球技术较为复杂,在实际操作中会遇到各种各样的问题和突发状况,这正是网球比赛的魅力所在。在网球比赛中,运动员在击球时会发生各种各样的问题,如当击球点过高时,某些握拍法的击球就要非常讲究,否则其击球就会较为困难;击强力上旋球时较为困难;击球之前球员须降低重心;击上旋球时须加大力量;当击球点较低时,为了避免击球下网,拍面尽量不要与地面保持垂直。优秀的网球运动员能在最短的时间内做出正确的击球决策。

3. 击球点与挥拍方向

在网球运动比赛中,击球点的位置决定了击球瞬间的挥拍方向。为了提供较长的挥拍轨迹和易于掌握击球的时机,现在网球选手在运用网球技术时都要求将击球点保持在身体的侧前方,这样易于挥拍和发力,但不易打出直线球。

具体来说,网球运动员可以采取以下方法打直线球:一是通过改变手腕的屈伸程度来改变拍形,从而使拍面在身体侧前方指向直线;二是调整挥拍的轨迹,向直线方向发力挥拍,使在身体侧前方挥拍方向仍旧能指向直线。在比赛中,网球运动员要控制好击出球的方向,通常需要运用以下几种方法。

(1)挥拍方向越朝前或拍面仰角越小,击出球的飞行弧度越平。

(2)挥拍方向越朝上或拍面仰角越大,击出球的飞行弧度越高。

(3)挥拍方向越向右、击球时机越晚或手腕屈伸程度越大,击出球的飞行方向越偏右。

(4)挥拍方向越朝左,击球时机越早或手腕屈伸的程度越大,击出球的飞行方向越偏左。

(八)击球落点

1. 击球落点的概念

击球落点是指网球被球拍击出后,落在对方场区地面上的点。它是回球属性中非常重要的一个方面。球的落点如何是评价一次回球是否具有威胁或战术意义的重要标准之一。

一般情况下,好的落点是指击球落点接近两条边线、端线,或落在对方脚下,或远离对方站位,或对方跑动的相反方向(若对方已开始向右跑,就打其左方)。通过不同的击球可以了解对方球员的技术特点,以己之长攻彼之短。

2. 击球落点控制力的提高

在网球比赛中,有时候要想实现预想的网球战术,必须要依靠落点的变化才能达成目标。因此,网球的控制能力,具体体现在对击球落点的控制上。不管是击球路线、角度的控制,还是击球力量的控制都是为了一个击球落点。击球落点包括发球落点、接发球落点、底线击球落点、上网截击落点、高压球落点、放高球落点和放小球落点等。对球的落点的处理是每种技术都会遇到的问题。

在网球运动员击球的过程中,一个绝佳的落点需要满足以下两个方面条件:一是根据战术的不同,回球落点的长短应有不同;二是从回球路线来看,回球的落点离对方所站位置越远越好,尽量扩大对方防守的范围,迫使对方大范围的移动,使对方疲于奔跑。

在网球比赛中,运动员要想使回击的球更具威力,给对方造成较大威胁,就势必力争能够让对手不要在稳态(站定)中回球,要想调动对方移动,就需要刁钻的落点。具体来说,要想提高对击球落点的控制能力,可以采用以下两种方法。

(1)提高重视击球落点的意识,提高场上观察的能力,在常规训练或比赛中有针对性地对击球落点提出要求。

(2)规定区域练习法:将场地划分成若干区域,规定专门的击球区。

3. 好的击球落点的作用

好的击球落点往往会对比赛起到重要的影响,其产生的作用主要有以下几点。

(1)可扩大对方跑动的范围,降低其体力。

(2)正中对方技术缺点。

(3)增加对方击球的难度。

(4)促使对方判断失误,延误最佳击球时间。

四、网球技术的评定标准

运动技术的评定标准主要包括经济性和实效性两种:经济性指的是要在完成动作时能对体力进行合理的运用,即在获得最佳效果的同时,节省体能;实效性是指要在完成动作时能够发挥出最大能量,产生最大作用,获得最佳效果。在网球运动中,最主要的运动技术就是击球动作。因此,对网球运动击球技术的评定标准也应该从经济性和实效性两方面来评定。另外,网球合理的击球方法必须符合以下几个条件。

第一,符合网球规则的要求。

第二,符合人体生物力学和解剖学的原理。

第三,要结合个人特点,使动作的完成协调、轻松、正确。

第四,要充分利用时间和空间等变化发挥人的体能和技能。

第二节 网球运动战术基本原理

一、网球战术的概念

根据网球规则和网球运动的规律、比赛双方的具体情况以及临场变化,合理运用各种网球技术或两人配合所采取的有意识、有组织的行动,通过变化击球线路来调动对手或者化解对方攻势，以最终取得胜利为目的的策略集合，称为网球战术。

在网球比赛中，网球运动战术安排得合理能把握比赛的节奏，发挥出应有的技术水平，因此，网球战术的合理安排对运动员技术的正常发挥起着非常重要的作用。

二、网球战术与运动能力的关系

在网球运动中，网球战术与运动员的技术、身体素质、心理素质、智能素质等之间的关系非常密切。这主要体现在以下两个方面：第一，运动员的运动技术和身体素质是网球战术的物质基础，心理素质是网球战术的思想保证。在网球运动中，运动员的技术、身体素质以及心理素质都在具体的战术配合和行动中得以充分发挥和运用。第二，良好的网球战术对运动员的技术、身体素质、心理素质的提高与发展，能起到有效的促进作用。

在网球运动中，运动员网球战术能力主要体现在以下几个方面：运动员战术观念；个人战术意识及配合意识（双打）；战术理论知识；战术行动的质量和数量；运用战术的及时性和有效性等。

在网球比赛中，如果对既定战术没有很好地执行，或者不能很好地根据赛场局面的变化，对原先制定的战术进行适时的改进，运动员就很容易在比赛中失去主动权而处于被动位置，从而影响比赛的结果。

三、网球战术的基本原则

运动员参加网球训练与比赛需要遵循一定的原则，具体来说主要包括以下几个方面。

（一）随机应变原则

在网球比赛中，比赛形势是瞬息万变的，这就需要对抗双方以比赛场上的情况为依据，随时调整比赛战术，以争取比赛的胜利。要想做到这一点，就需要运动员在日常训练中悉心研究不同战术的应用场合和技巧，并要尽可能多地参加质量较高的比赛，以增加比赛的经验，提高战术意识和水平。

在网球运动中，随机应变原则不仅体现在网球运动战术的制定上，同时还体现在适应外在环境上。网球场通常为露天场地，故而外界环境的变化有时会给运动员带来一定程度的改变，如遇到日照问题就应该考虑正对太阳还是背朝太阳时选择不同的战术打法；当遇到有风的天气时，就应该考虑是顺风还是逆风等。

(二)针对性原则

针对性原则,就是指在网球比赛中,应以运动员个人的运动特点为依据,来制定一套合理的进攻和防守战术,针对运动员的个性特点及技术打法而制定的战术合理和有效,对比赛形势的掌控具有重要的作用。

(三)全面分析原则

全面分析原则,就是运动员在制定网球运动战术时,既要对自己的技术情况做到心中有数,还要在比赛中通过具体的观察和分析,随时注意到场上形势的走向,进而做出最正确的战术行动。

(四)主动性原则

主动性原则,是指在制定网球运动战术时,必须要体现出积极主动的指导思想,主动地控制比赛的节奏,打出自己的气势,使制定好的各种战术得到充分发挥。

网球战术的主动性原则,还要求在比赛中将制定好的战术坚决地贯彻和执行下去,当比分暂时领先时,不能骄傲和轻视对手;在打相持球和处理关键球时不要掉以轻心;比分落后时,也不要气馁,应积极贯彻自己的战术意识,保持良好的作战心理,不到最后不放弃。

(五)扬长避短原则

网球运动战术的最大作用,就是扬长避短。因此,在制定网球运动战术时,一定要贯彻扬长避短的原则。具体来说,在网球比赛中,运动员要以我为主,清楚自身的特长技术和打法,并在此基础上尽力寻觅对方的技术漏洞,同时尽可能针对对方漏洞采取富有侵略性的攻击,以己之长攻彼之短,掌握比赛的主动权。

在网球比赛中,运动员本身的技术水平和战术素养非常接近,比赛的结果几乎全部取决于哪一方的战术更加能发挥己方优势而抑制对方优势。因此,一定要本着遵循扬长避短的原则来制定网球比赛战术。这样才有可能取得理想的比赛成绩。

(六)有机结合原则

有机结合原则是指在网球运动中,要将网球运动的技术和战术进行合理的组合运用。因为,技术是战术的基础和组成部分,没有过硬的技术,再好的战术也不能使运动员获得比赛的胜利。因此，战术只是网球比赛中一种取胜的手段，而不是比赛取胜的绝对条件。它必须与网球运动的技术相结合，才可能发挥出最大的作用。

(七)攻守平衡原则

受技术发展、网球器材等各方面的影响，网球战术打法的演变中经常会出现主攻时期或主守时期。但在当前的网球运动中，技术以及由其引领的战术更加全面，运动员一味地追求进攻或防守都不能收到很好的效果。而只有做到攻守平衡，才能使运动员的技战术得到最好的发挥，进而掌握比赛的主动权。因此，在制定网球运动战术时，要考虑到攻守平衡的原则，将进攻与防守战术结合起来进行运用。

四、网球战术的制定

(一)按比分情况制定

比分是网球比赛中双方表现的直观反应，因此，比分就可以成为众多战术决策的基本依据。在网球比赛中，运动员要善于根据比分适时改变战术，这可以是在赛前就事先制定好，当场上出现某种比分局面时参照使用即可，也可以是临场随机决定。根据比分制定网球战术主要有以下几个方面。

1. 比赛开始

网球比赛开始阶段双方平分。此时应将本局的战略重点分设定为 30 分，即得到两球的胜利。通过数据分析表明，在一局比赛中通常先得到 30 分的一方在本局获胜的概率为 80%。在比赛之初，应发挥自己的优点，如己方发球局，则可在战术上选择一些积极主动的打法；如对方发球局，则更应注重选择一些偏向防守的战术打法，以求能稳中求胜。

2. 比分持平

比分持平时，若感觉状态良好可以采用积极的进攻战术；若感觉状态不好，则可以选择一些防守战术。如果比分为 30∶30 或 Deuce 时，要注意这种局面形成的原因。如果是被连续追回两球至平局，则表明场上局势对本方不利，对方气势较盛，此后应更多地选择一些保守型的战术，以控制对手为主；如果己方为落后两球扳平，则表明此时己方势头正旺，可以借势一鼓作气拿下本局，因此可以选择一些进攻型的战术，但是，注意不要太过于大胆，因为如果输了这一球，比赛的形势就会变得比较糟糕，向着有利于对方的方向发展。

3. 比分领先

在网球比赛中，当己方处于比分领先时，特别是大比分领先本局胜利在握时，就需要考虑保存体力和最大化的消耗对方体力，此时应选择一些以控制为主的战术打法。当然，如果对手也认为本局取胜无望的话，可能会选择战略性放弃，表现为对每球的回击异常凶狠，这样做的目的在于利用比赛寻找手感，是一种调整状态的方法。这时候有优势的一方要格外警惕，适度让自身紧张起来，以防止误判对手的意图最终失掉这本应获胜的一局。

4. 比分落后

在网球比赛中，当己方比分落后时，为了挽回比赛，应尽量采用稳妥的战术。这样做的目的在于限制非受迫性失误的产生，维持击球的继续并使对手不停地跑动，让对手始终不能放松心理状态，即使本局告负也不能让对手有轻松感。如果己方落后过多无力挽回时，可以采用积极进攻型的战术，以此寻找进攻手感，同时也是给对手以心理压力的表现。

(二)按场区情况制定

1. 前场区网球战术

在网球运动中，前场区也称为“近网区”。由于这一区域离球网比较近，因此在此区域击球可以有更多的落点选择，因此，这一区域也是网球半场中最具进攻性的区域。

在前场区因为较多的击球落点选择，这就使得它为调动对手带来了可能，如对方在底线回球出线，本方可以选择快速移动到网前直接截击回球或放网前短球，这样可使对方做大范围的身体移动。这种网前回球的选择较多，与回重复落点球、对角线底线长球和对角短球相结合效果更佳。

2. 中场区网球战术

中场区域是网球场地中最重要，也是最难掌握的区域。这主要是因为来球在中场区域时会出现技术选择的犹豫，因为有时中场区域的来球既可以选择用前场球的技术方式回球，也可以选择后场球技术方式回球。

但需要注意的是，中场区域依旧可以给选手更多的战术选择，如来球弹跳很低时，可以向前跑动随球上网；来球弹跳较高时，可选择正反手高压球或放网前小球。

3. 后场区网球战术

随着网球技术的不断发展，现代网球的主流打法为底线相持打法，通常运动员所制定的取胜每1分球的计划都是在这一区域进行的。因此，后场区也就成为网球场地中的基础击球区。

后场区的战术应用有几点需要格外注意，那就是在与对手的相持对攻中要保持耐心，回球的目的性明确且回球要有一定的深度(以最接近对方底线为宜)。

在网球比赛中，后场区域战术的应用不仅要求运动员有足够的耐心和灵活的侧身移动的能力，还对运动员击球的角度及准确性提出了较高的要求，要求运动员始终为完成向前移动或给对方致命一击做好充分的准备。

(三)按环境情况制定

1. 根据风向制定网球战术

网球比赛通常在露天赛场进行，因此在网球比赛中会受到诸多外部环境的影响，如风向的变化。

网球战术的制定需要考虑到风向的问题，其中主要为顺风与逆风对于网球在空中飞行的影响。在顺风和逆风时采取的战术是有很大区别的，下面具体说明。

(1)顺风球局面

当风向顺着本方出球方向时网球战术的制定应考虑以下因素。

①当风向顺着本方出球方向时要注意顺风会使球速加快，因此在击球时应比平时发力程度略轻，可以适度应增加球的旋转，防止球出界。

②顺风打球时球在空中飞行的距离越长，出现球路飞行线路不定的情况就越发明显，因此，面对这种情况可以选择采用上网战术，以此减低底线击球受风的影响程度。此时选择上网战术还有一个优势，那就是对手在逆风环境时由于受到空气对球的阻力，球速会相对较慢，这有利于己方网前的截击成功率。

③在顺风环境中的底线相持应尽量以提高回球成功率为基本要求，此时不应强迫地要求回球质量，更不要急于求成妄图速战速决。这样选择的依据在于因为对手处在逆风环境，为了能够进行对等的底线相持，就无疑要付出更多的体力才能打出和己方一样的球速。因此，稳扎稳打式的战术更是以逸待劳和事半功倍的做法。

(2)逆风球局面

当风向逆着本方出球方向时网球战术的制定应考虑以下因素。

在逆风一侧的场地比赛时,运动员可全力击球,而不必担心球会被打出界。当对手上网时,可更多地选择将球挑高到对方后场。一般情况下,由于逆风的阻力的影响,球往往会落在场内。一旦挑高球成功,再及时随球上网进行截击,就会轻松得分。

在逆风情况下回击球时,空气对球的阻力效应格外明显。因此,为了适应这种环境,可以适当选择增加近网短球的使用频率,在阻力的作用下,球会相对离网更近,效果更好。

2. 根据阳光制定网球战术

由于太阳“东升西落”的自然规律,使得在多数露天场馆的建设中都考虑到了光照的问题。这也是较多体育场所选择南北方向建设的原因,以此避免场上的某一方运动队会朝阳光比赛而使视觉受到影响。但是尽管如此,也不能完全避免光照对运动员的影响。因此,从网球战术的角度来看,当发现对方运动员在某一位置受到光照影响较大时,在此后的比赛中可以有意识地将球回至那个位置。

面向太阳发球时,需要适当改变发球站位或抛球时略低于正常高度,此时要慎重使用上网战术,如果上网后对方挑高球,可以打落地高压,但尽量不要让对手觉察。

3. 根据气温制定网球战术

网球运动的运动量较大,因此在夏天进行比赛时不仅是对运动员技战术的考验,也是对其心理和意志品质的考验。在炎热的环境中比赛要时刻注意保留自身的体能,不做多余的、低效的动作,以此最大化地调动对方奔波移动,消耗体能。当对方的体力消耗殆尽时,其心理防线也会就此垮掉,技战术水平也将大打折扣,此时己方获胜的机会就会相应地增加。

而在冬天时比赛需要注意做好准备活动,以避免运动中引发运动创伤。挑边时,可以先选择接发球,因为气温低,比赛开始时身体各关节比较僵硬,还没有进入最佳比赛状态,发球的质量一般不高,对接发球的一方比较有利。

尽管外在环境有时会对网球战术的选择产生影响,但这种影响的程度毕竟有限。网球比赛归根结底是运动员综合实力的较量,因此,在平时的训练中,仍旧需要在各方面训练中付出艰辛和不懈的努力。

4. 根据场地制定网球战术

(1)硬地场地

硬地场地，如澳大利亚网球公开赛和美网网球公开赛都属于硬地场地。在硬地场地上进行训练或比赛，其战术的制定通常可以为发球时使用各种旋转和力量；采用不同旋转和不同高度的击球；攻击短球时击向对手身后，随球上网高空截击，用满场飞的打法，截击对手空当区域。

(2)草地场地

草地场地，如温布尔登网球公开赛就属于草地场地。在草地场地上进行训练或比赛时，其战术的制定通常可以为发球时发侧旋的小角度球，不要仅追求大力发球；更多地使用削球和平击；结合打高球，用非常小的引拍动作击球，然后移动至场内上网；攻击所有的短球，攻击要凶狠，及时上网并提前封住落点；采用低弹球战略。

(3)红土场地

红土场地，如法国网球公开赛。在红土场地上进行训练或比赛的战术制定通常可以为发上旋球或有角度的高挑球，不要只追求大力发球；击球多用上旋；结合高球和上旋球，击半高球上网；不要攻击所有的短球，要取得主动，将球击向对手身后；防守时变换打法；采用令对手疲劳的战术。

第三节　网球运动技战术发展趋势

在网球运动快速发展的今天，技战术更新较快，如果不能与时俱进，适应网球运动的先进打法，就会举步维艰，因此网球运动员都面临着巨大的压力。网球运动员要能认清当前网球技战术发展的趋势，选择适合自己的、符合当今网球发展的技战术打法，如此才能提高自己的技战术水平，获得比赛的胜利。

一、追求发球的速度，注重球的旋转和落点变化

在现代网球发展的过程中，发球是非常重要的一个环节，这直接关系到运动员在发球局能否占据进攻的主动性。因此，当今绝大部分网球运动员在发球时都将自己的发球保证在能力范围之内，在保证一定球速的基础上，注重球的旋转和落点变化，以期使发球得以控制，提高发球的成功率和实效性。其中，网球运动员发球的一个大的趋势就是在一发时，有时可能不再采

用大力平击发球，而是使用更多的旋转和结合内、外角精准的落点，扩大对手接发球的范围，为直接得分或下拍得分创造机会；二发时，在保证发球球速的基础上，更加注重球的落点变化与旋转，这种发球能最大限度地打击对方的接二发抢攻。

二、接发球时，主动进攻意识更加强烈

在网球比赛中，要想取得比赛的胜利，其制胜机制是保住自己的发球局并破掉对手的发球局。一般来说，发球方的优势较为明显，破坏掉发球方的发球局非常不易。因此，接发球就成为关键，想办法破坏掉对方的发球局成为每一名运动员的追求。在这样的情况下，运动员就更加注重接发球的抢攻，争取扭转被动，掌握主动，这样才有可能破坏掉对方的发球局，取得比赛的胜利。

在网球技术发展的过程中，发球与接发球始终是一对矛盾的统一体，二者相互促进、相互提高。如今发球技术的不断提高，使得运动员都加强了自己的接发球技术，主动进攻的意识更加强烈。

总之，现在网球运动员的接发球技术更加倾向于主动进攻，搏杀强大的一发和主动攻击二发的能力在不断增强，“发球是进攻的开始，接发球也是进攻的开始”的理念在不断形成。

三、技术向精准、全面的方向发展

在网球运动中，“技术是战术的基础”，技术的全面性在很大程度上决定了战术的多样性。近些年来，运动员之间的技术差距在不断缩小，对抗更加激烈，进攻意识不断加强。为了适应这种现状，运动员的技术开始向着更加精准、全面的方向发展。技术的“精准”主要表现在对每个动作精益求精，不论是击球力量、旋转、落点等都要做到恰到好处。技术的“全面性”主要表现在两个方面：一是攻防技术要全面。二是要求运动员必须要有技术的微调能力，能及时有效地处理各种突发状况，使比赛形势向着有利于自己的方向发展。

四、主动进攻理念不断增强

在网球比赛中，一般来说主动进攻有两大优势：一是可以自己主动得分，二是迫使对手失误。当前绝大部分的网球运动员，不管采用哪种打法，

都具有较强的主动进攻意识。即使他们处于被动防守的状态中，也要运用落点、线路等变化，破坏对方进攻的节奏，从而扭转被动的局面，进而占据主动。现代网球的发展，要求运动员要做到以攻为主，攻中有守，守中有攻。

在现代网球快速发展的今天，主动进攻不仅体现在先进的技术打法方面，而且更加强调击球的节奏和落点的变化，更加强调抢点进攻。通过抢点进攻，给自己抢得时间，赢取比赛的主动。由此可见，掌握网球比赛中各种情况下主动进攻的技战术打法，始终坚持主动进攻的理念成为网球技战术发展的必然趋势。

第四章　网球运动科学化训练理论

随着现代体育运动的发展及运动水平的快速提高，各项体育运动都已发展到较高的水平，并且比赛竞争越来越激烈。网球运动同样如此，这就促使运动员或运动队进行更为科学化的运动训练，以此提高自身运动水平，促使自身各方面素质得到全面、均衡的发展，提高自身综合竞争实力，以保证在比赛中战胜对手，取得良好的运动成绩。由此可见，运动训练有着非常重要的意义。但运动训练同样需要一定的理论作指导和基础，以确保训练的系统化、科学化。本章就网球运动训练科学化训练理论展开论述。

第一节　网球运动训练的理论基础

网球运动训练是建立在多学科理论基础之上的，这些学科包括生理学、心理学、运动学、营养学、解剖学、生物化学、生物力学等。本节就主要就网球运动训练的生理学和心理学学科理论基础展开论述。

一、网球运动训练的生理学基础

（一）影响网球运动训练的生理学因素

1. 物质代谢

人体从食物中摄取各种营养物质，经血液循环输送到各人体器官，通过相应的代谢为人体提供能量。糖、脂肪和蛋白质等营养物质经被人体吸收后，人体的组织、细胞一方面通过合成、代谢构建和更新自身储存的能源物质，另一方面通过分解代谢（氧化分解）以产生能量。

（1）糖类代谢

①糖类代谢的原理

食物中的葡萄糖经消化吸收后，汇集于门静脉，经肝进入血液循环，其中大部分运到各组织合成为糖原和含糖化合物，其中最主要的是到肝中合成肝糖原储存。一部分转变为脂肪和氨基酸，血液中保留的一部分糖称为“血糖”，另一部分直接供组织氧化利用放出能量，同时产生 CO_2 和 H_2O 并将其排出体外。

糖的氧化分解是供应人体活动所需能量的主要来源，全身各组织都能进行这一反应。糖的氧化分解包括无氧分解和有氧氧化两种主要方式，从本质上讲，这两种形式是同一过程在两种情况下（缺氧与氧供应充足）的不同反应方式，其反应过程在前一阶段是完全相同的，差别是在丙酮酸产生以后。糖的无氧氧化产生乳酸；氧供充足时，丙酮酸继续氧化生成 CO_2 和 H_2O，并释放出蕴藏在分子中的能量。

②网球运动训练对糖代谢的影响

A. 糖原储备与运动能力

运动员在参加网球运动训练的过程中会消耗掉大量的能量，有时会导致运动性疲劳或过度训练的产生，因此在进行网球运动训练时要十分注意糖分的补充。在大于 1 小时的运动中适量补充糖，可提高血糖水平、增加运动中糖的氧化供能、节约肌糖原的损耗、减少脂肪酸和蛋白质的供能比例，使运动的耐受时间延长，使运动疲劳得以延缓，运动能力获得提高。

B. 血糖浓度与运动能力

运动员在进行短时间的剧烈运动时，体内血糖浓度会逐步增高；而进行长时间的适宜负荷运动时，其体内的血糖浓度则减少。因此，运动员在运动前或运动中，适量补充糖可维持血糖正常水平，延缓疲劳的发生，有利于提高网球运动训练的水平和质量。

（2）脂肪代谢

①脂肪代谢原理

脂肪分解代谢产生的能量是长时间中低强度运动的主要供能物质。人体的肌肉组织中储存着少量的脂肪，在运动时产生一定的能量。当脂肪的动用（氧化）增加时，血浆中的游离脂肪酸即透过肌细胞膜进入肌细胞被氧化，而脂肪组织则水解成甘油和脂肪酸进入血浆中，以补充被消耗的游离脂肪酸。因此，脂肪首先是在酶的作用下水解成脂肪酸和甘油来释放能量的。

脂肪酸的氧化：脂肪酸的氧化过程，包括脂肪酸的活化和 β 氧化，使长链脂肪酸逐步降解成许多乙酰辅酶 A，然后进入三羧酸循环彻底氧化成 CO_2 和 H_2O 并释放能量。

甘油的氧化：脂肪水解形成甘油，这种物质能够混溶于血浆中，通过血液的循环输送到其他人体组织而被利用。甘油的氧化过程如下：首先，甘油在酶的催化下被激活，生成 α-磷酸甘油，其次，甘油通过进一步脱氢而生成磷酸丙糖，进入糖的分解途径，先转变成丙酮酸，再经三羧酸循环彻底氧化成 CO_2 和 H_2O，同时生成 22 毫摩尔 ATP，磷酸丙糖也可通过糖异生作用转变成糖原或葡萄糖。

②网球运动训练对脂肪代谢的影响

在运动过程中，脂肪代谢较慢，在进行长时间运动的后期主要依靠脂肪酸氧化供能，短时间剧烈运动时脂肪分解受到抑制。通过球类的运动，对于脂肪代谢的影响主要表现在其能够提高人体利用脂肪酸氧化供能的能力，还能对改善血脂，减少人体脂肪积累产生积极的作用。

(3)蛋白质代谢

①蛋白质分解代谢的原理

蛋白质是人体生命活动的重要组成部分，也是人体重要的能源物质之一，与机体运动之间存在非常紧密的联系。它在调节机体各种生理功能中起着不可替代的作用。

蛋白质不能直接提供运动所需的能量，为人体提供能量是蛋白质的次要功能，只有在某些特殊情况下，如长期饥饿、疾病或体力极度消耗时，人体才会依靠蛋白质氧化供能。但蛋白质分解代谢过程中能产生许多物质，对糖和脂肪的供能有着重要的作用，同时，蛋白质的分解代谢和合成代谢平衡是维持人体生命活动的基础。

蛋白质主要参与实现人体代谢更新，由于其主要由氨基酸组成，因此，其代谢过程是以氨基酸代谢为基础的。蛋白质的代谢需要很多激素参与调解，如肾上腺素和甲状腺素能促进蛋白质的分解，表现为甲亢时，甲状腺素分泌增加，人体蛋白质分解增加，人体逐渐消瘦；当生长激素分泌增加时，人体蛋白质合成增加，肌肉健壮。

②网球运动训练对蛋白质代谢的影响

网球运动训练对蛋白质代谢的影响主要体现在两个方面：一方面表现为，机体运动时蛋白质可提供一部分能量，促进蛋白质代谢；另一方面则表现为，网球运动训练导致骨骼肌蛋白质合成增加，从而使人体相应部位的肌肉壮大。

2. 能量代谢

(1)人体物质能量储备

人体通过消化系统摄取必要的能量物质，这些物质在人体中通过生物氧化反应，分解成一些代谢物，同时释放出能量，这些能量大部分以热能的形式释放于体外，还有一部分则转化为化学能，储存在一种称之为三磷酸腺苷(简称 ATP)的高能磷酸键中，人体活动的直接能量就来源于三磷酸腺苷

(ATP)的分解,肌肉收缩需要ATP供能,消化管道的消化和吸收都需要ATP供能。ATP的重新合成需要糖、脂肪和蛋白质的氧化分解供能。ATP的再合成有多种途径,就其供能系统而言,主要有以下三种。

①磷酸原系统(三磷酸腺苷—磷酸肌酸,简称ATP-CP)。它是由细胞内的ATP和CP这两种高能磷化物构成,具有供能绝对值不大、持续时间很短的特点。但是,它供能快速,因为ATP是体内唯一直接能源,所以其能量输出功率最高。

②有氧氧化系统。它是指在氧供应充分的条件下,糖和脂肪完全分解生成二氧化碳和水,同时生成大量的能量,使ADP再合成ATP。有氧氧化系统能生成丰富的ATP,不生成乳酸之类导致疲劳的副产品,它是人进行长时间耐力活动的主要供能系统。

③乳酸能系统又称为无氧糖酵解系统。它的能量产生是靠肌糖原的无氧酵解,最后产生乳酸,而放出的能量由ADP(二磷酸腺苷)接受,再合成ATP。它是在机体处于缺氧的情况下的主要能量来源。乳酸能系统对人体进行能量供应,它的作用与磷酸原系统一样,能在暂时缺氧的情况下迅速供能。

在参与不同的体育锻炼项目时,锻炼者应根据自身的年龄、身体条件以及个人需要来选择适合的能量系统作为主导作用的锻炼项目,同时还要注意所选择的锻炼手段和项目的科学化。锻炼者除了选择有氧氧化系统的项目外,还可以适当选择乳酸能系统供能的项目,发展身体的无氧耐力。

人体的脂肪储备的能量最多,据科学研究发现,脂肪储备的能量约为4×10^8焦耳,蛋白质储备的能量次之,为1×10^8焦耳,糖类储备的能量最少,为$(4\sim5)\times10^6$焦耳。

由于人体的蛋白质主要作用在于细胞结构和功能的代谢和更新,蛋白质的能量储备虽然丰富,但在人体运动时,其并不能够被人体大量使用。而脂肪和糖类才是人体运动的基础供能物质。研究表明,1分子的糖在体内酵解可以生成2～3分子的ATP,彻底氧化成CO_2和H_2O生成37分子ATP,而脂肪分子彻底氧化生成的ATP数量更多,可高达450分子ATP左右。

需要特别指出的是,如果以单位时间内生成能量的数量,或者以单位重量肌肉在单位时间内生成ATP的数量计算,能源物质的各种分解代谢途径提供能量的速率则不同于以上情况。各供能代谢途径ATP最大合成速率的排列次序是:磷酸原、糖酵解、糖有氧氧化、脂肪酸氧化,其递减速率接近50%(表4-1)。

当机体内部的各个供能代谢系统在运动中分别以其最大供能速率向机

体提供能量时，维持相应强度运动的持续时间分别是：磷酸原系统6～8秒，糖酵解系统30～90秒，糖类则能有氧氧化90分钟，而脂肪酸供能时间相对不限。蛋白质作为能源物质氧化供能在有氧代谢中所占的比例不大，最多不超过18%，通常是在运动开始以后30～60分钟左右开始，一直持续到运动结束为止。

表4-1 人体的能源物质分解代谢提供能量的速率

供能代谢系统	最大供能速率/(卡/分)	最大供能速率/毫摩尔ATP(千克湿肌/秒)
ATP-CP	36	2.6
糖原酵解	16	1.4
糖有氧氧化	10	0.15～0.68
脂肪酸氧化	——	0.24

(2)运动中三大供能系统活动的关系

在人体运动过程中，人体运动形式的不同，则其不同的能量代谢系统提供能量的能力和速率也会不同。磷酸原系统和乳酸能系统都供应能量，但ATP和磷酸肌酸的最终合成以及糖酵解产物乳酸的消除却要通过有氧氧化来实现。所以，肌肉活动所需能量的最终来源是糖和脂肪的有氧氧化。人体中磷酸原系统供能的绝对值不大，在运动中维持的时间也很短，但是能在短时间内快速作用。

总的来说，人体在运动过程中，各供能系统之间的关系与运动负荷的强度和持续时间密切相关。在0～180秒最大运动时，各供能代谢系统的基本活动主要表现为如下特点：在1～3秒的全力运动中，基本上是由ATP提供能量的；在完成10秒以内的全力运动时，磷酸原系统起主要供能作用；30～90秒最大运动时以糖酵解供能为主；约为2～3分钟的运动，糖有氧氧化提供能量的比例增大；而超过3分钟以上的运动，则基本上是有氧氧化供能。

运动实践表明，随着人体运动时间的延长，供能物质由以糖有氧氧化为主逐渐过渡到以脂肪氧化为主。总之，人体在运动中，并不是由一个供能系统完成供能的，在有一个主要的供能系统基础上，其他的供能系统也会参与其中，共同完成人体运动所需要的能量供应。每个供能系统都有其独特的特点和供能能力，供能系统不同，所需要的能源物质也不同，运动中的输出功率和供能时间也会有明显的差异(表4-2)。

表 4-2　三大供能系统的特点

供能系统名称	能源物质	输出功率	供能时间
ATP-CP 系统	ATP、CP	最大	最大为 6～8 秒
糖酵解系统	肌糖原、血糖	约为 ATP-CP 系统的 50%	30～60 秒达最大，可维持 2～3 分钟
有氧氧化系统	肌糖原、血糖	约为糖酵解系统的 50%	1～2 小时

(3)运动强度和持续时间对能量代谢的影响

①中低强度的长时间有氧耐力运动

在从事中低强度的长时间运动时，运动的前期以糖类的有氧氧化供能为主，随着糖的消耗，则逐渐过渡到以脂肪氧化供能为主，脂肪氧化耗氧量较大，同时动员反应较慢。

②递增负荷的力竭性运动

运动开始阶段，由于运动强度小，能耗速率低，有氧氧化系统能量输出能满足其需要，故有氧氧化系统(主要是糖的氧化分解)启动。随着运动负荷的逐渐增大，当有氧供能达到最大输出功率时，仍不能满足因负荷增大而对 ATP 的消耗时，必然导致 ATP 与 ADP 比值明显下降，此时必然动用输出功率更大的无氧供能系统。因磷酸原系统维持时间很短，所以此时主要是乳酸能系统供能。

③极限强度运动

最大强度的运动必须启动能量输出功率最快的磷酸原系统。由于该系统供能可持续 75 秒左右，因此首先动用磷酸肌酸(CP)使 ATP 再合成。当达到 CP 供能极限时，则将不得不依赖乳酸能系统的能量输出。

3. 运动与呼吸

在运动的过程中。机体与外界环境之间的气体交换称为“呼吸”。呼吸系统包括呼吸道和肺，而呼吸道是一系列呼吸器官的总称，这些器官包括鼻、咽喉、气管、支气管。人体的呼吸过程由外呼吸、内呼吸和气体运输三个环节构成。

呼吸系统是氧运输系统的重要组成部分，其主要机能是实现机体与外界环境的气体交换，以使血液中的氧分压、二氧化碳分压、酸碱度维持在正常生命活动所允许的范围之内。人体通过肺实现与外界气体的交换，通过血液实现气体的输送和排出。人体在运动时，机体代谢旺盛，所需氧量及二氧化碳排出量明显增加，呼吸系统加强，所以网球运动训练(特别是耐力训练)必将使呼吸系统的形态、机能产生适应性变化。

呼吸肌主要是膈肌和肋间外肌。当膈肌收缩时腹部随之起伏，肋间外肌收缩时胸壁随之起伏。因此，以膈肌运动为主的呼吸形式称腹式呼吸，以肋间外肌运动为主的呼吸运动称“胸式呼吸”。成人的呼吸一般都是混合式的。呼吸形式与年龄、生理状态、运动专项等因素有关。在进行网球运动训练时，要根据动作的特点灵活转变呼吸方式。

4. 运动与心率

心率是运动生理学中最常用而又简单易测的一项生理指标。在网球运动训练中常用心率来反映运动强度和运动训练对人体的影响，并用于运动员的自我监督或医务监督中。成年人静息时心率在60～100次/分钟，平均为75次/分钟，但随着年龄、性别、体能水平、训练水平和生理状况的不同而有所不同。

心率会随年龄增长而减慢，至青春期时接近成年人的频率。在成年人中，女性心率比男性快3～5次/分钟。有良好训练经历或体能较好者心率较慢，尤其是优秀耐力运动员静息时心率常在50次/分钟以下。在进行运动时，人体的心率会加快，随着运动强度的增加，心率随之增快，因此，心率也是判断运动负荷的一项简易的指标，能够在一定的程度上反映运动员的体能水平以及运动和训练的水平。

(二)网球运动训练对生理健康的影响

1. 运动对心血管系统的影响

从生理学的角度来说，维持人体的生命活动，主要是凭借血液循环和外界进行物质交换，循环停止也就代表人的生命终止。可见，心血管系统对人体生存的重要意义。现代网球运动训练对心血管系统的作用如下。

(1)提高血液循环，防治心血管疾病

一般情况下，正常人的血液总量只占体重的8%，而经常参加网球运动训练的人血液总量约占体重的10%，且血液的重新分配机能快，这就保证了人体在承受较大的生理负荷时，经过神经系统的调节，反射性引起肝和脾释放储存的血液。同时，血管的收缩和舒张，动员了大量血液参加循环，保证了肌肉活动时的血液供给。

经常参加网球运动训练可使动静脉血管壁弹性提高，管径增大，有利于血液畅流。由于毛细血管开放和增生，能有效改善微循环功能。由于锻炼可促进新陈代谢，增加脂肪利用，减少脂肪堆积，增加纤维蛋白溶解酶的活动，防止冠状动脉硬化和血栓形成，因此，经常锻炼的人比一般人高血压发病率低3倍，这是因为通过肌肉活动对大脑皮层的影响，使调节血管收缩和舒张的神经中枢活动趋于正常，血压下降，有助于预防心血管系统疾病。

(2)改善心肺功能

经常参加网球运动训练能使心肌肌红蛋白的含量增加，组织代谢能力加强，供血量增加，使心肌纤维变粗，心脏的重量和大小增加。心脏搏动有力，外形丰满。由于心壁增厚，心腔增大，使心脏的收缩能力提高，心容量增大。一般人的心容量为765～785毫升，而参加网球运动训练的人，其心容量可达到1 015～1 027毫升，每分输出量和每搏输出量也都增加。

(3)提高免疫功能

网球运动训练可以使总血量增加25%。一般成年男子每立方毫米血液中含有红细胞450万～550万个，女子380万～460万个。经常参加网球运动训练的人，血液中红细胞增多，可达每立方毫米600万～700万个，这是因为运动能够改善红骨髓的造血机能。运动对血液中具有免疫功能的白细胞影响较大，白细胞包括淋巴细胞、单核细胞和自然杀灭细胞(NK细胞)等。在网球运动训练后白细胞数量明显增加。短时间大强度和长时间小强度的运动都可以使淋巴细胞数量增多。运动后单核细胞有轻度增加。中低强度的运动对提高NK细胞的活性是一种良性刺激，而NK细胞是对肿瘤免疫有效果的细胞。但长时间的剧烈运动则可能抑制它的活性。

2. 运动对呼吸系统的影响

人体一切活动所需要的能量和维持体温的热量，都来自体内营养物质的氧化，氧化过程需要不断吸入氧气呼出二氧化碳，这就形成了呼吸过程。呼吸系统是代表人体生命活动的标志，对人体的健康发展有着重要的作用。

(1)提高呼吸系统的机能水平

经实验研究显示，经常进行网球运动训练，会使机体的呼吸频率相对减少，呼吸深度加大，由于呼吸肌的力量增强，肺泡弹性增大，肺活量和肺通气量的指标明显增大。例如，一般成年女子的肺活量为2 500毫升左右，成年男子的肺活量为3 500毫升左右。安静状态下一般人的呼吸频率为12～16次/分钟，肺通气量为6～8升，而经常参加网球运动训练的人呼吸频率仅为8～12次/分钟，就可达到同样的肺通气量。呼吸系统机能水平的提高和改善，对保持健康和预防疾病都非常重要。

(2)促进呼吸器官结构的改变

一些运动项目的运动强度比较大,肌肉活动比较剧烈,需要消耗氧气量、产生二氧化碳量都会很大,于是呼吸系统必须加大工作量才能满足机体活动的需求。因而人体呼吸频率加快,呼吸次数增加,深度加深,胸廓活动度加大。尤其是大负荷的运动练习时,呼吸次数可增到40～50次/分钟,每次吸入空气量达到2 500毫升,是安静时的5倍。同时,由于运动时对氧的需求量增加,呼吸的深度加大,经常锻炼就会提高呼吸效率,肺泡也会最大限度的参与气体的交换,这会促进肺泡的生长发育及弹性的改善。经常参加网球运动训练的人,其胸围一般要比同年龄人大3～5厘米,呼吸差也增加到9～16厘米。

3. 运动对运动系统的影响

人体的运动是由运动系统实现的。运动系统由206块骨骼、400多块肌肉以及关节等构成。网球运动训练训练可以让运动系统产生良好的适应性变化。

(1)促进结构机能的有利变化

在参加网球运动训练时,人体骨肉工作加强,血液供应增加,蛋白质等营养物质的吸收与储存能力增强,肌纤维增粗,因而肌肉逐渐变得更加粗壮、结实,肌肉力量增强。由于肌肉中肌红蛋白的增加使其结合氧气的能力增强;储存的营养物质——肌糖原增加;肌肉内毛细血管的数量也增多了,更能适应运动或劳动的需要。这就使得结缔组织也逐渐增多,肌肉的生理横断面和体积增加,肌肉纤维增粗。肌肉含量增加,脂肪含量就会相对下降,使人体基础代谢率提高,有利于人体健康。同时还可以加强肌肉收缩时的力量,加快了肌肉的收缩速度,灵活性、耐久性提高,弹性、柔韧性增强。

(2)提高关节的柔韧性和灵活性

长期坚持参与网球运动训练,可以增加关节面软骨和骨密度的厚度,并可让关节周围的肌肉发达、力量增强、关节囊和韧带增厚,因而可让关节的稳固性和抗负荷能力加强。在增强关节稳固性的同时,由于关节囊、韧带和关节周围肌肉的弹性和伸展性提高,关节的运动幅度和灵活性也大大增加,提高了关节的灵活性,有效减少伤害事故的发生。

(3)强化骨结构,提高骨性能

进行网球运动训练时,由于人体新陈代谢增强、血液循环加快,使骨结构和性能也随之发生了变化,增强了骨质。网球运动训练引起肌肉对骨骼牵拉和重压,使骨骼不仅在形态方面产生了变化,而且让骨骼的机械性能也得到了提高。骨骼在形态方面最明显的变化是：肌肉附着处的骨突增大，骨外层的密质增厚。而里层的骨松质在排列上则能适应肌肉拉力和压力的作用。这就使骨质更加坚固，可以承担更大的负荷，提高了骨骼抵抗折断、压缩、弯曲、拉长和扭转的能力。同时还能刺激骺软骨的增生，对人体的增高有很大的意义。

4. 运动对神经系统的影响

神经系统是人体发育成熟最早的。在脑的发育过程中，脑重量、记忆力和分析能力都会随着年龄的增长逐渐增长。神经系统在机体中的作用是控制、支配和调节，也就是使身体中执行各项功能的不同器官协调起来，成为一个统一的整体，以适应身体内外环境的变化。经常参加网球运动训练能有效地改善和调节神经系统的功能。

(1)提高神经系统的反应能力和灵活性

一些运动项目的负荷量较大，在网球运动训练中要求神经系统能够迅速动员和调节各器官与系统的机能，使之适应肌肉活动的需要。经常参加网球运动训练能改善全身各系统的迅速调节能力，使人体在活动中动作更加协调、灵敏和准确。

(2)提高人体对环境的适应能力和免疫能力

经常参加网球运动训练的人血管收缩的反应性、基础代谢率等都会得到较大的改善，体温调节能力加强，对气候的变化反应灵敏，在受到环境温度变化时能够迅速保护和防御，以免机体受到伤害。

(3)提高大脑皮层神经细胞的耐受性

经常参加网球运动训练，可以促进血液循环加快，使单位时间大脑血流量增多，脑细胞得到更多的营养，提高大脑的功能，加快神经的疲劳的消除，提高大脑抗疲劳的耐受力，使肌肉收缩节约化，进而提高了大脑长时间工作的能力。

(4)延缓大脑组织的衰老

大脑是人体中的信息器官，而信息器官需要不断的信息刺激，如果大脑长期处于“信息饥饿”状态，则必然会出现大脑早衰。为了防止大脑早衰，最有效的方法就是给大脑以良性刺激，而合理的网球运动训练就是最好的运动性良性刺激。四肢的骨骼肌肉在进行网球运动训练时，可以将外周的效应器上的信息，作为输入信号反馈给中枢，反过来刺激中枢神经系统，从而维持中枢神经系统处于一定程度的激活状态，维持甚至增强其应激能力，这样就增强了大脑的活力，能有效地推迟脑细胞的衰老。

二、网球运动训练的心理学基础

（一）动机

动机，即为人从事某项活动的心理动因或内部动力，它不仅能够使人维持某项活动，还能够使这项活动导向一定的目标，从而满足个体的需要、愿望或理想等。简单来说，动机即为人们从事某项活动的内部原因。

动机的作用表现为：始发作用（动机可引起和发动个体的活动）、指向或选择作用（动机可指引活动向某一目标进行或选择活动的方向）、强化作用（动机是维持、增加或制止、减弱某一活动的力量）。心理学就是从“方向”和“强度”这两个角度理解动机问题。“方向”与一个人目标的选择有关，即人为什么要做某件事；“强度”与一个人激活的程度有关，即为了达到某一目标，正在付出多大努力。

（二）网球运动训练对心理健康的影响

1. 网球运动训练改善情绪状态的控制

网球运动训练对心理健康影响的主要标志之一就是情绪状态，也是人的自然需要是否得到满足而产生的一种体验。情绪几乎参与人的所有活动，对人的行为活动起着很大的调节作用。而网球运动训练是人体情绪的调节剂，对人的情绪产生良好的影响。

现代社会的人们处在快节奏、高效率、强竞争的环境下，心理上会产生一定程度的紧张、焦虑和不安的反应。通过网球运动训练可以使不良的情绪状态得到改善，心理承受能力得到提高。

2. 网球运动训练提高意志品质的培养

意志品质通常是指一个人的目的性、自觉性、自信性、坚韧性、自制力以及勇敢顽强和主动独立等精神，意志品质既是在克服困难的过程中表现出来的，又是在克服困难的过程中培养起来的。锻炼者越能克服困难也就越能培养良好的意志品质。经常参加网球运动训练能够帮助人们克服一定的困难和障碍，是培养人的意志品质的重要途径。

3. 网球运动训练促进认识能力的提高

与其他体育项目运动训练相同，网球运动训练也要求运动员在运动或高速运动中既要能对外界物体(如球、器械、环境等)做出迅速准确的感知与判断,又能迅速感知、协调自己的身体以保证动作的完成。通过长期的网球运动训练对促进人感觉、知觉能力的发展,提高人的反应速度和直觉判断能力有着积极的作用,可以让人变得敏锐、灵活。

4. 网球运动训练促进应激反应的降低

应激是由外界情况的变化所引起的一种情绪状态。现代人由于紧张的生活节奏、竞争的加剧、压力的加大、人际关系的日益复杂,而普遍处于一种应激状态。过度的应激常引起身体不适,还会导致人的免疫功能下降,诱发各种疾病。坚持进行网球运动训练可以提高运动者的心理应激水平,使人在遇到外界的强烈刺激时,能迅速做出反应,采取果断措施,以健康的心态从容应对。

第二节　网球运动训练的基本原理

一、机体适应原理

自然界中,所有有生命的物体都对外界环境有着较强的适应能力,并且凭借这种适应适应能力得以生存和繁衍。为了验证机体的适应能力,科学家曾对含羞草做了相关研究,其研究过程证明,含羞草在负荷强度不断加大的训练中,其收缩能力能够增加400倍。同样,作为大自然中的一员,人类也有着较强的适应能力。例如,人们通过长期坚持从事体育锻炼,人的有机体为了适应某种运动的需要,参加工作的肌肉体积加大,力量增强,心肌变厚,脉搏次数减少,肺活量加大,血压下降等。以上这些都是人体本身所具有的适应能力。

一般情况,人体的适应能力是有条件的。只有在限度范围内,通过外界刺激物的作用,人体内部会引起一系列的变化,从而使机体更好地适应外界环境而生存下去。但是,当外界刺激物的强度超出人体所能承受的限度,人就会得病或者死亡。

在现代网球运动中,运动员进行网球运动训练,机体的变化和完成活动的种类与特点有着密切的联系。例如,长期从事网球运动训练,可以改进心血管和呼吸系统的功能,提高耐久力和培养顽强的意志;挥击球训练,能够提高肌肉的爆发力。

二、新陈代谢原理

新陈代谢是生命的基本特征之一,也就是说,如果有机体没有了新陈代谢,就预示着生命已经结束。新陈代谢是指人的有机体通过与周围环境不断地进行物质与能量交换,从而实现自我更新的过程,它是物质代谢和能量代谢的总和,包括同化作用和异化作用两个过程,并且这两个过程既相互对立,又相互联系。同化作用是指人的有机体从周围环境中摄取物质合成自身成分,并贮存能量的过程;异化作用是指人的有机体分解自身成分,同时释放能量并排除代谢产物的过程。但是,当机体内环境稳态遭到破坏时,就会导致代谢失调而出现疾病。

参与网球运动训练,能使组织细胞内的酶系统产生适应性变化,提高酶的活动性,加速物质代谢和能量代谢的过程,从而增强体质。

三、能量代谢原理

能量代谢是指人的有机体在物质代谢的过程中伴随着能量的释放、储存、转移和利用的过程。有机体的一切生命活动均需要消耗能量。人体内的糖、脂肪和蛋白质都可以通过生物氧化释放能量,而且所释放的大部分能量是以热的形式释放于体外。在现代网球运动中,训练强度越大,运动时间越长,能量消耗越多,所需要补充的营养物质也就越多。

现代网球运动训练,运动员有机体能量的供应主要依靠人体的三种能量供应系统,也就是通常所说的磷酸原系统、糖酵解系统和有氧氧化系统。但在网球运动训练中,由于动作强度、持续时间等不同,这三种能量系统所发挥的作用也不相同。其中,磷酸原系统适合短时间内的快速供能;乳酸能系统是机体在缺氧的状态下主要的能量来源;有氧氧化系统是机体进行长时间耐力活动的主要供能系统。

四、肌肉运动原理

网球运动训练的肌肉运动原理,下面主要从肌肉的组成成分、肌肉的结构和收缩形式等方面进行分析。

(一)人体肌肉的成分

肌组织和结缔组织是人体肌肉主要的组成成分。肌组织是构成肌肉的收缩成分;结缔组成构成肌肉的弹性成分。作为肌肉的收缩成分,肌组织能够通过肌纤维的主动收缩和放松,对骨产生一种牵拉力,从而实现各种运动。结缔组织作为肌肉中的弹性成分,与肌肉中的收缩成分并联或串联着,称并联(或平行)弹性成分或串联弹性成分。

当肌肉中的收缩成分缩短时,弹性成分被拉长,并将前者释放的部分能量吸收和储存起来,然后再以弹性反作用力的形式发挥出来,以促使肌肉产生更强大的力量和更快的运动速度。

(二)人体肌肉的结构

人体各种身体运动的实现是建立在运动系统基础之上的。人体的骨骼、肌肉和关节共同构成了人体的运动系统。其中,肌肉的基本组成单位是肌纤维,由许多的肌纤维排列成肌束,表面有肌束膜包绕,许多肌束聚集在一起构成一块肌肉。从肌肉的化学组成来看,有 3/4 是水,1/4 是固体物质,如蛋白质、能量物质、酶等,同时肌肉中分布着丰富的毛细血管网和神经纤维,为肌肉的氧气和养料的供应以及神经协调提供保证。

(三)肌肉的收缩形式

人体通过肌肉收缩来完成各种复杂的动作,这是由肌肉收缩的多样性特征决定的。下面就常见的肌肉收缩形式进行简单解释。

(1)向心收缩:是力量练习中最为普遍的一种,它是肌肉长度缩短的收缩形式。例如,网球运动中进行力量素质训练时,利用哑铃、沙袋、拉力器等器材锻炼肌肉均属于向心收缩。目前,已有多种运动练习器,锻炼力量的效果比一般向心练习方法要好。

(2)等长收缩:是指当肌肉收缩产生的张力与外力相等或是维持身体某一姿势时,肌纤维积极收缩,但肌肉的总长度没有变化。当肌肉处于等长收缩时,从整块肌肉的外观来看,肌肉长度并没有发生变化,但实际上肌肉的收缩成分是处在收缩中而使弹性成分拉成的,从而使整块肌肉长度保持不变。

(3)超等长收缩:是肌肉先进性离心收缩后,紧接着进行向心收缩的形式。例如,网球训练中,跳起落地,紧接着再向上跳练习,此时股四头肌先在落地时离心收缩,紧接着又立刻猛烈向上跳起,这种练习方法对肌肉锻炼价值较大。

五、运动技能形成原理

运动技能,即动作技能,是指网球运动员掌握、运用及有效地完成专门动作的能力，或指掌握网球运动专门技术的能力，或指按一定技术要求完成动作的能力，或指掌握足够好的运动本领。

从生理学的角度看，运动技能是根据条件反射机制建成的，它是运动反射的新形式，并在运动技能形成的过程中，产生和巩固着条件反射的体系。生理学家巴甫洛夫把这些条件反射体系称为动力定型。动力定型的不断改进和完善是形成运动技能的基础。在动作的初学阶段，将动作做正确、协调、实效时，运动技能往往能够顺利地形成。另外，各种运动技能之间也存在着相互联系、相互促进、相互影响的关系。

在建立运动技能的过程中，由于动作的多次重复，使得形成这些动作的条件反射可以在大脑皮层的优势兴奋区以外，即大脑皮层的降低兴奋区内进行。也就是说，与这些条件反射有联系的动作，可以在无意识的情况下，自动地进行。这就是达到了通常所说的动作自动化阶段。

动作自动化的特点主要有以下三个方面。

(1)保持动作稳定。在动作自动化形成以后，动作技能具有很强的稳定性，特别是在比赛的复杂条件下，所达到的动作自动化非常牢固，甚至在外界刺激物的影响下，它也不会遭到破坏。

(2)减少能量消耗，节省体力。动作自动化形成以后，由于不需要意识的控制就能进行，这对减少中枢神经系统的消耗具有很大的意义。

(3)能够充分发挥意志用力。由于动作动作自动化可以在无意识的条件下完成，这样人们可以将意志集中到意志用力上去，这往往是比赛中提高成绩的原因。

在现代网球运动训练中，当训练安排得不够合理时，动作自动化能在狭窄的基础上形成。要想充分利用整个有机体的机能，必须把改进具体技能和全面训练很好地结合起来，这样才能获得提高。在网球训练中，必须建立广泛的暂时联系，并使他们达到自动化的地步。这通常是由于在网球运动训练中专项练习和全面训练逐渐地结合而取得的。在这种情况下，完成各种练习的暂时联系体系逐渐与专项运动技能结合起来，所有这些为取得广泛的运动技能及充分发挥整个有机体的潜力创造条件。因此，在现代网球运动训练中，应重视获得与全面训练相结合的动作自动化。需要注意的是，全面训练所采用的手段，必须对基本运动技能起积极作用，这样的全面训练才能达到更好的训练效果。

六、超量恢复原理

在运动生理学中，超量恢复是指人体在运动中消耗的能源物质，在运动后一段时间不仅恢复到原来水平，甚至会超过原来水平的现象，保持一段时间后又回到原来水平(图 4-1)。

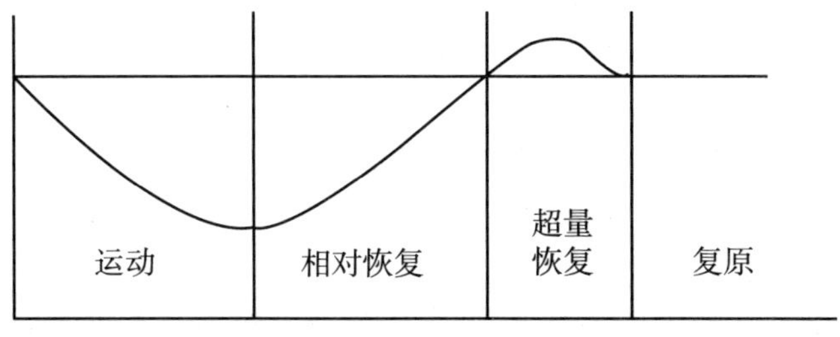

图 4-1

根据超量恢复原理，可将现代网球运动训练过程分为三个阶段：运动时各器官系统工作能力的下降阶段、运动后工作能力的复原阶段和工作能力的超量恢复阶段。人体进行网球运动训练就是这样沿着“消耗—恢复—超量恢复”链不断地循环往复，逐步适应，从而达到增强体质的效果。

为了使运动员获得最佳的训练效果，在进行网球训练的过程中，应做到以下几点。

(1)在网球训练的过程中，运动员有机体必须要承受一定的生理负荷，产生一定的身体疲劳，才能达到目的。没有消耗的运动，其健身效果也是不理想的。

(2)在网球训练结束后，运动员必须有合理的恢复与休息，这是产生超量恢复的前提条件，过分疲劳会对机体产生不利的影响。

七、负荷强度原理

根据超量恢复的原理，在现代网球运动训练中，运动员有机体只有在承受一定负荷刺激的情况下，才能造成一定的反应，从而引起机体的能量补偿。但在对机体施加这种负荷刺激时，对于负荷刺激的大小应遵循负荷强度法则。

负荷强度法则就是指在一定的生理限度内，运动员有机体的应答性反应的大小，一般与刺激大小成正比。也就是说，机体的适应性反应取决于运动负荷强度(刺激程度)，即运动负荷强度越大，运动员有机体的适应性反应就越明显。

据此，我们可以总结出以下几种负荷模式。

(1)很小的负荷,机体产生的超量恢复的效果也小。

(2)较小的负荷,机体产生的超量恢复的效果比很小的负荷大。

(3)始终的负荷,机体可以获得理想的超量恢复效果。

(4)过度的负荷,机体迟迟难以超量恢复。

由上可知,在一定的生理范围内,增大机体的运动负荷,机体所产生的超量恢复的效果也越大,适应性变化就越大;降低机体的运动负荷,则引起机体的适应性变化效果也越小。因此,在安排网球运动训练的负荷时,我们还应注意以下两点。

(1)运动负荷的安排要合理,过小的负荷对运动员有机体的影响不大,但负荷也不能过大,如果超过了一定的生理限度,则机体的应答性反应不但不会提高,反而可能会降低。

(2)要注意克服"习惯性负荷"对机体的影响。这是由于在网球训练中,总是采用相同的负荷对机体施加影响,而没有考虑机体已发生的趋优变化,机体会对这种负荷逐渐"习惯",从而使得机体所接受的负荷刺激减小,所产生的适应性变化也小,增强体质的效果也就不十分明显。在这种情况下,必须有计划地改变训练负荷,有针对性地增加负荷,来克服这种现象对锻炼效果的影响。

八、个体化原理

在现代网球运动中,作为独立的个体,每位运动员都应根据个人的习惯、爱好和有效性,来选择适合自己的训练方式和手段。从肌肉、神经刺激和应激程度来看,同样的训练手段对不同的人来说,所获得的效果是不同的,也就是说,对别人有效的训练内容,对自己就不一定起作用。因此,在进行网球训练时,应遵循个体化原理,选择适合自己的训练方式以达到最佳的训练效果。

第三节　网球运动训练的原则与方法

一、网球训练的原则

网球训练原则是网球运动训练客观规律的反映和内在本质的体现,它决定着网球训练的基本方法和效果,是网球教练员组织指导教学训练工作必须遵循的基本准则。

（一）系统性训练原则

网球运动系统训练指从最初的训练阶段开始，一直到出现优秀成绩以及保持并不断提高技术水平的整个训练过程，前后连贯紧密相关而不中断。实践证明，优秀的运动成绩来源于多年的系统训练。这是因为学习和掌握运动技能的本质，就是建立运动条件反射。间断训练会使已建立起的条件反射消退。贯彻系统性原则应注意以下两个问题。

（1）课与课、周与周、周期与周期、训练阶段与阶段过程之间，在训练内容、重点、方法、运动负荷的安排上要有机地结合起来，使上次训练成为下一次训练的准备，使下一次训练成为上一次训练的继续和提高，使每一次训练都能获得良好的训练效果。

（2）科学地安排好训练和休息，合理地控制好疲劳和恢复的相互交替，是进行持续不间断训练的根本保证。切忌不顾实际情况，造成过度疲劳和伤病的出现。

（二）循序渐进与突出重点相结合的原则

在网球运动训练中，贯彻和运用循序渐进与突出重点相结合的原则应注意以下几方面。

（1）在训练内容、方法、步骤、运动负荷、练习难度的安排上，必须遵循循序渐进的原则。

（2）在学习和掌握新的技术和战术时，对完成动作的质量要逐步提出要求，不要在训练一开始就提太高的要求。

（3）训练要本着学习、巩固、提高，再学习、再巩固、再提高这一事物发展的规律来进行。任何一项训练内容，都要求实效。

（4）在循序渐进地安排训练内容时，注意突出重点内容的训练。

（5）在一个训练周期中，各阶段的训练重点任务是不同的；运动员之间的技术基础、素质水平、接受能力存在差异，阻碍其技术水平提高的因素也各不相同。因此，在训练中，应当根据各个训练阶段的任务，找出影响因素，并将此作为重点内容进行有针对性的训练。

（6）网球运动训练中的重点内容一定要具体和明确。

（三）全面训练与特长训练相结合的原则

在网球运动训练中，教练员必须有计划、有步骤地使运动员掌握比较全面的技术；同时，根据运动员各自不同的打法和特点，逐步建立其技术特长。

使运动员在比赛中灵活地运用战术，并以自己的特长去力争主动和胜利。

1. 全面技术训练的要求

(1)技术上无明显的缺陷和致命的弱点。

(2)适应和对付各种不同类型打法。

(3)适应和利用不同性能的场地。

2. 特长技术训练的方法

(1)根据运动员个人打法特点，从发球、底线技术、上网技术等方面去确定和培养个人的特长技术。

(2)根据运动员的身体素质特点去确定和培养特长技术，如培养力量型选手的发球和上网的技术特长。

(3)特长技术训练要与运动员个人技术风格相一致。如以“凶狠”为个人技术风格的运动员，应从击球力量上去突出技术特长；以“快变”为个人技术风格的运动员，应从击球速度和落点变化上去突出个人技术特长。

(4)特长技术训练要渗透到各项技术的击球技术质量中去。特长技术的确立与培养均应依据运动员自身情况而定。

(四)身体训练与专项训练相结合的原则

(1)身体训练必须紧密结合专项的特点，根据本专项对身体素质的要求，在发展各项身体素质时，应有轻重缓急之分。

(2)身体训练必须紧密结合专项的特点，根据各个时期技术、战术训练的要求，安排素质训练应有不同的侧重。如在准备期训练中，全面身体训练的比重，一般大于专项身体训练；到了比赛期，则以专项身体训练为主。又如在同一时期中的训练，当技术训练以提高技术质量为主时，素质训练一般应以发展速度和力量为主；当技术训练以提高移动击球能力为主时，则可多安排一些步法起动，移动速度的练习。身体训练的练习手段应尽可能地接近网球运动的特点。

(3)在身体训练中，应考虑各素质之间的关系，合理安排各素质之间的先后顺序。如发展速度和反应的练习应安排在发展力量和耐力练习之前；在进行挥拍练习、步法移动和肢体力量性练习时可以编成组循环练习，使身体各部位都能得到积极性的休息。

(4)在身体训练中，除统一安排全队需要解决的共同素质练习外，还应从运动员的性别、年龄、打法类型、素质基础及发展状况等实际情况出发，因人而异，区别对待。

(5)将一般身体训练和专项身体训练有机结合起来。一方面,要通过一般身体训练使运动员的身体形态、生理机能、一般身体素质都得到全面的、均衡的、协调的发展,为提高专项素质和技术水平打下良好的基础;另一方面,要在全面身体训练的基础上,进行专项身体训练,提高专项身体素质。

(五)训练与比赛相结合的原则

网球运动员有针对性的技术训练、战术训练和心理训练,以及比赛意识的培养和适应能力的提高,都有赖于通过特定的比赛来完成。因此,特定的比赛是训练的一种手段。而网球训练必须满足比赛的需要。所以,正确地处理好训练和比赛的关系,对不断提高运动员的技术水平具有重要的意义。在网球训练中,以训练为目的,为训练服务的比赛可分为以下几种。

(1)技术比赛:以巩固和提高技术质量为主要目的,包括单个技术和结合技术的比赛,如发球比赛、接发球比赛。

(2)针对性比赛:以提高运动员某一方面的能力为主要目的,如关键比分的比赛、领先球的比赛、落后球的比赛等。

(3)单个战术比赛:以提高单个战术运用的质量为主要目的,如发球上网截击比赛,可在规定的次数或局数中,计算其得失分比率。

(4)综合练习比赛:以提高比赛意识和战术运用能力为主要目的,这种比赛,既可在训练课中安排一定的时间,采用“打擂台”“争上游”等各种形式进行,也可定期举行队内循环赛、淘汰赛、团体赛等。

在安排和运用上述各种比赛进行训练时,应注意比赛目的必须明确、具体,态度必须认真;比赛必须在运动员已经掌握一定技术、战术的基础上才能安排,以免破坏运动员形成的正确技术动作的动力定型;比赛的时间和次数,一般不宜安排过多过长,以免造成运动员的过度紧张和疲劳;比赛计分方法和比赛要求,既要考虑到效果又要兼顾到运动员的兴趣。

(六)合理安排运动负荷的原则

合理安排运动负荷原则,主要是依据有关疲劳和恢复过程的相互关系,超量恢复及其积累,以及负荷不变则有机体机能活动可以更加“节省化”等理论而提出的。网球运动训练遵守合理安排运动负荷的原则应注意以下几点。

(1)运动负荷的大小是相对的。它主要是由对象的训练水平状况决定的。运动员有机体机能所能承担的运动负荷的最大限度,是随着训练过程的发展而变化的。教练员要通过实践和科学研究,积累资料,进行探索,逐步准确地确定负荷的限度。

(2)明确训练中大运动负荷本身不是目的,只是提高运动员训练水平的一个手段。

(3)运动负荷的增加要由小到大,循序渐进,形成一个加大—适应—再加大—再适应的过程。

(4)安排运动负荷要注意大、中、小相结合,并有适当的休息,做到有节奏地交替进行。一般的,一次大运动负荷的训练后必须安排中、小负荷或休息。

(5)处理好负荷量和负荷强度的关系。负荷强度比负荷量对机体产生的影响要大,但负荷强度必须在量积累的基础上才能加大,而且强度加大了以后,量就不应再保持很高的水平。如果量和强度一直同时增加,很容易产生过度训练。

(6)使运动员了解有关运动负荷方面的知识,以利于其进行自我调整和控制运动负荷并积极地与教练配合。

二、网球训练的方法

(一)网球基本素质训练的方法

1. 重复训练法

定义:重复训练法指在既不改变动作结构也不改变运动负荷的情况下,按照既定的要求反复练习,每次或每组练习之间的间歇时间能使练习者的机体基本恢复的一种练习方法。

重复训练法是将某网球运动的一项技术或战术的训练相对集中、多次重复地练习,以使运动员形成一种条件反射,牢固掌握技战术。如网球运动的发球技术训练、高压球技术训练等。

在选择重复训练法进行训练时,应注重对练习者的意志品质的培养,要求练习者必须严格按照动作的规格和要领进行训练,并结合训练情况在技战术的细节上不断提出新的要求;注意选择行之有效的、适合练习者实际情况的训练方法;训练过程中,注意重复的次数,安排较少达不到预期的训练效果,安排过多则会令运动员感到枯燥,同样达不到预期的训练效果。

2. 变换训练法

定义:变换训练法指针对同样的一个训练内容或训练任务,在一次训练课中或在若干训练课中采用不同的训练方法。

变换训练法主要是用不同的训练方法解决同样的网球运动中的同一问题，使练习者在训练中不感到枯燥，提高练习者训练的积极性。

变换训练法的练习形式应与网球比赛的要求相适应；在训练课上随时注意运动员的训练兴趣，引导运动员将注意力集中到所要达到的训练目的上来，即要求运动员的每个技术动作都应具备战术意识。

3. 串连训练法

定义：网球运动的各项技术都是在比赛过程中相互衔接起来进行的，因此，在网球运动的训练课中不仅要练单项技术，还应该把各个技术有机地结合起来训练，这种把两个或多个技术有机地结合起来的训练形式，称为串连训练法。

串连训练法不仅带有强烈战术意识，很多情况下串连衔接技术的过程本身就是一种配合训练。在网球训练中，运用串连法应注意训练的单向技术之间具有一定的关联性。

4. 系统训练法

定义：在网球训练中，进行某个技战术系统整体训练的方法，称为系统训练法。

网球运动基本上是由发球技术、接发球技术、底线球技术和网前球技术四个技术系统组成的，每个选手，尤其是全面型选手，应该熟练掌握各种技战术。而系统训练法可以很好地解决运动员全面掌握各项技战术的问题，它条理清楚、目的明确，在训练时可以根据选手的具体情况进行选择性的训练，但需要注意的是，系统训练法必须包括整个技战术系统中的各个环节和各种技术，并应在训练过程中将其有机结合起来。

5. 多球训练法

定义：利用较多的球来提高训练密度、训练强度、训练难度和训练节奏，从而进行技术、战术、体能等的训练方法称为多球训练法。

网球多球训练法是从实践中总结出来的一种有效的训练方法，可以结合运动员的具体情况，通过连续送出不同方向、不同力量、不同落点、不同角度、不同旋转的球进行训练。

6. 极限训练法

定义：为了提高运动员的专项耐力素质，培养运动员克服困难的顽强意志和拼搏精神而采用的一种高密度、大强度、长时间、高标准的、必须竭尽全力才能完成训练任务的方法，称为极限训练法。

在网球训练中，选择极限训练法进行训练，要正确掌握负荷量，负荷过小，达不到有效提高专项耐力的目的和培养作风的作用；负荷过大，就有可能损害身体健康，且不利于形成正确的技术定型和技术运用。

7. 恢复训练法

定义：运动员在阶段性的紧张训练或激烈的大型比赛或伤病之后，需要有一段时间的调整恢复训练，针对运动员的这种基本素质恢复性的技战术训练中所采取的相应的训练方法，称为恢复性训练法。

恢复性训练法的主要目的是调整运动量，使运动员能在前一阶段大运动负荷训练的基础上实现超量恢复，以使其有实力迎接即将到来的或下一阶段的比赛和训练。激烈的大型比赛后，运动员会消耗大量的体力和精神，因此应在恢复训练加入积极休息的内容，使运动员在体力和心理上都能迅速恢复到正常水平。

8. 竞赛训练法

定义：在网球训练中，凡是要分出胜负的对抗训练都称为竞赛训练法。

竞赛训练法有助于提高运动员的训练兴趣和积极性，使运动员的技术水平、战术水平、心理状态等更接近实战要求，有利于运动员在正式的网球比赛中，正常地发挥技战术水平，克服临赛紧张的情绪。

9. 对抗训练法

定义：有对立面的训练称为对抗训练法。

除了竞赛训练法以外，对抗训练法是最结合实战的训练方法。在安排运动员进行对抗训练时，尽量选择实力均衡的选手做对抗双方，同时，在训练中，应强调训练重点和训练目的。对抗训练适合高水平的运动员。

10. 综合训练法

定义：将两个或两个以上的网球技战术系统结合起来进行训练的方法，称为综合训练法。

综合训练法介乎于系统训练法和比赛训练法之间，它有助于提高运动员的技术和战术串连能力、有助于提高技术和战术的配合能力。

11. 电脑训练法

定义：在网球训练中，凡是运用电脑收集、处理信息，控制和指导训练，或运用电脑控制的器械进行训练的方法，称为电脑训练法。

电脑训练法的最大优点是能够获取可靠的训练效果信息，针对性较强。

(二)网球心理素质训练的方法

1. 暗示训练法

(1)暗示训练法的含义

暗示训练法是利用言语等刺激对人的心理施加一定的影响，进而控制其行为的过程，又称自我暗示训练法。

研究表明，具有良好自我暗示，往往就会取得理想的结果。自我暗示能提高运动员技术动作的稳定性和成功率。如网球运动员在接发球时信心十足，那么其握拍、挥拍的技术动作就会流畅连贯。

语言暗示是常用的一种暗示方法。通过语言，人能在各种情况下接受暗示和自我暗示，通过代表外部或内部环境的一切事物和现象的言语都可以调节认知、情感和意志过程。巴甫洛夫认为“暗示训练就是通过语词，即第二信号系统的作用来调节中枢神经系统兴奋水平，从而调节人体内部过程。”①如调节人的情绪、信心、心境、意志等，改变内脏活动，提高或降低体温，加速或减缓新陈代谢过程等。

(2)暗示训练法的运用

运用暗示训练法应遵循以下五个步骤。

①使运动员认识语言对情感和行为的决定作用。在网球心理素质训练中，教师通过一定的语言诱导，使学生对网球学习产生极大的兴趣。

②使运动员确定经常出现的消极想法，并加深认识。网球比赛过程中，突发状况或者不利于已方的局面时有出现，此时运动员出现消极想法是正常现象。应针对这种消极想法采取积极的措施加以消除，充分运用自我暗示，增强自信心，力争打好每一分球。教练员在网球教学训练时，要主动帮助运动员找出消极想法并予以消除。

③确定取代运动员消极想法的积极提示语。让运动员将各个步骤的内容写在卡片上，每张卡片涉及一个问题。卡片正面为常出现的消极想法，背面上方为对消极想法的认识，下方为对抗消极想法的积极提示语。

④重复提示语，视具体情况规定重复的时间。

⑤定时检查，举一反三，在生活中养成克服困难的积极态度和良好习惯。

---

① 黄希庭．运动心理学[M]．上海：华东师范大学出版社，2004.

2. 模拟训练法

(1)模拟训练的含义

模拟训练是针对网球比赛中可能出现的情况或问题模拟实战的练习过程,目的是使运动员适应各种比赛条件,保证运动员技战术水平的正常发挥。模拟训练的核心思想是适应,模拟训练的主要作用是提高运动员对比赛应激情境的适应能力,使运动员在头脑中建立合理的动力定型结构。模拟训练可分为以下两类。

①实景模拟:实景模拟是设置特定的比赛情境和条件对运动员进行训练的方法。包括模拟比赛的天气,比赛使用的场地,对手可能采用的技术、战术,赛场上可能出现的意外情况,观众行为等。

②语言、图像模拟:语言、图像模拟是指利用语言或图像描述比赛情境。如描述裁判的误判、对手的行为、自己的行动等,并通过电影、录像及播放录音来显示对手特征、比赛气氛,以便使运动员适应比赛情景。

(2)模拟训练的运用

运用模拟训练方法时,应注意将运动员的特点同比赛的具体实际情况相结合,常用的模拟训练法有以下三类。

①比赛对手的模拟:不同的对手技战术特点和比赛风格不同,在训练时,可以让队友模拟对手的各种活动,以便于运动员更深入地了解对手的技战术特点和比赛风格,为正式比赛做好准备。

②错判与误判的模拟:通过对错判与误判的模拟训练,可以帮助运动员将注意力集中在技战术水平的充分发挥上,避免裁判的错判、误判等不良现象的干扰。

③观众行为的模拟:网球比赛中,一些观众会发出震耳欲聋的加油声或做出激烈的表情动作,这些都给运动员造成极大的压力和干扰,使运动员感到激动和紧张,从而影响运动水平的正常发挥。通过在模拟训练中组织一些观众,有意识地给运动员制造一定的观众干扰,有助于减少运动员在实际比赛中的应激反应,使运动员从容面对比赛。

3. 表象训练法

(1)表象训练的含义

表象训练是指在暗示语的指导下,在头脑中反复想象动作或情景从而提高运动技战术能力的过程,表象训练是网球心理素质训练的核心环节。可以帮助运动员建立和巩固正确动作,加深运动员的动作记忆和动作的熟练程度,同时,可以动员运动员成功动作表象的体验,使其坚定必胜的信念,达到最佳竞技状态等。

表象训练的主要依据是念动现象及心理神经肌肉的相关理论:念动是指当产生一种动作表象时会引起神经冲动,大脑的神经中枢就会兴奋,这种兴奋会引起相应的肌肉进行难以察觉的动作;心理神经肌肉理论认为,人脑运动中枢和骨骼肌之间存在着双向的神经联系,人们可以主动想象做某一运动动作,从而引起相关的运动中枢神经兴奋,这种兴奋经传出神经传至有关肌肉,会引起难以察觉的运动动作。

(2)表象训练法的运用

①建立动觉表象。建立动觉表象要遵循以下三个步骤和规律,即教练员在教授新的技术动作时,要准确示范,使运动员感知完整的动作形象;鼓励运动员想象示范动作,在大脑中建立清晰的视觉表象;通过实际动作练习,使运动员形成和完善运动动作的肌肉运动表象。

②运用语言提示。语言在运动表象形成和完善的过程中起着集中和强化的作用。在网球教学训练过程中,教练员要选择简练的语言说明技术动作的特点和要点,同时要求运动员记住这些语言,并借助这种语言提示和巩固动作表象。

第四节　网球运动训练计划的制定

一、网球训练计划的基本内容

网球训练计划类型多样且在训练计划内容上各有特殊要求和侧重点,但是对于不同训练过程的设计,却有着基本的共同点,主要包括以下基本内容(图 4-2)。

从总体上来讲,网球训练计划内容共包括四部分,即准备性部分、指导性部分、实施性部分、控制性部分。现具体阐述如下。

(一)准备性部分

网球训练计划的准备性部分包括对运动员起始状态的诊断和建立训练目标。对运动员起始状态的诊断和建立训练目标这两项工作是运动训练过程中与训练计划的制定并列的两个独立的重要环节。

首先,运动员起始状态的诊断是指运动员的专项成绩,机体机能、素质、心理、智力和思想等竞技能力指标在上一训练过程中的最高水平,以及训练计划完成情况和制定新的训练计划时的现实状态。运动员起始状态的诊断是确定新的训练目标的基础。

其次，建立新的训练目标包括多年远景目标、全年最高目标及阶段目标，参加各主要比赛的专项成绩指标，以及各个阶段的测验、考核和训练水平评定的分散目标等。建立新的训练目标是对运动员起始状态进行诊断的目的。

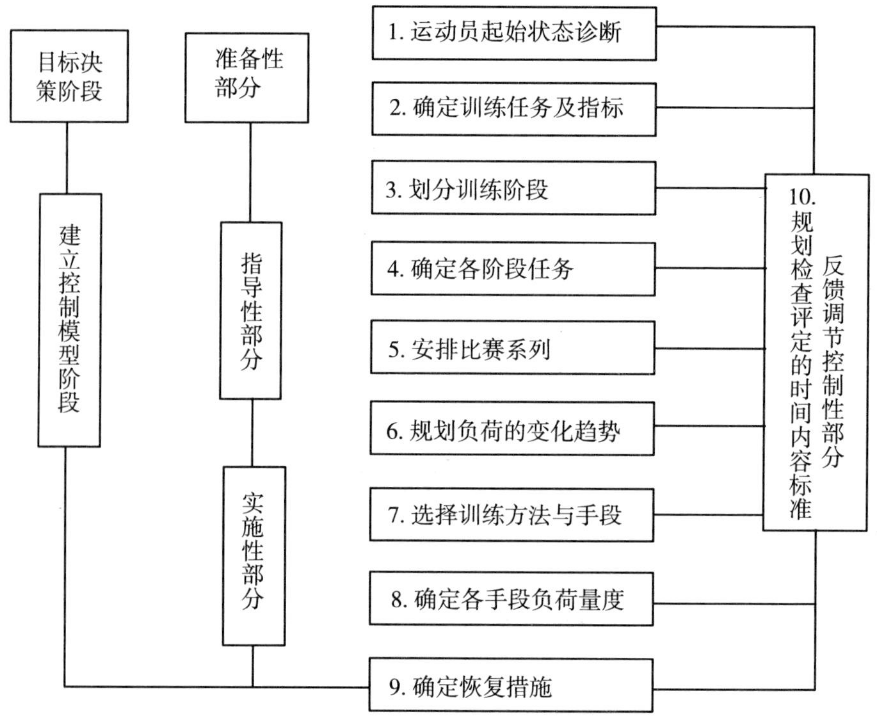

图 4-2

(二)指导性部分

在网球训练计划中，指导性部分属于全局性的整体决策。

首先，网球训练计划的指导性部分是阶段的划分及各阶段任务的确定，应根据训练总目标和世界或国内重大比赛的安排来勾画训练过程的基本轮廓。

其次，应根据不同阶段的训练任务和比赛安排的特点规划运动训练负荷动态变化的基本趋势，从而完成整个网球训练活动的整个布署。这里应指出的是，时间跨度越大的训练过程，训练计划的指导性部分的意义就越大。

(三)实施性部分

网球训练计划的实施性部分包括训练过程中训练内容的安排与相应的训练方法和手段的选择,以及各训练手段的负荷要求与量度(负荷量、负荷强度和总负荷节奏等)。特别要注意的是,在制定运动训练负荷时应考虑到运动员在负荷后应该如何恢复的问题、应该采取和选择何种恢复措施。

(四)控制性部分

网球训练计划的控制性部分是指教练员对运动员在训练中的一系列问题的反馈进行调整,从而合理控制训练内容及训练进度。

在网球运动训练水平大大提高的今天,现代网球训练日益重视运动训练的控制问题,在制定训练计划时,首先要掌握反映运动训练进行情况的大量信息,这些信息主要通过有计划的检查评定和及时而又准确的诊断才能获得,从而根据所得反馈信息对运动训练进行控制。

现代网球训练计划的内容同以前传统训练相比,有以下几个重要变化。

(1)从不重视获取信息转向把信息获取作为制定计划的依据。

(2)从单纯重视训练手段的负荷安排转向重视负荷的动态节奏的设计。

(3)从只注意局部内容的安排转向对全部训练内容进行整体设计。

(4)从只注意重大比赛的安排转向加强训练全过程比赛的系列安排。

二、网球训练计划制定的依据和要求

(一)制定训练计划的依据

制定网球训练计划是一项科学性很强的工作,既要考虑到实现目标的需要,又要考虑到符合运动训练的发展规律,还要考虑各种科学原理,以及各种主客观条件的可能性。一般的,网球训练计划要依据以下几个方面来制定。

1. 网球运动训练的客观规律

(1)生物和自然界的节律性变化规律

现代网球训练是一个由多种因素的影响而动态变化的过程,任何一种因素的变化都会影响训练的效果,其中也与生物节奏、自然节奏等有关。因此,教练员在制定网球运动训练计划时应根据自然界的节奏和运动员机体的生物节奏的变化规律,合理地安排训练和与比赛节奏更好地协调起来,以取得最好的训练效果。

(2)训练生物适应性的产生与变化规律

训练适应指反映运动员机体在外界环境(自然环境与训练、比赛环境,其中主要是训练负荷)刺激的作用下所产生的生物学方面的“动态平衡”(主要是指能量的补充与消耗的动态平衡),并按照刺激—反应—适应—再刺激—再反应—再适应的规律变化。

网球运动训练过程就是一个不断给予运动员机体适度刺激的过程,并通过反复的刺激来提高运动员机体的各种生物适应性,从而达到提高运动员竞技能力和运动成绩的目的。注意在安排训练计划时机体在负荷下的适应性和劣变性规律。

(3)竞技状态的形成与周期性发展规律

网球运动员竞技状态发展形成的过程都包含着获得、相对稳定(保持)和暂时消退三个阶段,运动员不可能始终保持竞技状态,这是由于暂时消退会为下一次更高水平的竞技状态的形成准备条件,积蓄力量,一个个周期地推动着竞技水平的提高和发展。

因此,教练员必须根据运动员竞技状态发展形成及其周期性发展规律,确定训练周期结构和划分训练阶段,并据此安排训练负荷。

(4)竞技能力和训练内容与手段的迁移规律

运动员的竞技能力和训练内容、训练手段之间存在着相互的迁移或转移规律,因此,训练计划的制定应依据各种竞技能力和训练内容、手段之间的良好和不良迁移关系、合理地安排发展竞技能力的各训练内容与手段的教学训练程序,使训练过程更加合理和科学。

(5)人体承受负荷的有限性和无限性规律

制定网球训练计划,要合理地安排负荷节奏,科学地实施大负荷训练,积极提高运动员承受负荷的能力。

(6)重大比赛安排的规律

比赛是检验训练效果的必经之路,是组织训练活动的重要杠杆,比赛的安排应与运动员竞技状态的发展相吻合,竞技状态的高潮应是重大比赛所在的时间。在安排运动员的训练与比赛的关系时,比赛应以重大比赛为核心,同时,组成大、中、小型比赛交叉安排的比赛序列。以适应运动员的训练安排。

在制定网球训练计划时,必须先考虑各种比赛设置的实际节奏,再考虑运动员自身的实际情况,合理地确定运动员参加比赛的级别、次数的节奏。

2. 网球运动训练的目标

任何训练计划总是围绕着该训练计划所要实现的长期和近期、直接和间接、总体和局部的目标来进行设计和规划的。为了实现运动员由起始状态向目标状态的转移这一运动训练的根本任务，必须选择和设计最适宜的道路，即运动训练计划。因此，网球训练计划的制定必须考虑到实现训练目标的需要。

3. 网球运动员的自身条件

网球训练目标的确定，不仅要考虑国家竞技体育发展的需要，还要考虑运动员的自身条件，如运动员竞技能力的各个方面所表现出来的特点和现实状态。网球运动员的自身条件是运动员训练过程的出发点，也是其状态转移的基础。为实现运动员状态转移而制定的训练计划，必须符合运动员的现实状态和特点，必须是运动员可接受的，又是足以促进运动员的运动竞技能力产生明显变化。

4. 比赛和训练的客观条件

制定训练计划应根据平时在运动训练中所能提供的场地器材、设备和训练地点、气温以及经费和人力等条件，和比赛中所碰到的时差、比赛场地、观众、裁判、饮食、规则和竞赛规程等比赛条件，并进行有针对性的适应性训练和赛前的模拟训练。

5. 现代网球训练的发展趋势

在网球训练和比赛的其余时间，教练员应经常了解并跟上现代训练在科学化方向上的发展趋势，在制定计划时要不断地加以改革和创新，切忌一成不变和墨守成规。

(二)制定训练计划的要求

1. 以正确的思想作指导

在进行网球训练计划的设计时，应强调针对性原则，针对运动员的具体情况，如运动员技术、战术、体能、心理、年度状况，以及打法的发展等，并结合专项特点和规律，以及训练的总体目标，确立制定训练计划的总的指导思想。

2. 训练计划要富有特色

计划不是一成不变的,它会随着运动员训练水平的提高,竞技能力的构成因素以及竞争对手的改变而发生变化。因此,教练员在制定计划的指导思想以及具体内容安排上,要不断地创新,要有特色。

不同训练计划具有不同的特色,因而在计划的制定上也有不同的要求,其基本原则是:计划的概括性和细微性取决于计划时间跨度的长短,计划的时间跨度越长,制定得越概括,如多年和全年训练计划只需概括地写;时间跨度越短,制定得就越细致,如阶段、周、日、课训练计划应详细、具体地写。由于短期计划不够稳定,因而不能预先制定,只能根据实际变化的情况临时制定。

3. 要注意稳定性同可变性相结合

网球训练计划的稳定性和可变性是训练计划的另一个重要特性。训练计划是训练中所必须对照执行的一个总的训练模式,由于它是在综合各方面的因素并进行反复的科学预测推敲和协调的基础上制定的,因此,从总体上来看,网球训练计划应该基本上符合未来即将进行的训练过程及训练对象的客观实际,必须尽可能地执行,并保持计划的相对稳定性,不要随意改动,以免影响训练的总体执行效果。

值得提出的是,由于网球训练计划的制定是一个未来进行训练过程的理论设计,加之由于人的竞技能力、外部因素等的各种条件,以及影响训练过程的其他各种因素大都是一些可变因素,因而总会发生变化。面对已经发生变化的实际情况,如果仍坚持原计划不变,那么训练的科学性就难以保证,因此,对原计划进行必要的修改和调整是完全必要的,这样做的本身就是保证计划的科学性。

在执行训练计划时,应随时重视反馈信息,对出现的问题通过对比分析,找出原因,然后对原训练计划与方案进行必要的修改和调整,使之适应已经变化了的客观实际。

4. 训练计划应简明、直观和实用

网球训练计划的制定要遵从简明性、直观性和实用性的原则。

首先,简明要求即训练计划使人一目了然,不宜有过多的分析,文字要简练,对一些具体安排一般不做过多的说明和解释。

其次,直观要求即训练计划应以图表为主,辅以必要的简单的文字说明。表格用于表示训练计划中的训练目标、任务、内容、手段、负荷、比赛等的一些安排和指标，而图示多用于反映负荷的动态变化及各种内容的说明等。

最后，实用要求即训练计划中的各种内容要尽可能做到明确、具体和定量化，以便检查、分析和评定。因此，应力求通过一些定量化的指标和统计指标（如各种反映竞技能力现实状态的指标、各种技战术的参数指标、各种生理、生化、心理机能指标等）为今后用数学方法对训练效果进行科学化的定量分析和评定创造条件。

5. 注意各类计划和计划各内容之间的联系

网球训练计划是一个训练控制的总体模式，因此保证训练计划的整体性非常重要，需要做到以下两个方面。

（1）协调好各计划之间的关系

不论是何种类型的训练过程，都是在连续发生和不断进行的，运动员在每一特定时刻的状态既是其前一时刻状态的延续，又是后一时刻状态的先行，然而每一个连续的运动训练过程又都可以分为若干阶段，每个阶段的训练任务、内容、方法、手段、负荷都有自己的特点，这些特点使它们明显地区别于其他阶段的训练而得以独立存在。这就是网球训练计划的连续性和阶段性。

从多年计划到课计划，是一个系统连贯的多层次系统安排，反映了网球训练过程的连续性和系统性。在实践中，低层次计划往往是高层次计划的具体化，是依据高层次计划确立的模式制定的。如不注意各训练计划之间的内在联系，使各层次计划的相应内容指标对应起来，计划的整体效益就无法得到保证。因此，各训练计划中的负荷、内容、方法、手段、比赛安排，以及各种指标的确定等应相互连贯和对应起来。

（2）协调好计划各内容之间的关系

制定网球训练计划时，应注意训练计划中训练目标、任务、内容、方法、手段、比赛、负荷、恢复措施以及管理等各方面的安排都要相互协调，以便保证训练计划的落实。

6. 注意统一计划的主观愿望与实际可能

制定运动训练计划时要考虑训练计划中所提出的各种指标和要求，是否与运动员的情况和各种训练条件的可能性相统一，即不能提出过高或过于保守的要求，要根据“弹性控制”的原理，对训练目标和要求留有必要的余地。

7. 训练计划的制定要以教练员为主

制定网球训练计划要以教练员为主，由教练员提出训练计划的总体设想。为了保证训练计划的科学性和实用性，对计划提出修改意见和进行咨询。

在网球训练实践中，运动员是训练过程的主体，他们参与计划的制定能使计划所提出的各种目标和措施更符合实际，更具有可行性，更有利于计划的实施和目标的实现。另外，科研人员参与训练计划的制定是训练科学性的必要保证，也是现代网球训练计划制定的发展方向。

三、不同类型网球训练计划的制定

（一）多年训练计划的制定

现代网球竞技运动水平的高度发展，对运动员提出越来越高的要求，一名高水平的网球选手必须具备较高的体能、技能和心理能力，而这些能力的提高和发展需要经过多年的有计划的训练才能实现。多年训练计划是保证运动员长期系统训练的必要条件。

1. 多年训练计划的任务和要求

根据运动员竞技能力的发展规律和现代网球训练的基本特点，多年训练的全过程可分为启蒙阶段、基础训练、专项训练、专项提高、保持高水平五个阶段。各个阶段有着不同的训练任务和要求（表 4-3）。

表 4-3　多年训练的过程及其特点

阶段划分	阶段训练任务	特点
启蒙教学阶段	引导入门	短网教学、熟悉球性逐渐向网球运动过渡
基础训练阶段	打好基础	综合性基础训练，多方面提高运动技能
专项训练阶段	培养专项能力	网球专项训练，提高专项能力
专项提高阶段	提高专项能力	全面提高竞技能力
保持高水平阶段	竞技保持和提高专项竞技能力	保持创造优异成绩

2. 多年训练计划的内容

高校网球运动员在训练的过程中，随着身体的不断发育，各种技能也得到相应的提高与发展。网球多年训练计划的基本内容包括以下几方面。

(1)计划总目标，以及为实现这一目标所做的一些具体设想。

(2)训练基本任务与要求。

(3)阶段划分，年限及相应的训练任务、内容、指标等。

(4)各年度、阶段运动复合的总体安排。

(5)多年中参加主要比赛的安排与专项成绩的发展规划。

(6)训练恢复措施与安排。

(7)计划的执行、检查，考核的措施与安排。

(二)年度大周期训练计划的制定

网球运动是一个几乎无赛季之分的运动项目。对网球运动员而言，特别是高水平网球运动员，在一年中往往有相当长的时间奔波于国内、国际连续的大赛之间。运动员疲惫的状态很容易导致伤病的发生。这要求教练员在考虑和安排全年年度训练计划时必须要遵循运动员的生理、心理发育规律，必须依照全年各种比赛的安排，将一年的训练划分为若干阶段，以此适应网球运动选手比赛、训练和恢复调整。

1. 网球全年计划的制定

网球全年训练计划分为四个阶段。这些训练阶段又称之为大周期或训练期。训练阶段有准备阶段(可分为一般性准备阶段和专项准备阶段)、比赛阶段、赛前阶段、过渡阶段(可分为彻底休息阶段和积极休整阶段)或积极休整阶段。在不同训练阶段中都赋予不同的目的和任务，不同的教学训练内容、不同的训练要求。

2. 网球年度计划的制定

年度训练计划可划分为两个部分：一是由四个训练期组成的一个周期(单周期分阶段法)；一是由四个训练期组成的两个周期(双周期分阶段法)。其中，双周期分阶段法中的准备阶段、赛前阶段和过渡阶段比在单周期分阶段的时间要短。

年度训练计划和年度训练周期的不同划分法，如表 4-4 所示。

表 4-4 年度训练计划与周期的划分

计划阶段	划分为	计划分段
多年周期	→	一年的周期(2～8 年)
一年周期		训练期或大周期(准备阶段、比赛阶段、过渡阶段)
训练期或大周期		中周期(3～5 周至 1 个月)
中周期		小周期(1 周)
小周期		日周期(每周 7 个循环)
日周期		训练课(每天 1～5 节)
训练课		一节课的组成部分(准备活动、主要部分、整理活动)
一节课		分钟(练习几组等)

(三)月周期训练计划的制定

月周期持续 2～6 周。根据分阶段训练法,月周期有不同种类的训练计划,具体如下。

开始期:准备阶段的初期。训练时间 2 周。采用小负荷(大运动量,小强度)。

准备期:准备阶段的持续时间,训练时间 2 周以上。采用大运动量,大强度。身体训练和技术训练。

赛前期:准备阶段和比赛阶段的技战术加工。训练时间 2 周以上。采用小运动量,大强度。网球专项训练和练习比赛。

比赛期:比赛阶段。训练时间连续不超过 3 周。为每天进行比赛作好技术、战术、身体和心理上的准备。

恢复期:专项准备、比赛和过渡阶段中的恢复。训练数日至数周,采用小负荷。参加其他运动项目的活动。

(四)周周期训练计划的制定

周周期训练计划主要是提供有关强度、数量和训练课顺序的详尽的信息,训练持续时间最多不超过 7 天,周周期训练是分阶段训练法的基础。这种小周期有助于在单独的训练课中将精力集中于一个特定的目标,尽管训练课的频率快,它能消除训练的单调。根据分阶段训练法,周周期的不同种类的训练计划具体如下。

准备期:一般性的准备小周期,网球训练 20%,身体训练 80%。

专项准备小周期：网球训练35%，身体训练50%，综合性训练15%。

赛前期：赛前阶段中，网球训练50%，身体训练30%，练习比赛和正式比赛20%。

减量期：包括逐步减小赛前准备阶段中的训练量。训练时采用接近实战的练习项目，同时缩短训练课的时间和频率。

比赛期：最多为2～3个连续的小周期。训练课的强度与比赛一致，结合轻微的恢复运动。大致比例为正式比赛70%，网球训练15%，身体训练15%。

积极性的休整期：当赛事相隔少于两周时，最好安排3或4天的积极性休整作为一个积极休整的小周期。然后，运动员必须跳过准备阶段而直接进入赛前阶段。大致比例为练习比赛15%，网球训练40%，身体训练和参加其他体育活动45%。

小强度的训练课或数天未进行大强度的训练后，应安排大强度的必练的训练项目（即速度、无氧耐力、敏捷性等）。运动员的力量训练应安排在准备阶段的每周的始末，在比赛阶段，为帮助运动员树立自信心，应安排在正式比赛前的最后几天。

（五）训练课计划的制定

教练员必须确定每节课的负荷量以提高网球运动员的适应力。安排不同的训练课的顺序非常重要，训练课的安排顺序不同，训练效果就可能不同。

在一般性准备阶段，身体训练是这一阶段最重要的目标，因此，教练员可考虑在技术训练课前进行身体训练课。

在专项准备阶段，技术训练课可置于战术和身体训练课之前；在赛前阶段，战术训练课可安排在技术训练课之前；大运动量日后，不可安排速度、爆发力或最大力量训练课；技术、速度、柔软性或最大力量训练课前不可安排速度耐力、有氧耐力或力量耐力训练课。

第五章　网球运动体能素质的科学化训练

体能素质训练是网球运动训练中有效加强运动员体格、改善运动员体质、提高运动员体能素质和活动能力的系统过程。体能素质训练对网球运动员的竞技能力发展的影响是多维的，科学化的体能素质训练能充分挖掘网球运动员的身体机能潜力，提高网球运动员的实战竞技水平，是网球运动训练内容的重要组成部分。本章在详细分析网球运动专项体能要求的基础上，重点对网球运动员的基础体能训练与专项体能训练进行科学化的实践指导，并就网球运动体能训练的科学评价提出合理化标准和建议，有助于促进网球运动员体能素质的科学化发展。

第一节　网球运动的体能要求

一、网球运动力量素质要求

力量素质是肌肉在紧张和收缩时所表现的一种能力。在网球运动中，力量素质是掌握运动技能、技巧以及提高运动成绩的最重要的基础。根据网球运动的专项特点，网球运动最主要的力量素质就是速度力量和力量耐力。

在网球运动中，爆发力是网球运动员最重要的一项专项素质，爆发力是网球运动许多技术动作完成的基础。例如，各种移动需要腿部爆发力，发球需要上肢和腰背的爆发力。影响爆发力发展的因素是肌肉的力量和收缩速度，增强力量和提高收缩速度都能增加爆发力。力量同时也是肌肉耐力的一个重要因素。力量还有助于灵敏素质的发展，因为适宜的力量可更好地控制和操纵自己的身体。

综上所述，网球球员的力量素质应着重发展上肢、下肢和腰腹力量。

二、网球运动速度素质要求

速度素质是很多运动项目对年轻运动员选材的重要指标之一，主要包括快速完成动作的能力、快速经过规定某种距离的能力、对刺激或应激快速判断的能力三个方面，这三方面的可概括为动作速度、位移速度和反应速度。动作速度与力量、灵敏及耐力等素质有着密切的联系，尤其是爆发力，它是影响动作速度发展的主要因素。

网球场上的运动大多数是短距离的移动，而且是从动中改变方向的移动，所以要着重注意网球运动中的反应速度和动作速度。但是要想拥有快速的反应能力，提高自己的移动速度，就必须经历一个训练过程。在速度训练中，应该选在精神饱满、体力充沛、运动欲望强烈的情况下进行，以利于建立快速的条件反射。

三、网球运动耐力素质要求

一般来说，在其他条件基本一致的情况下，耐力素质强的运动者能够更好地克服由于身体活动和肌肉活动而引起的体力上的疲劳的能力，运动者的耐力水平越高，其克服疲劳的能力越好。

在网球比赛中，球员需要长时间进行位置的移动和连续的挥拍抽杀、相持迂回等，这就需要其拥有较好的速度耐力，它主要受到掌握动作熟练程度的影响。心肺功能是耐力的基础，人体的呼吸和循环系统的机能是影响耐力的主要因素，耐力训练就是提高训练者的有氧代谢和无氧代谢的能力。

网球运动对运动员的心理考验是很严峻的，而耐力素质发展与心理具有密切的关系。因此，网球运动员的耐力素质训练应与心理素质训练结合进行，重视对网球运动员的意志品质培养，培养运动员吃苦耐劳、坚忍不拔的意志品质。

四、网球运动柔韧素质要求

柔韧素质是指人体关节活动幅度大小以及跨过关节的韧带、肌腱、肌肉、皮肤及其他组织的弹性和伸展能力。运动者如果缺乏柔韧性，不仅会影响到其专项技术的掌握，在运动过程中，还会更容易出现运动损伤。对于运动者来说，其身高较常人来说较高，如果运动者缺乏必要的柔韧性，将更加容易出现运动损伤。

运动实践表明，网球球员柔韧性的好坏，对技术动作的协调性和伸展幅度有着直接的影响，对进攻与防守的质量和防止伤害事故的发生有着很好的促进作用。网球运动是由上下肢、躯干参与的全身性的协调活动。协调和柔韧贯穿于每一个技术动作。

因此，网球柔韧素质的训练应着重发展肩、腰、髋三个关节部分及周围肌肉韧带的活动能力。

五、网球运动灵敏素质要求

灵敏素质是在各种环境条件下迅速、准确和协调完成动作的能力。灵敏素质是一种典型的复合型素质，全面发展运动者各方面的运动素质，是提高其灵敏素质水平的保证。

灵敏素质是一种综合性的运动素质，其受到运动技能、运动感觉和各种身体素质的综合影响。在现代网球运动中，灵敏素质在实质上是运动员经过视觉感受在大脑皮层神经过程的转换，使已经形成的各种网球技术动作动力定型适应突然变化的运动情况。

在网球运动中，运动员所掌握的运动技能越多，其灵敏性就表现得越明显。灵敏性只有在运动技能熟练之后才能表现出来，这是在通过大量训练的基础上大脑皮质的灵活性和可塑性提高的结果。力量、速度和柔韧是灵敏素质发展的基础。网球球员的灵敏素质可分为一般灵敏素质和专项灵敏素质。一般灵敏素质是指与专项有一定联系的基础灵敏能力，专项灵敏素质是指专项所专门需要的一些特殊灵敏能力。

特别需要提出的是，在网球球员的灵敏素质训练中，应对作为上下肢纽带的腰腹部的专门训练特别注意。

第二节　网球运动的基础体能训练

一、网球运动基础力量素质训练

(1)屈腕：双手持轻杠铃坐在凳子上，膝部支撑肘部。连续进行手腕屈伸动作。重复练习以发展前臂前部和屈腕肌群力量(图 5-1)。

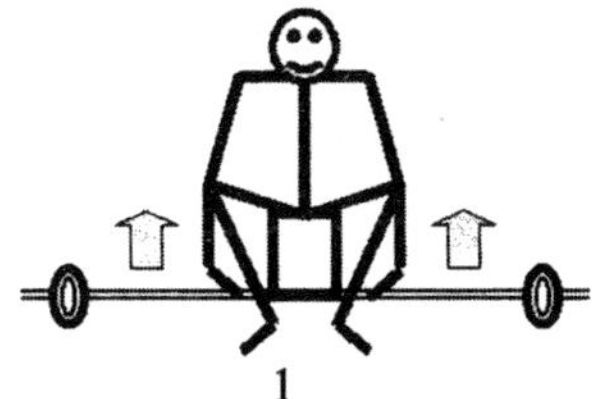

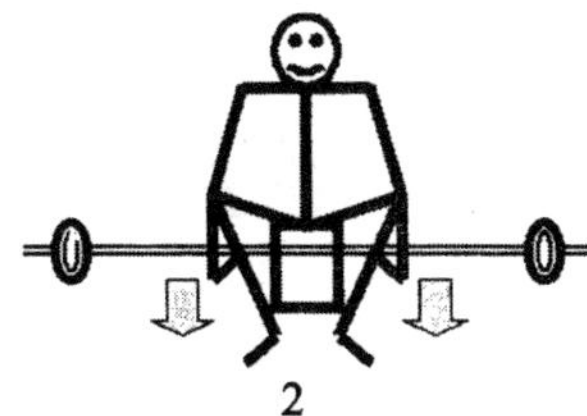

图 5-1

(2)坐姿摆臂前移身体:坐在地板或垫子上,双腿并拢。双手持重物或徒手快速摆臂,带动身体前移。

(3)原地拉胶带:将 2~3 米长胶带一端固定于地面位置,面对胶带,两脚前后开立(右前左后)约一肩半宽,右手握住另一端。降低重心,体重压在弯曲的右腿上。左肩和右膝大约在同一垂直线上。右腿和右髋发力带动躯干和右臂向投掷方向转动,以胸带臂拉引胶带模仿推球动作(图 5-2)。

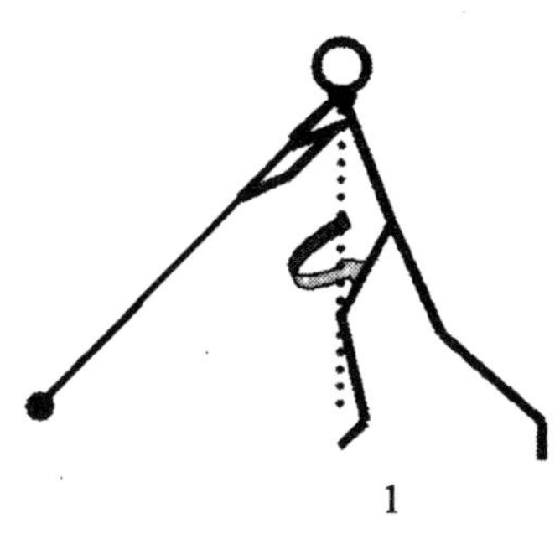

图 5-2

(4)横跳体操凳或做原地的团身跳。

(5)颈后伸臂:选用一重量适当的轻杠铃,身体直立,双手约以肩宽间距反握轻杠铃于头后部。用力伸双臂向上提升杠铃,然后屈臂放下杆铃于原处(图 5-3)。重复练习,以发展上臂后部肌肉力量。

(6)肩负杠铃伸膝做体前屈运动;肩负杠铃,前脚掌垫高 4 厘米左右,向上快速蹬起练习;肩负杠铃,做快速的半蹲起。

(7)站立头后拉杠铃:背靠在横向长凳或山羊上,双手持握轻杠铃于头上方,双脚前后开立于地面。向头后沿半圆路线下降杠铃,同时向上提髋。也可以仰卧在长凳或山羊上练习。身体下振,借助反弹以胸带臂快速上拉,按照上述方法进行反复练习(图 5-4)。

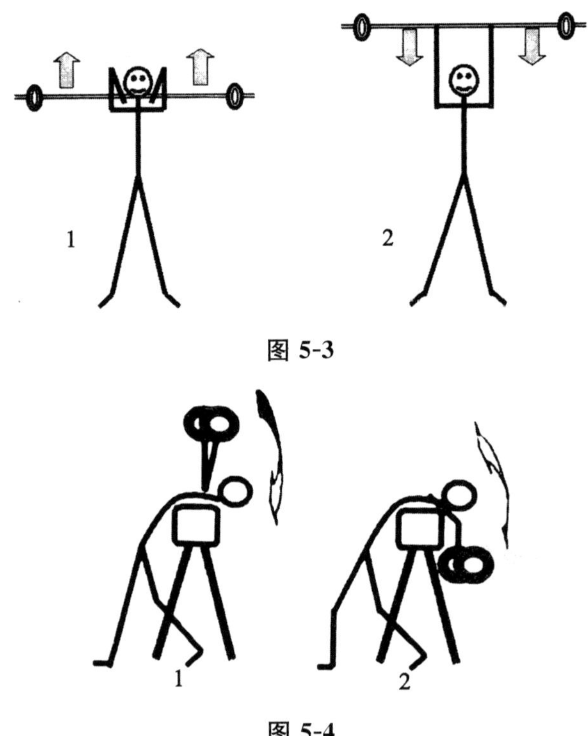

图 5-3

图 5-4

(8)练习者仰卧在垫子上,然后做快速折叠起;仰卧在垫子上,两脚夹球,快速做收腹举腿运动。

(9)原地转髋跳:原地跳起,在空中快速左右转动髋部。

(10)在平坦的地面上做连续蛙跳练习。

(11)直膝大步走:左腿直膝向前迈步,以足踵滚动着地至前脚掌。当身体重心前移超过支撑点的垂直部位时开始后蹬。在后蹬即将结束瞬间,右腿直膝向前迈步,两腿交替前进。

(12)踝屈伸跳:双腿直膝跳起后足尖翘起,反复练习。

(13)立足跳远:面对沙坑或垫子,双脚以肩宽左右开立,双臂上举并充分伸展身体。下蹲后双腿迅速蹬伸,向前上方跳起,前引双脚落地。

(14)跳深:采用 8～10 个高 60～80 厘米的跳箱,间距约 1 米依次横向排列。练习者从跳箱上跳下,再迅速跳上下一个跳箱。训练时要求用下肢各个关节快速完成动作,以达到缩短与地面接触时间的目的。

(15)练习者侧对肋木站立,左手握肋木,左腿支撑,右腿尽量向上摆踢;练习几次之后换左腿摆踢。

(16)原地快速高抬腿:上体保持正直,肘关节弯曲约 90°。前摆手摆到约肩部高度，后摆手摆到臀部之后。大腿摆到与地面平行的姿势。

(17)悬垂摆腿：双手抓住肋木身体悬垂，摆动腿向身体对侧的上方迅速摆动。反复进行训练。训练时可以在摆动腿的脚或小腿上负重进行训练(图 5-5)。

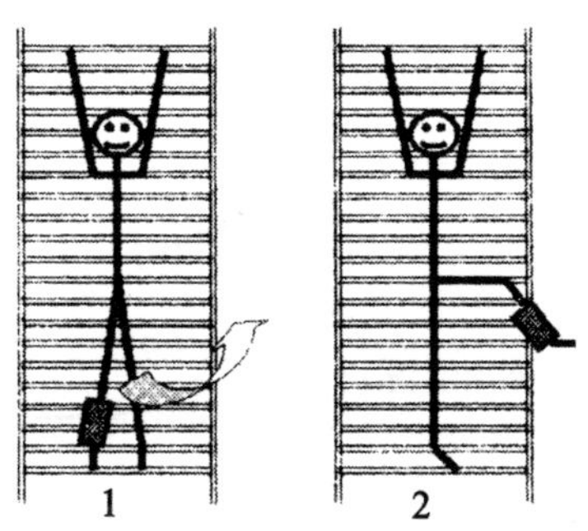

图 5-5

(18)挺身展髋：原地挺身展髋、双脚连续起跳挺身展髋。训练过程中，要求身体动作要准确、到位。并注意动作的保持时间，以 3 秒钟为宜(图 5-6)。

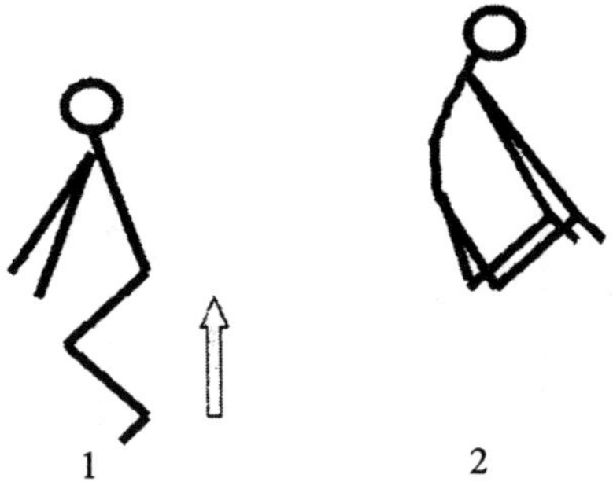

图 5-6

(19)元宝收腹(静力)：两手置脑后，平躺地上或垫子上，上体卷起时，两膝收至髋部上方。上体卷起和收膝同时进行，直到两肘碰到两膝为止，稍停 2 秒钟(或保持静止 30～50 秒)，反复练习。

二、网球运动基础速度素质训练

(1)信号反应训练：信号反应练习是对各种信号做出反应动作，这种方法适合于短跑项目及初学者。

(2)选择性信号反应训练：要求练习者按事先确定的信号做出正确的选择，或按相反口令，相反动作完成选择性的反应练习。

(3)反应起跳:练习者围圈面向圈内站立,圈内1至2人,站在圆心附近手持小树枝或小竹竿(竿长超过圈半径)。游戏开始,持竿者将竹竿绕过站圈人脚下划圆,竿经谁脚下即起跳,不让竿打上脚,被打即失败进圈换持竿者(图5-7)。

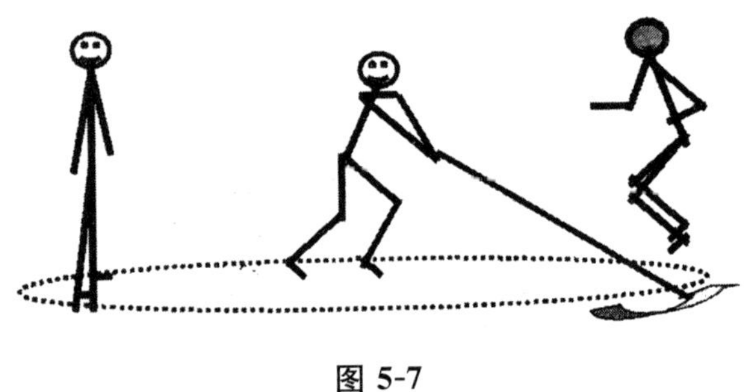

图 5-7

(4)摆臂:两腿并拢,上肢以短跑动作前后摆臂,肘关节弯曲约90°。前摆手摆到约肩部高度,后摆手摆到臀部之后(图5-8)。

(5)跑步动作平衡:提高练习者踝关节肌肉群的紧张度和稳定支撑能力。采用最高速度时的单腿支撑姿势,左脚用脚掌支撑,肘关节弯曲约90°。左手在肩部高度,右手在髋部高度,右腿高抬,右脚踝靠近臀部(图5-9)。

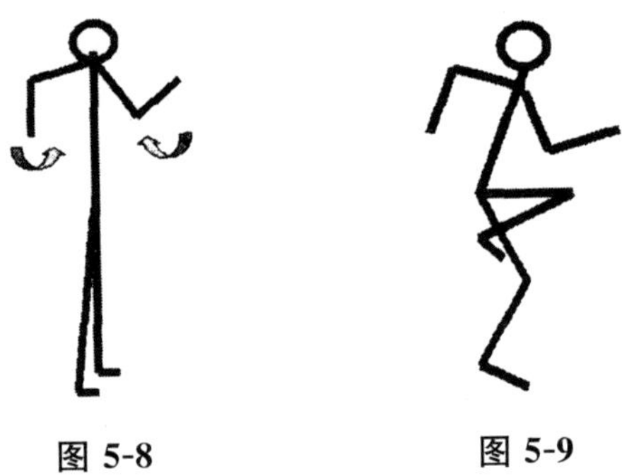

图 5-8　　图 5-9

(6)仰卧快速斜推哑铃:发展练习者胸部、肩部肌肉群的速度力量,以及身体平衡和稳定能力。把瑞士球放在地面上,练习者先坐在瑞士球上。向前迈步成仰卧姿势,头枕在球上,上背部支撑体重,双脚在地面上。连续快速上推哑铃。

(7)俯卧快速提转哑铃:发展练习者肩部、臂部肌肉群的速度力量和爆发力。将球垫在胸部,身体完全伸直。双手持哑铃,上臂外展,前臂垂直向下。提拉上臂,当上臂到达水平姿势时,前旋前臂进一步提升哑铃高度(图5-10)。

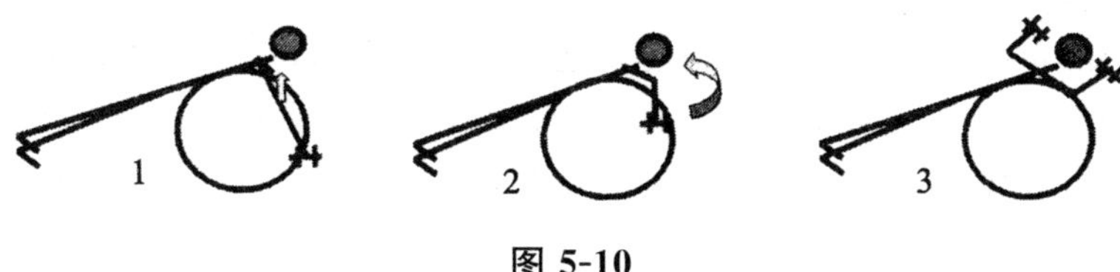

图 5-10

(8)两人拍击:两人一组,面向开立,听到开始的口令后,设法拍击对方背部,而又不被对方击中自己。在规定时间内(如 1 分钟),拍击对手多者为胜。

(9)抢球:准备"练习人数减一"个实心球,球围成一个圆圈,训练开始,学生绕球圈外慢跑,听到信号各人就近抢球,淘汰没有抢到球的练习者,继续,直到剩最后一人(图 5-11)。

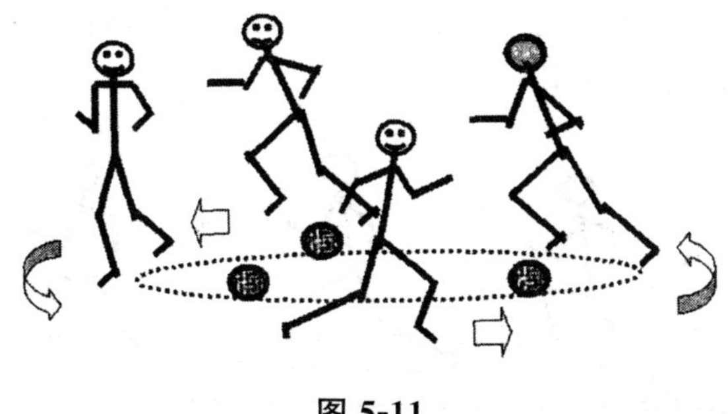

图 5-11

(10)下坡走:下坡走 60 米练习 15 组;蛇形走 60 米练习 20 组;标志高频走 100 米练习 10 组。

(11)前交叉步走:前交叉步走 80 米练习 10 组;间歇走 200 米练习 10 组;重复走 800 米练习 3 组,10 米跑练习 3 组。

(12)折叠腿大步走:以短跑的身体姿势和摆臂动作大步走。摆动腿高抬并充分屈膝,脚靠近臀部,并且翘脚尖。此方法可以提高运动员脚的动作速度。练习时,当运动者的摆动腿抬至最高位置,后蹬腿支撑脚底部肌群用力屈踝快速蹬地。

(13)踮步折叠腿大步走:与折叠腿大步走相同,但后蹬腿需加上踮步。身体腾空时摆动腿充分折叠。目的在于发展运动者快速屈髋和伸髋的能力,提高踝关节紧张度。训练过程中,运动员的脚应快速落地,但不要发出声音,强调踝关节的紧张度。

(14)踮步高抬腿伸膝走:与折叠腿大步走相同,但在高抬摆动腿后需在身体前充分伸膝,同时还要加上踮步。以提高运动员快速伸髋和大腿后部肌群的快速发力能力。

(15)单腿跳:单脚重复起跳和落地。跳起高度不要太高,起跳腿在身体腾空中前摆,大腿与地面平行。训练中,脚落地时不要前伸小腿,并采用主动扒地方式快速落地。上体保持正直(图 5-12)。

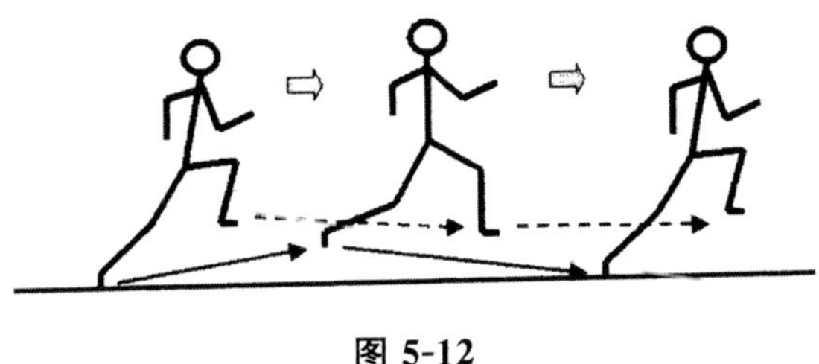

图 5-12

(16)跨步跳:双脚交替起跳和落地。跳起高度不要太高,摆动腿大腿与地面平行,步长大于正常跑进。在脚落地时注意不要前伸小腿,并采用主动扒地方式快速落地(图 5-13)。

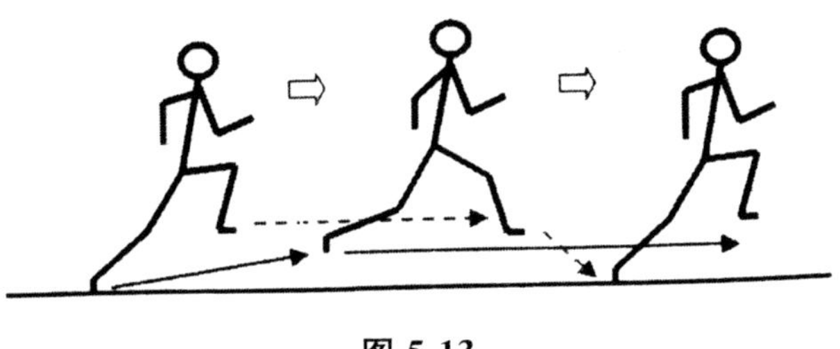

图 5-13

(17)后踢腿:从慢跑开始,使摆动腿脚跟拍击臀部,膝关节在弯曲过程中向前上摆动。此方法可以有效提高运动员脚的动作速度。训练过程中,要求运动员上体保持正直,可以根据运动员的实际能力适当加快步频。

(18)仰卧交叉摆腿:仰卧交叉摆腿送髋 20 分钟;行进间转髋交叉竞走 20 分钟;100 米练习 6 组。

(19)踢腿打树叶:队员可采用前踏和倒勾等动作快速踢打树叶。在进行该练习时,可以 3 人一组轮流进行练习,也可每人踢 5～10 次,依次进行。

(20)踢腿打吊球:把球吊到一定的高度(根据运动训练者的实际情况确定吊起的高度),队员原地或跳起踢腿打吊球,可采用的动作为倒勾或前踏。

(21)网前踢腿:进行网前踢腿练习时,可采用倒勾或前踏动作进行练习,需要注意的是,在练习过程中,练习者的身体任何部位都不能碰到球网。

(22)脚回环:单腿支撑,手扶固定物维持平衡。一只脚以短跑动作进行回环练习,以发展运动员摆动腿的快速折叠和前摆能力。要求运动员在动作过程中回环拍击臀部，以扒地动作结束。脚的回环动作路线在身体前面完成(图 5-14)。

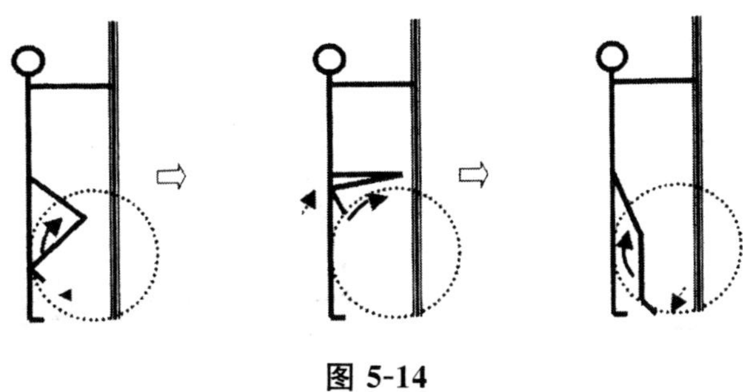

图 5-14

(23)原地快速高抬腿：以短跑动作前后摆臂进行原地快速高抬腿，肘关节弯曲大约 90°。前摆手摆到约肩部高度，后摆手摆到臀部之后。大腿摆到与地面平行(图 5-15)。

(24)高抬腿跑绳梯：双脚在同一格内落地，尽快跑过每格约 50 厘米间距的绳梯或小棍。此方法可以提高运动员的步频和快速高抬折叠腿的能力(图 5-16)。练习时，强调先进入小格的摆动腿高抬。

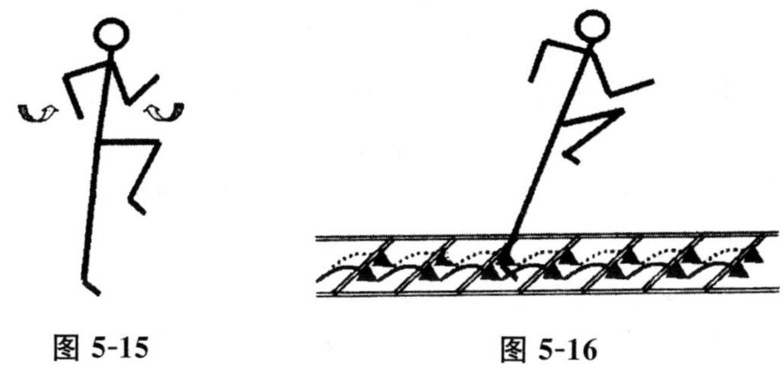

图 5-15　　　　图 5-16

(25)单腿过栏架跑：以约 1 米间距摆放 8～10 个约 30～40 厘米高的栏架。在栏架 端支撑腿直膝跑进，摆动腿从栏架上越过。此方法可以提高运动者的步频、快速屈髋能力和下肢灵活性。要求运动者的栏架外侧支撑腿伸直，摆动腿栏架上的快速高抬和折叠。

(26)双腿过栏架跑：以约 1 米间距摆放 8～10 个约 30～40 厘米高的栏架。在栏架上做高抬腿跑，在每一个栏间距内双脚落地，采用同一条攻栏摆动腿。此方法可以提高运动员的步频、快速屈髋能力和下肢灵活性。练习时，要求运动员摆动腿高抬，翘起脚尖。

(27)缓坡上坡跑：在坡道上向上跑进。发展最大速度采用的坡度在 3°

以下。发展加速能力采用的坡度可以适当增加(图 5-17)。

图 5-17

(28)越野跑:越野跑 1 小时,跑的速度可以适当变化,心率控制在 150～170 次/分钟左右。

三、网球运动基础耐力素质训练

(1)大步走或交叉步走:选择场地、公路或其他自然环境,练习大步快走或交叉步走,也可在练习过程中几种走交替进行。每组练习走 1 000 米左右,组间间歇 3～4 分钟,共练习 4～6 组,训练强度控制在 40%～50%。

(2)定时走:训练环境选择同上,要求按规定时间做自然走或者稍快些自然走。练习半个小时左右,训练强度控制在 40%～50%。

(3)水中快走或大步走:选择一个深 30～40 厘米的水池,练习快速走或大步走,每组练习走 200～300 米或 100～150 步,组间间歇 5 分钟,共练习 4～5 组。训练强度控制在 50%～55%。

(4)水中间歇高抬腿:在水质干净、水深为 40～50 厘米的水池中进行原地高抬腿练习,每组 100 次,一共练习 4～6 组,组间间歇 3 分钟。训练强度控制在 60%～65%。

(5)原地间歇高抬腿跑:原地做快速高抬腿或前支撑高抬腿跑练习。训练以发展乳酸性无氧耐力为目的时,做 1 分钟练习或 100～150 次为一组,共练习 6～8 组,组间间歇 2～4 分钟。训练强度控制在 80%;训练以发展非乳酸性无氧耐力为目的时,做 5 秒、10 秒、30 秒钟快速高抬腿练习,共练习 6～8 组,间歇 2～3 分钟。训练强度控制在 90%～95%。

(6)高抬腿跑转加速跑:行进间高抬腿跑 20 米左右转加速跑 80 米练习。共练习 5～8 组,组间间歇 2～4 分钟。训练强度控制在 80%～85%。

(7)间歇后蹬跑:练习行进间做后蹬跑,每组 30～40 次或 60～80 米,共练习 6～8 组，组间间歇 2～3 分钟。训练强度控制在 80%。

(8)间歇车轮跑：练习原地或行进间做车轮跑，每组 50～70 次，共练习 6～8 组，组间间歇 2～4 分钟。训练强度控制在 75%～80%。

(9)反复加速跑：练习加速跑 100 米或跑更长距离。跑完后放松走回再反复跑，共练习 8～12 组。训练强度控制在 70%～80%。

(10)反复超赶跑：练习者 10 人左右，在跑道上成纵队排列进行慢跑或中等速度跑，排尾在听到口令后加速跑至排头，每人重复 6～8 次。训练强度控制在 65%～75%。

(11)反复跑台阶：在每级高 20 厘米或 50 厘米的台阶上进行连续跑，每次练习跑 30～40 步台阶，每步 2 级，共练习 6 组，组间间歇 5 分钟。训练强度控制在 65%～70%。

(12)匀速持续跑：运动时间在一小时以上。心率控制在 150 次/分左右。训练时要保持跑动的持续性，不能有停顿。

(13)变速越野跑：训练中练习者的加速或快跑的距离为 1 000～1 500 米，训练强度控制在 60%～70%。

(14)间歇快跑：以接近 100%强度跑完 100 米后，接着慢跑 1 分钟，间歇练习。快慢方式对照组成一组，反复训练 10～30 组。

(15)持续接力跑：以 100～200 米的全力跑，每组 4～5 人轮流形式进行接力跑。如果人数充足也可以分成若干组进行训练比赛。

(16)短距离重复跑：采用 300～600 米距离，每次练习强度为 80～90%，进行反复跑。

(17)俄式间歇跑：采用固定练习中间休息时间，随训练水平提高逐渐缩短中间休息时间的方式进行训练。如在跑 400 米练习中，用规定速度跑完 100 米后，休息 20～30 秒，循环训练。

(18)逆风跑或负重耐力跑：遇飓风天气(风力不超过五级)可在场地或公路上做持续长距离逆风跑，也可做 1 000 米以上的重复跑，重复次数 4～6 次，间歇 5 分钟，强度 55%～60%。

四、网球运动基础柔韧素质训练

(1)跪撑正压腕：双膝和双臂直臂撑地，双手间距约与肩同宽，手指向前。呼气，身体重心前移。恢复开始姿势，要求反复进行训练(图 5-18)。

(2)跪撑反压腕：双膝和双臂直臂撑地，双手间距约与肩同宽，手指向后。呼气，身体重心后移。恢复开始姿势重复练习(图 5-19)。在运用这一训练手段时，需要注意：动作幅度尽量大，动作结束保持 10 秒左右。

图 5-18　　图 5-19

(3)团身颈拉伸:身体由仰卧姿势开始,举腿团身,头后部和肩部支撑体重,双手膝后抱腿。呼气,向胸部拉大腿,双膝和小腿前部接触地面。按照上述方法反复多次训练。要求动作准确、到位,动作保持 10 秒左右。

(4)持哑铃颈拉伸:双脚并拢站立,右手持哑铃使肩部尽量下沉。左手经过头顶扶在头右侧。呼气,左手向左侧拉头部,使头左侧贴在左肩上。训练一定次数或一段时间之后,换另一侧继续进行训练。要求反复多次训练。要求动作缓慢进行,并且保持 10 秒左右。

(5)向内拉肩:站立或坐立,抬起一只臂,肘关节至肩部高度,屈肘与另一只臂交叉。另一只臂抬起至肩部高度抓住对侧肘关节,呼气,向后拉。练习一定次数或一段时间后,换另一手臂继续进行训练。按照上述方法反复训练。为了保证理想的训练效果,要求动作幅度尽量大,并且动作结束后要保持 10 秒左右(图 5-20)。

(6)背向压肩:与肩同高直臂扶墙,手指向上。呼气,屈膝降低肩部高度。重复练习。按照上述方法进行反复训练。要求动作幅度尽量大,动作结束保持 10 秒左右,这样有利于良好训练效果的取得(图 5-21)。

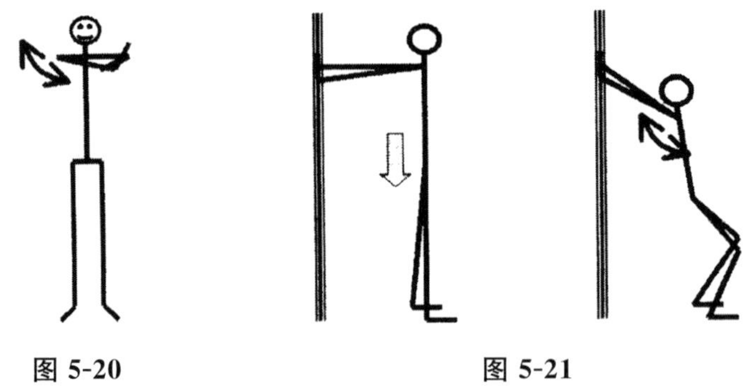

图 5-20　　图 5-21

(7)向后拉肩:站立或坐立,在背后双手合掌,手指向下吸气,转动手腕使手指向上。吸气,向上移动双手直最大限度,并后拉肘部。按照上述方法进行反复训练。为了保证良好的训练效果,要求动作幅度尽量大,并且动作结束之后要保持10秒左右时间(图5-22)。

图 5-22

(8)跪拉胸:跪在地面,身体前倾,双臂前臂交叉高于头部放在台子上。呼气,下沉头部和胸部,一直到接触地面。重复练习(图5-23)。

图 5-23

(9)直臂开门拉胸:在一扇打开的门框内,双脚前后开立,双臂向斜上方伸直顶在门框和墙壁上。双手掌心对墙。呼气,身体前倾拉伸胸部。要求按照上述方法反复训练。训练过程中要注意动作和呼吸之间的配合。

(10)站立伸背:双脚并拢站立,上体前倾至与地面平行姿势,双手扶在栏杆上,略高于头。四肢伸直,屈髋。呼气,双手抓住栏杆下压上体,使背部下凹形成背弓。按照上述方法反复训练。为了保证训练效果,要求动作幅度尽量大,而且还要在动作结束后保持动作10秒左右。

(11)坐立拉背:上体正直坐立,双膝微屈,躯干贴在大腿上部,双手抱腿,肘关节在膝关节下面。呼气,上体前倾,双臂从大腿上向前拉背,双脚保持与地面接触。按照上述训练方法反复训练。要使动作幅度尽量大,并且动作结束后保持10秒左右时间,以期取得理想的训练效果。

(12)仰卧团身:仰卧在垫上,双膝屈起,双手自然扶握在膝关节下部。双手向胸部和肩部牵拉双膝,并提起髋部。按照上述方法反复训练。要保证动作幅度尽量大,动作结束保持10秒左右。这样才能够取得理想的训练效果。训练过程中,要注意伸膝放松。

(13)仰卧髋臀拉伸:平卧在台子边缘,髋外移,使外侧腿悬垂。吸气,内侧腿屈膝,用双手抱膝缓慢拉向胸部。训练过程中注意动作与呼吸之间的配合，并且要求按照上述方法反复训练。为了取得理想的训练效果，需要训练者的动作幅度尽量大，并且保持 10 秒左右。

(14)弓箭步压髋：弓箭步站立，前面腿膝关节成 90°，后面腿脚背触地，脚尖向后。双手叉腰。屈膝降低重心，后面腿的膝部触地。呼气，下压后面腿髋部。训练一段时间或一定次数之后，换另一侧继续进行训练。

(15)坐压腿：双腿分开坐，一条腿伸展，另一条腿屈膝并将脚跟紧贴伸展腿的内侧。上体前倾贴近伸展腿的大腿。练习一定次数或一段时间后，换另一腿继续进行训练。按照上述方法进行反复训练。在训练过程中要求做到伸展腿膝部和背部保持伸直。要求动作幅度尽量大，并且在动作结束后保持 10 秒左右时间，以期取得理想的训练效果(图 5-24)。

(16)仰卧拉伸：仰卧，直膝抬起一条腿，固定骨盆成水平姿势。同伴帮助固定地面腿保持直膝，并且帮助继续提腿。按照上述方法进行反复训练。为了保证训练效果，尽可能加大动作幅度，动作保持 10 秒左右结束。训练中，注意动作与呼吸的配合，在同伴帮助继续提腿时呼气(图 5-25)。

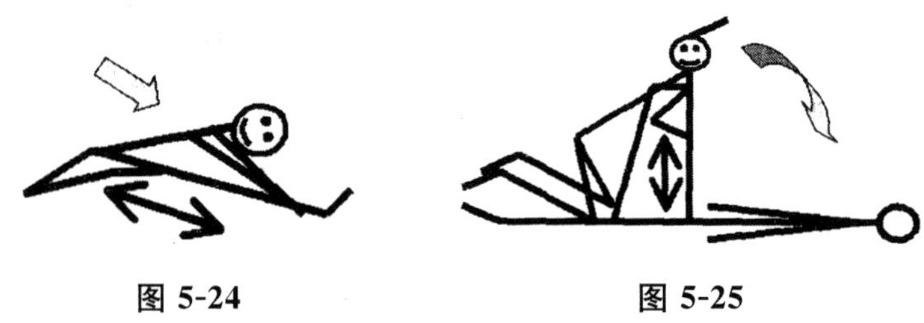

图 5-24　　　　图 5-25

(17)直膝分腿坐压腿：坐在地上，双腿最大限度分开，转体，上体前倾贴在一条腿上部。练习一定次数或一段时间后，换另一腿继续进行训练。要求按照上述方法反复训练。要求在训练过程中要做到双腿和腰部的充分伸展。并且使动作幅度尽量大，动作结束保持 10 秒左右，以期取得理想的训练效果。

(18)分腿坐拉小腿：分腿、直膝坐在地面，双手抓住脚掌，身体前倾。呼气，向髋方向拉脚趾，同时内翻踝关节。按照上述方法反复进行多次训练。为了保证训练效果，不仅要求动作幅度要尽量大，并且保持 10 秒左右。

(19)交叉腿坐毛巾拉小腿：右腿伸直，左腿交叉压在右腿上，将毛巾套住右脚掌，双手握毛巾两端。呼气，双手向躯干方向拉毛巾。练习一定次数或一段时间后，换另一腿继续进行训练。为了保证训练效果，不仅动作幅度要尽量大，而且还要保持 10 秒左右。

(20)踝关节向内拉伸：坐在地上，一条腿的小腿放另一条腿的大腿上。两手自然抓住小腿和脚。呼气，同时向内(足弓方向)拉引踝关节外侧。练习一定次数或一段时间后，换另一脚继续进行训练。要求按照上述方法反复训练，动作幅度要尽量大，并且为了保证训练效果，要在动作结束之后保持10秒左右时间。

五、网球运动基础灵敏素质训练

(1)正踢腿转体：一腿支撑站立不动，另一侧腿从下向前上方踢起至最高点时，以支撑腿为轴向后转体180°，两腿交替进行。踢腿时应两腿伸直，上踢快，下落轻，上踢至前额30厘米以内时方可做转体动作。练习3组，每组20次。

(2)弓箭步转体：由(左)弓箭步姿势开始，两臂自然位于体侧。听到“开始”信号后，两脚蹬地跳起，身体向左(右)转180°成右箭弓步姿势，有节奏地交替进行。采用计时记数均可。连续跳转10秒/组，共练习3组。

(3)前、后滑跳移动：站立姿势，两脚前后开立，上体稍前倾，两腿微屈，两臂垂于体侧。听到“开始”信号后目视手势而移动身体，前滑跳时，后脚向后蹬地，前脚向前跨出，身体随即向前移动；当前脚落地后迅速蹬地，后脚向后跳，身体随之向后移动。前、后滑跳移动也可以采用左、右滑跳的方式进行练习。持续练习30秒/组，共练习2～4组。

(4)扑球：2人一组，面对站立。一人抛球一人接球，抛球人将球抛向对方体侧，对方可利用侧垫步、交叉垫步或交叉步起跳扑向球，并用手接住球。2人交替进行练习。

(5)快速移动跑：站立两眼注视指挥手势或判断信号。听到信号或看到手势后，按照指挥方向进行前、后、左、右快速变换跑动。一般发出的指令的间隔时间不超过2秒。每组15秒，共练习3组。

(6)模仿跑：2人一组，前后站立，间隔3米。听到“开始”信号后，前者在跑动中做出变向、急停、转身、跳跃等不同动作变换的练习，后者则模仿前者在跑，运动中做出相同的动作变换。训练中，时刻随前者的动作变化而变化，动作协调、有节奏。持续练习15秒/组，间隔30秒，共练习4组。

(7)越障碍跑：面对跑道站立(在跑道上设立多种障碍)。听到“开始”信号后，通过跑、跳、绕等动作，越过障碍物体，并跑完全程，可采用计时的方式进行练习。练习2～3组。

(8)障碍追逐：乙方为被追方在前，甲方为追方在后。听到“开始”信号后，练习者利用障碍物进行一对一追逐游戏，追上对方用手触到身体任何部位，即刻交换进行。持续练习20秒/组，间歇20秒，共练习5～6组。

(9)躲闪摸肩：2人站在直径为2.5米的圆圈内。听到“开始”信号后，在规定的圈内跑动做一对一巧妙拍摸对方左肩的练习。记录30秒内拍中对方肩的次数,重复2～3组。

(10)过人:画一个直径为3米的圆圈,在圆圈内2人各站半圈。听到“开始”信号后,一人防守,一人设法利用晃动、躲闪等假动作摆脱防守者进入对方的防区。交替进行。

第三节　网球运动的专项体能训练

一、网球运动专项力量素质训练

(一)徒手训练

(1)抓空拳练习:抓空拳是一种很好的练习方法,80～100次。可以在不用手去做事情的任何时候进行练习。

(2)发展上肢力量:手掌撑地俯卧撑。手指可向前或向内。

(3)发展手指和手腕力量:手指撑地前进或后退。

(4)发展肩、臂力量:靠墙倒立。

(5)发展腹肌和腹内外斜肌力量:仰卧起坐接转体,仰卧,两手抱头,上体迅速抬起,右肘触左大腿,左肘触右大腿各一次。有助于发球时收腹转体的用力及其他击球动作的转体用力。

(6)发展腹肌和腰背肌力量:仰卧两头起,两手尽量触两脚背。

(7)发展腰背力量:俯卧两头起。俯卧垫上,两臂前伸,两腿并拢伸直,两臂和两腿同时向上抬起,腹部着垫成背弓。

(8)发展大腿前群肌肉:单腿蹲起。单腿支撑,另一腿平举,下蹲,起立。初做时可扶支撑物。

(二)器械训练

1. 杠铃训练

(1)发展全身各部分力量,提高全身协调用力的爆发力:抓举、挺举。

(2)发展肩、臂力量:推举。

(3)增强腹内外斜肌及骶棘肌力量:负重转体。方法:身体直立,颈后负杠铃,两足固定,先向左转体再向右转体至极限,

(4)发展大腿及臀部肌肉:负重深蹲。方法:颈后负杠铃,挺胸塌腰,下蹲慢些,蹲起时挺胸抬头,腰部保持收紧。

(5)发展下肢尤其是小腿及曲足肌群力量:负重分腿跳。方法:身体直立,颈后负杠铃,连续快速地前后分腿跳。

(6)增强小腿后群肌肉力量:负重提踵。方法:身体直立,颈后负杠铃,脚前掌站于低台阶上,脚后跟尽量下压后快速向上提踵。

2. 哑铃训练

(1)发展肱三头肌,旋前圆肌:颈后臂曲伸。方法:身体直立,两手握哑铃,上臂固定在头侧,掌心向后,然后做肘曲伸动作。

(2)发展前臂肌肉:臂环绕。方法:持哑铃两臂同时向内或向外作曲伸环绕。

(3)发展肩带肌肉力量:直臂上举。方法:持哑铃两臂前伸,上举或侧上举。

(4)发展胸部肌肉,有助于正手击球、发球和高压球的挥拍用力:仰卧上举。方法:持哑铃仰卧长凳上,两臂于两侧同时上举,上举时肘可微屈。

(三)斜板与垫上训练

(1)斜板滚球:使宽长凳的角度为30°,面向站在长凳低端,双手扶球在长凳上。屈膝,以两个脚掌支撑体重和身体转动轴,前倒身体双手推球向上滚球。把球滚回(图5-26)。重复练习以发展腹部、背部和肩部肌群力量。

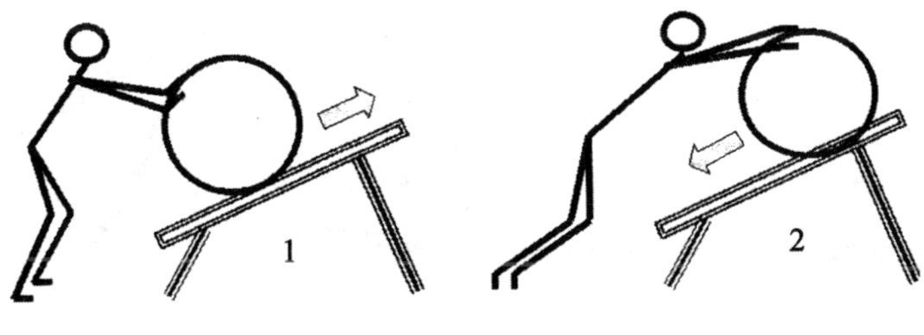

图 5-26

(2)侧卧腿绕环:身体伸展侧卧在斜板上,上侧腿做绕环动作。尽量大幅度完成动作,换腿重复练习(图5-27),可发展髋部和躯干两侧肌群力量和爆发力。

图 5-27

(3)侧卧提腿:身体伸展侧卧在斜板上,上侧脚的踝关节固定系在拉力器绳索或橡胶带上。拉力方向靠近身体斜下方,尽量快速向上提腿(图 5-28)。重复练习以发展髋部和躯干两侧肌群力量。

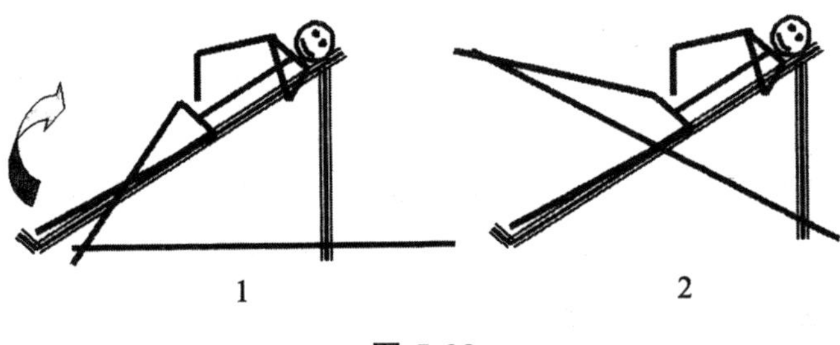

图 5-28

(4)两头起:仰卧在垫子上,身体充分伸展,双臂贴在头两侧伸直。用肌群力量快速屈体,使手和脚在空中接触(图 5-29)。重复练习可有效发展腹部肌群力量和爆发力。

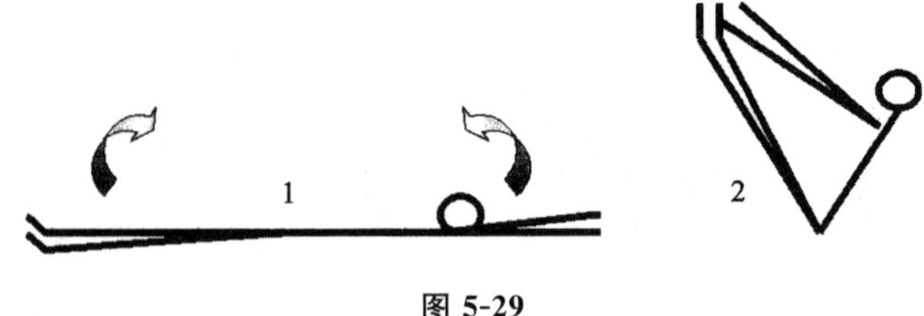

图 5-29

二、网球运动专项速度素质训练

快速的跑动是网球运动员完成各种击球动作的重要条件,运动员的速度素质越好,其神经的灵活性也就越高,对各种来球就越能产生快速、准确、协调、敏捷的反应。网球运动中速度素质的训练主要是通过跑的练习来进行的。

(一)跑的训练

(1)冲刺跑:听信号做30米冲刺跑。

(2)加速跑:听信号做30米加速跑。

(3)变速跑:听信号做全速30米跑,然后按惯性跑40米,再全速跑30米,以此类推。

(4)折回跑:手触底线,向前跑;手触球网,后转回跑,反复练习。

(5)“米”字跑:从中点处开始,跑至A处后返回,再向B处跑,直至从H处返回(图5-30)。

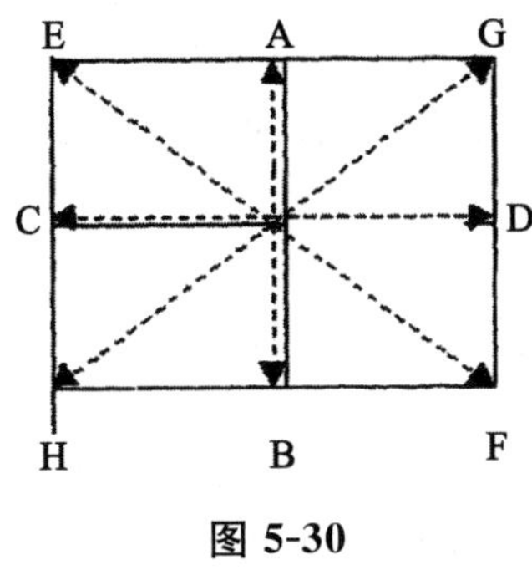

图 5-30

(6)滑步接加速跑:侧滑步5米至标志线,然后变速跑20米。

(7)变向起跑:侧向或背向蹲立,听信号转向起跑30米。

(二)结合场地与球的训练

(1)见线折返跑:看到线后来回折返跑(图5-31)。

(2)短距离折返跑:在网球场单打边线间折返跑(图5-32)。

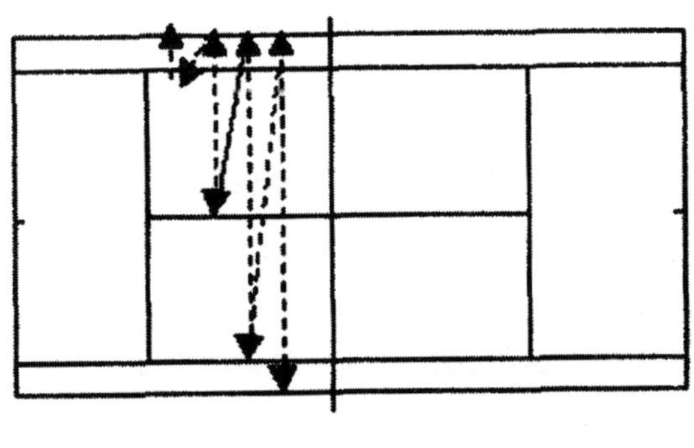

图 5-31

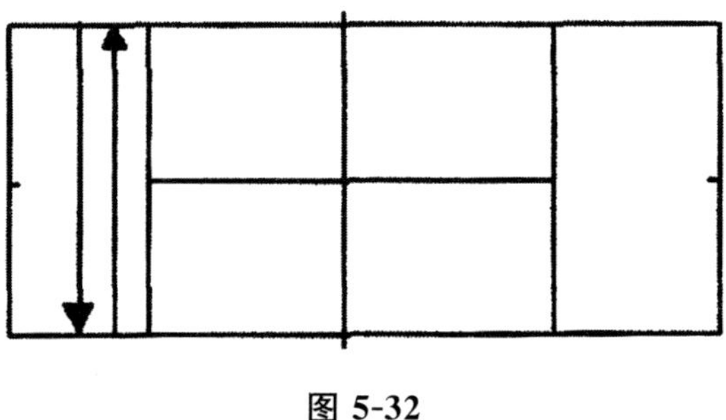

图 5-32

(3)碰线移动:此训练要求训练者步法快速移动,同时改变前后移动方向在网球场地上,从双打边线外 2 米处开始向前跑,用手碰双打边线—单打边线—发球中线—另一单打边线—另一双打边线—单打边线一双打边线。此训练可两人分别站在自己半场内同时比赛,通过计时来看谁的成绩最好。

(4)五球移动训练:在双打边线外 2 米处放 5 个球,训练者同时站在该处,先不拿球,当教练发出口令后立即拿一个球快速冲刺至最近的边线,把球放在线上,然后快速跑回拿第二只球,冲刺至下一条边线上,同样把球放在线上。重复同样的动作,直至把五个球都放在不同的线上。也可把所有的球都放在线上后,把球一个个地捡回来放在原处。该训练要用计时完成。

(5)快速挥臂训练:徒手快速挥臂进行鞭打动作(发球的挥拍动作),用“鞭打”动作投掷轻器械(如网球、羽毛球、乒乓球等)训练,以提高发球时的挥臂速度。训练时两人对掷或单人掷,然后丈量成绩。

三、网球运动专项耐力素质训练

(一)跑的训练

(1)原地跑:慢速并抬腿至腰高,然后尽量快速(双脚刚刚离地)。注意保持用脚前掌跑,随着身体素质的提高,可增加触地次数,缩短恢复时间。

(2)变速跑:①加速跑 50 米,慢跑 50 米;②加速跑 30 米,慢跑 70 米;③加速跑 100 米,慢跑 50 米。

(3)爬坡跑:进行强度有氧耐力训练 100～200 米,然后再进行大强度无氧耐力训练 50～60 米。

(4)楼梯跑:楼梯往返跑,跑步登梯,然后用慢速再跑回起跑点或慢速登梯再快速回起跑点。

(5)长跑:1 000 米跑;1 500 米跑;3 000 米跑;越野跑 3 000～5 000 米。

每周至少进行一次上述练习。

(6)各种跑的综合训练：

①高抬腿跑20～30米+20～30米加速跑，要求每次4～5组。反复进行训练。

②加速跑20～30米+高抬腿跑20～30米，要求同上。

③高抬腿跑20～30米+后蹬跑30～50米，要求同上。

④站立式起跑+起跑后的加速跑30～60米，要求同上。

⑤放松大步跑20～30米+20～30米加速跑，要求同上。

⑥上坡高抬腿跑20～30米+20～30米上坡加速跑，要求同上。

⑦上坡加速跑20～30米+上坡高抬腿跑20～30米，要求同上。

⑧下坡放松大步跑20～30米+20～30米的下坡加速跑，要求同上。

(二)跳的训练

(1)左、右跨步跳：两脚开立，左腿蹬地，右腿向右前方跨步，然后反方向练习。每组两腿各跨30次。

(2)跳高台：做双脚连续跳上高台练习。跳楼梯时每组40次，跳看台时每组20次。

(3)台阶交换跳：在台阶前站好，按一定的节奏跨上和跨下，左脚上后右脚下，左脚下后右脚上，连续练习5分钟，然后换成右脚先上或先下，连续练习5分钟。台阶交换跳可以分为前后(左右)跨跳、高抬腿跳、交叉开合跳、单足(交换)跳、蹲跳、立定跳远、蛙跳等。

(4)跳绳：是提高腿部的爆发力的有效方法之一，也是提高耐力训练的重要方法，且具有一定的趣味性。

(三)结合场地与球的训练

(1)教练员站在网前，连续向一名运动员送出斜线球，该运动员站在底线中点，每次击球后必须回到中点。运动员重复训练约2分钟，运动量约为极限的85%。然后休息2分钟，重新开始训练，重复5次。

(2)教练员站在网前，连续向各个方向送球，运动员在教练员送到的各个位置上击球，然后绕场在各点做训练。教练在场上描定5个点用以练习5项基本运动，2分钟后休息片刻，让运动员按顺时针方向轮换练习。

(3)组合击球训练：

①击短球练习：左右移动，连续击短球，20～40个球为1组。

②截击球练习：左右移动，连续截击球，20～40个球为1组。

③抽击球练习：左右移动，连续底线抽击球，30～50个球为一组。

④截击球和高压球交替练习:前后移动,连续交替练习截击球和高压球,20～40 个球为 1 组。

四、网球运动专项柔韧素质训练

(一)上肢柔韧素质训练

(1)拉指:掌指向上,肘伸直,用另一只手将手腕振动后压;随后,手指向下,用另一只手将手腕向后压。两手交替练习。这两个练习可以有效地提高手臂前、后部肌肉的柔韧性。

(2)拉肘:单臂朝头后伸直,用一手按住另一手的肘部,停止不动,保持 10 秒。

(3)肩部伸展:用左手抱住右肘,将其向胸部拉压,持续 5 秒。左右肩交换练习。

(4)开门拉肩:在一扇打开的门框内,双脚前后开立,拉伸臂肘关节外展到肩的高度。拉伸臂前臂向上,掌心对墙。呼气,上体向对侧转动拉伸肩部。重复练习(图 5-33)。

(5)助力转肩:一只臂屈肘 90°侧举,同伴帮助固定肘关节,向后推手腕。换臂重复练习(图 5-34)。在运用这一训练手段时,需要注意:动作幅度尽量大,动作结束保持 10 秒左右。

图 5-33　　图 5-34

(二)躯干柔韧素质训练

(1)体前屈:两腿开立,两腿伸直,两手抱住踝关节,上体下振,振到一定程度时上体贴住两腿停留 15～20 秒。逐渐加大振幅。

(2)体后屈:两腿开立,上体挺腹,后屈,脚跟提起,双手触及地面后还原成直立，反复练习。

(3)体侧屈：双脚左右开立，双手交叉举过头顶向上伸臂。呼气，一侧耳朵贴在肩上，体侧屈至最大限度。向身体另一侧重复练习(图 5-35)。在运用这一训练手段时，需要注意：动作幅度尽量大，动作结束保持 10 秒左右。

(4)上体俯卧撑起：俯卧，双手掌心向下、手指向前放在髋两侧。呼气，用双臂撑起上体，头后仰，形成背弓。重复练习(图 5-36)。在运用这一训练手段时，需要注意：动作幅度尽量大，动作结束保持 10 秒左右。

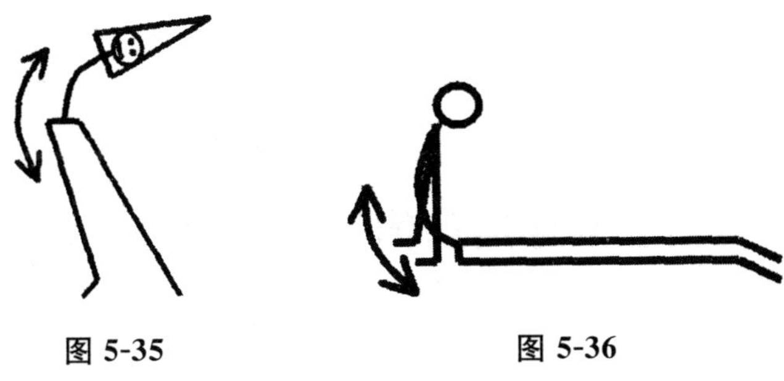

图 5-35　　图 5-36

(三)下肢柔韧素质训练

(1)侧压腿：与网柱或高物平行站立，一腿支撑，另一只腿放在网柱或高物上，身体向网柱或高物侧倾，压腿。两腿交换练习。

(2)仆步侧压腿：左腿伸直，右腿全蹲，两脚掌着地，左手按左脚背，右手位于两脚间，做下振动作，逐渐加大振幅。两腿交换练习。

(3)弓步压腿：单腿向前跨出一大步，两手按在膝盖上，身体向前方移动，脚跟不离地。

(4)大弓步压腿：后腿弯曲，两腿成大弓步姿势，两手扶地，重心下沉，膝关节触地，脚后跟离地，逐渐加大重心下降振幅。两腿交替进行。

五、网球运动专项灵敏素质训练

(1)快速挥动小竹棍(带竹梢)，做鞭打动作。

(2)急停急跑：根据信号在快速跑动中做起跑、急跑、急停，返回时根据信号做转身跑、变方向跑、后退跑。

(3)快速前后左右提踵跳。该动作在沙地做更好，用最快的速度做 15 秒左右。

(4)原地两脚交替快速跑。用最快的速度在 10～20 秒钟完成。

(5)闪躲跑：画两条距离 30 米的平行线，每隔 6 米插一根标枪。练习者站在一平行线后，听信号快速跑向另一线，在跑的过程中闪躲4根标枪。

(6)防竹竿纵跳：同伴手执一个长竹竿，沿地面画圈，练习者在侧面做防止竹竿触脚的连续快速跳动。

(7)十字交换跳：直立，双脚起跳，做前后左右十字交换跳。

(8)起跳90°、180°、360°转动。两脚左右开立，起跳后髋部转动带动身体做90°、180°、360°转动。

(9)迈步转髋。髋部向左转动，右腿高抬向左前方迈出，右脚落地时，髋部立即向右转，抬起左腿向右前方迈出。反复进行。

(10)传接球：两人一组，一人向不同方向传、抛网球，另一人快速移动将球接住传回。两人交替练习。

第四节　网球运动体能训练的科学评价

一、网球体能训练评价的意义

(一)发展网球运动员的身体素质水平

影响人的健康因素众多，健康不仅与生物因素有关，而且与人的心理因素也有密切的联系。根据相关调查得知，大部分学校都存在着忽视体育卫生工作的问题，这往往就会导致我国人民的健康状况不佳，比较具有代表性的有体检合格率低；体形偏瘦，耐力素质下降；心理承受能力较差等。

因此，从人体健康发展和体能发展的角度来讲，个体在身体健康和精神健康方面都存在着一定的问题。据调查可知，导致人们健康下降的原因有很多，如社会、学校、家庭等因素，但是，需要强调的是，主要原因还是对个体身体健康状况的监督较为缺乏。

体能是人的身体健康状况的综合表现，体能水平的提高对人们健康水平的提高具有重要的作用和意义，因此做好体能训练的评价是非常重要且必要的，这样能将运动员的机体健康状况直接反映出来，从而更好地督促运动员进行网球运动锻炼，以增强网球运的员的身体素质、提供网球运动员的运动能力。

(二)为科学地制定训练计划提供依据

在网球运动科学训练过程中，教练员应对运动员的身体发展状况有一个大体的了解，制定一个切实可行的训练计划是一项重要的工作，这主要是由于这不仅关系到训练内容、负荷的安排，方法及手段的选择，而且与能否顺利地达到既定目标有着密切的关系。因此，通过对网球运动体能训练的诊断评价，可使教练员对每个运动员的身体发展状况有一个全面、客观的了解，从而有针对性地制定系统、科学的训练计划。

(三)提高体能训练科学理论研究水平

在网球运动训练的过程中，制定科学、合理的体能训练计划，按计划进行体能训练，并进行阶段性的体能训练的评价，不仅能够使训练的科学性得到有效提高，而且还能够从中总结和发现一些规律，提高教练员的业务水平和科研能力。比如，只有借助于各种评价方法和手段，运动训练过程中对体能评定的各种考核标准的制定、评价模式的建立、运动成绩的预测和选材等，才能获得科学的评价结果，教练员的科研能力就是在这个过程中得到了进一步的提高的。

此外，在体能训练的评价中，如果采取全国范围的标准化、规模化的评价方法，不仅能够对我国网球运动员的一般体能训练水平有一定的了解和掌握，而且还能够对其身体素质的现有水平，以及与其他国家优秀网球运动员的差距，预测未来的发展趋势和可能达到的水平等也有一定的认识。这样，体育有关部门及教练员在制定体能训练的计划时，就可以有效减少主观性和盲目性，使决策的正确性和训练的科学有效性得以提高。

(四)提高网球运动员选材的科学性

科学的体能训练的评价还具有甄别与筛选的功能，在体能训练评价的过程中，可以发现更多的具有运动潜力的优秀网球运动后备人才。同时，对网球运动爱好者进行科学的体能训练评价，能够对业余训练起到有效的监督作用，使对竞技人才培养更为有效，从而达到减少网球运动竞技人才浪费的目的。

二、网球体能训练评价的指标

网球运动体能训练会引起网球运动员身体形态、生理技能、运动素质等多方面的变化，因此，可以从多角度和方位，立体化地了解网球运动员的体能训练情况。

评价网球体能训练的指标有很多，其中，最主要的有身体形态、身体生理机能水平以及身体素质与运动能力等，具体如下。

(一)身体形态指标

以“国际体力测定标准化委员会”(ICPFR)和“国际生物学规划”(IBP)的测定方案为主要依据,可以将人体形态的指标大体分为体脂成分、体格、体型、身体姿势等几个方面,具体如下。

1. 体脂成分指标

研究表明,体脂成分能够将一个人的营养状况与体质水平反映出来。根据相关研究发现,如果体脂成分过少,说明营养不良或患有某种疾病;反之则说明营养过剩或内分泌系统有疾病。测量体脂成分常用到的方法有水下称重法和皮褶厚度法。

2. 体格指标

体格是指人体外部形态、结构、发育状态和体能水平。体格主要包括长度、围度、宽度和体重等几个方面。同时,这几个方面又包括不同的内容,具体如下。

(1)长度:主要包括身高、肢长(上肢长、手长、指距、下肢长、小腿加足高、小腿长、足长)、坐高。

(2)围度:主要包括上臂紧张围和上臂放松围、胸围、腰围、大腿围、小腿围、踝围等。

(3)宽度:主要包括肩宽、骨盆宽等。

(4)体重:是指整个人体的重量。

3. 体型指标

体型是对人体某个阶段形态结构及组成成分的描述。对人的体型产生影响的因素有很多,其中,最主要的因素有性别、年龄、生活环境、营养、遗传等。在某种意义上来说,体型在很大程度上对人体的体能起着重要的决定性作用。体型主要分为三种类型:肥胖型、瘦长型和匀称型。通常情况下,肥胖的体型体力较差,体能较弱,细长型则无力。因此,只有正常的体型才具有较高体能。体型还是网球运动员选材的一个重要指标。

4. 身体姿势指标

所谓身体姿势,是指人体各部分在空间的相对位置或存在于空间的状态。对身体姿势进行测评常用的方法有整体姿势测评和局部姿势测评。不同的身体姿势对人体的体能均能产生的影响也是不同的,如驼背、O型腿、扁平足等，对于人体运动能力的发挥都是不利的，因此，人们在日常体能训练中一定要掌握好基本的身体姿势，对不良的身体姿势进行及时的纠正。

除了上述常用指标外，身体形态发育水平的评价指标还有心理发育水平（健全心理素质、意志力）指标和对特殊环境的适应能力（学生健康行为方式习惯、挫折承受力及遇险自救能力等）指标等，在网球运动体能训练实践中可结合实际需要选择相应指标进行有针对性的评价。

（二）生理机能指标

生理机能，具体是指机体新陈代谢的功能和各器官、系统的工作效能。一般来说，个体的生理机能主要包括两大部分，即呼吸机能（肺活量、最大摄氧量等）、心血管机能（脉搏、血压等）等。

1. 呼吸机能

呼吸机能主要包括肺活量、最大摄氧量等。对呼吸机能指标进行测定的方法主要有 5 次肺活量试验、定量负荷后 5 次肺活量试验、闭气试验等，具体根据实际情况进行选择。

2. 心血管机能

心血管机能主要包括脉搏、血压、耐力指数、贝拉克能量指数等。此外，还有运动负荷下的心血管机能，可采用的测定的方法主要有 20 秒 30 次蹲起、哈佛式台阶试验等。

（三）身体素质与运动能力指标

身体素质与运动能力的具体评价指标主要有速度、力量、耐力、柔韧性、灵敏性、平衡性以及运动感知机能等。

（1）速度：主要包括反应速度、动作速度、位移速度。

（2）力量：主要包括静力力量（握力、背力）；爆发力（立定跳远、纵跳）；肌肉耐力（引体向上）、斜身引体、双杠臂屈伸、屈膝仰卧起坐。

（3）耐力：主要包括有氧耐力和无氧耐力。

（4）柔韧性：是指肩、腿、臂、脚等部位的柔韧性。

（5）灵敏性：是指迅速、准确、协调地完成动作的能力。

（6）平衡性机能：主要包括动力性平衡机能和静力性平衡能力两种。

（7）运动感知机能：主要包括用力感知机能、上肢定位机能、重量感知机能和空间感知机能等。

三、网球体能训练测评的内容

(一)训练负荷测评

1. 排汗量

排汗量是评价运动负荷的一项重要指标。一般情况下,正常人在一昼夜可以排除大约700毫升的汗液,散发大约400千卡的热量;和日常活动不同,运动训练中,人体的新陈代谢会增加,排汗量也会随之增加。当进行适宜运动负荷的训练时,人体会进行适量的排汗,并且自身感觉良好;当运动负荷过大时,身体处于疲劳状态,排汗量会增多,甚至会出现虚汗、夜间盗汗。

2. 心率

有专家认为,心率达到本人最高心率的65%~85%时,运动负荷最合理,训练效果也最佳,计算公式如下。

最大运动心率=220-心率

合理运动负荷上限=最大运动心率×85%

合理运动负荷下限=最大运动心率×65%

其合理的运动负荷上限为200×85%=170次/分钟。其合理的运动负荷下限为200×65%=130次/分钟。

3. 脉搏

网球运动员在系统的体能训练后,身体功能会产生一系列的变化,但即使进行最大运动负荷也应在2~3天内恢复。检查身体是否恢复,最简单的方法就是测量晨脉和血压。若运动负荷适宜,晨脉变化不超过正常的3~4次/分。

4. 血压

血压的变化幅度应在10毫米汞柱以内。若在训练后的几日内,脉搏和血压持续地上升,则说明运动负荷偏大,容易产生过度疲劳。

(二)有氧适能测评

有氧适能,又称“有氧工作能力”,是指人体摄取、运输与利用氧的能力。

运动训练中测评主要有心血管机能、呼吸系统机能、最大吸氧量以及个体乳酸阈值的测评，具体方法有以下几种。

1. 心血管机能试验

对心血管机能进行测评的试验主要有一次负荷试验和联合技能试验两种。一次负荷试验可以通过 30 秒 20 次蹲起和原地 15 秒快跑两种方法进行测量；联合机能试验由原地高抬腿跑、30 秒 20 次蹲起和 15 秒快跑三部分组成。负荷强度大、试验时间长，是联合机能试验的主要特点，其对运动员心血管系统机能的评价较为适用。

（1）一次负荷试验

①30 秒 20 次蹲起

30 秒 20 次蹲起测验的特点主要是负荷量较小，对于刚刚参加体育运动锻炼的大学生较为适用。

测试方法：让受测者静坐 10 分钟，测量安静时心率和血压，然后令其 30 秒匀速蹲起 20 次。下蹲时足跟不离地，两膝要深屈，两上肢前平举，起立时恢复站立时姿势。蹲起至 20 次结束后立即测 10 秒的脉搏，紧接着在后 50 秒内测血压。如此连续测 3 分钟。

评价标准：如果负荷后脉搏上升不多，血压中等升高，3 分钟内血压、脉率基本恢复到安静时水平，那么就说明实验者的心血管机能良好；如果负荷后脉搏明显上升，血压上升不明显或明显，3 分钟内脉搏和血压均未恢复到安静时水平，那么就说明实验者的心血管机能较差。

②原地 15 秒快跑

测试方法：首先测定受试者处于安静状态下的脉搏和血压，然后令其以 100 米赛跑的速度原地跑 15 秒后，立即测 10 秒的脉搏，紧接着在后 50 秒内测血压。连续测试 4 分钟。

评价标准：以负荷后心率和血压升降幅度及其恢复时间为主要依据进行测定。通常情况下，测定的结果有五种类型，即正常反应、紧张性增高反应、梯形反应、紧张性不全反应和无力性反应。

测试过程中要以具体情况为主要依据来做出具体分析，在评定试验结果时，要通过多次重复测定才能做出结论。

（2）联合机能试验

联合机能试验是由三部分组成的，即原地高抬腿跑、30 秒 20 次蹲起和 15 秒快跑。负荷强度大，试验时间长，是联合机能试验的主要特点，其对运动员心血管系统机能的评价较为适用。

试验的步骤为：先按一次负荷试验的方法，测量安静时的心率和血压，接着按顺序做三个一次负荷试验。具体的试验方法如下。

①原地慢跑 3 分钟(男)或 2 分钟(女),速度为每分钟 180 步。跑后测量 5 分钟恢复期心率和血压。

②30 秒 20 次蹲起做完后测量恢复期的心率和血压,共测 3 分钟。

③15 秒原地快跑要求以百米赛跑进行,跑后测量恢复期心率和血压,共测 4 分钟。

评价标准:参照 15 秒快跑一次负荷试验的五种反应类型来对心血管系统机能的水平进行评定。在联合机能试验中,20 次蹲起对经常参加体育锻炼的人来说可视为准备活动,原地快跑代表速度负荷,原地慢跑代表耐力负荷。该试验能够将运动员的心血管对速度与耐力的适应能力充分反映出来。

2. 呼吸系统机能试验

运动者可结合自身情况或客观条件对呼吸系统机能进行测评。主要方法有肺活量测试、最大吸氧量的测评、个体乳酸阈值的测评。

(1)肺活量测试

人体尽量深吸气后再尽力呼出气体的总量,就是所谓的肺活量。它是对人体通气进行反映的一项指标。

测试方法:受试者面对肺活量计站立,先做一两次深呼吸,再吸一口气后将气尽量呼出,直到不能再呼气为止。测量 3 次,取最大值。呼气时要保持身体直立,不许弯腰和换气。测量肺活量用的吹嘴要消毒,一个吹嘴只能允许一人使用。根据相关调查得知,我国男子肺活量正常值约为 3 500～4 000 毫升,女子约为 3 000～3 500 毫升。

(2)5 次肺活量试验

测试方法:连续测试 5 次肺活量,每次间隔 15 秒(包括吹气时间在内),记录各次测试的结果。

评价标准:测试完后统计结果,如果各次肺活量值基本相同或逐次增加,那么说明测试者的呼吸机能良好。如果 5 次结果逐渐下降,尤其是最后两次明显下降,那么就说明测试者机能不良(如机体疲劳、有病等)。

(3)肺活量运动负荷试验

测试方法:先测安静状态下的肺活量,然后作定量负荷(如 30 秒 20 次蹲起、1 分钟台阶试验或 3 分钟原地高抬腿跑等),运动后立即测肺活量,每分钟一次,共测 5 次,记录结果。

评价标准:如果负荷后的 5 次肺活量结果逐渐增大或保持安静,那么就说明测试者机能良好;如果运动后的 5 次结果逐渐下降,到第 5 分钟仍未恢复到负荷前水平，那么就说明系统机能不良。

(4)屏气试验

测量受测者深吸气(或深呼气)后的屏气时间的试验，就是所谓的屏气试验。

测试方法：试验前先令受测者安静休息，自然呼吸，当听到“开始”的口令，受测者做一次深吸气(或深呼气)后立即屏气(为防止漏气可用手捏住鼻子)，同时开始用秒表计时，直至不能再屏气为止，记录下测试的时间。根据相关调查得知，深吸气的屏气时间，一般来说，我国健康男子为 35～45 秒，女子为 25～35 秒。深呼气后的屏气时间，一般健康男子为 20～30 秒，女子为 15～25 秒。

测定标准：一般来说，屏气时间越长，对缺氧的耐受能力和碱储备水平就越高。体育锻炼水平高者，深吸气后的屏气时间可达 60 秒以上，深呼气后的屏气时间也可在 40 秒以上。

(5)个体乳酸阈值的测定

“乳酸阈”也被称为“无氧阈”，具体来说，它是以血乳酸浓度值和运动强度二者之间变化的关系为主要依据提出来的。

运用个体乳酸阈值的测定方法对运动员的有氧适能进行测定，可以对不同运动员个体有氧代谢能力的优劣和差异进行对比和判断，从而以运动员的个体情况为依据将最合理的训练强度与训练计划选择出来。

(三)肌适能测评

人体的肌适能主要包括两个方面，即肌肉力量和肌肉耐力。

肌肉收缩时所产生的最大力量，就是所谓的肌肉力量。力量是实现一切身体活动的基础，人在生活或工作中进行的活动几乎都需要对抗阻力。

肌肉耐力是人们正常工作和运动员取得优良成绩的重要因素之一。肌肉力量的大小和变化对于增进人体健康和运动员创造优异成绩有着极为重要的作用，由此可以得知，掌握肌肉力量现状、评价力量训练效果和发挥肌肉力量作用的最关键的环节就是如何测定与评价人体肌肉力量的大小和变化。只有具备良好的肌肉力量和肌肉耐力，才能够达到提高参加运动的效率的目的。因此，这就要求人们要特别重视肌肉力量与耐力的发展和提高。通常情况下，青少年的身体各部，尤其是颈背腰部肌肉的力量与耐力水平较差时，长时间的学习容易产生肌肉疲劳与酸痛的现象，进而对学习效率与身体健康产生一定的影响。

以测评目的的不同为主要依据，可以将人体肌肉适能的测评分为两大类，即一般力量测评与专门力量测评。在测评手段方面与一般力量的测评是有一定差异性的，其不同之处在于专门力量主要是采用特异性的测评手段。

（四）柔软性测评

人体柔软性是指人体关节的结构与关节周围肌肉、韧带、皮肤与脂肪等软组织的伸展性与弹性。通常情况下，人体的柔韧性与中枢神经系统对肌肉的调节功能，尤其是肌肉紧张与放松的能力有着密切的关系。

1. 测定人体柔软度常用方法

测试方法：受测者赤足坐于垫上，两腿并拢，膝关节伸直，脚尖朝上（布尺拉于两腿之间）。受测者足跟底部与布尺 25 厘米记号平齐。上身缓慢往前伸展，双手尽可能向前伸，当中指触及布尺后暂停 1～2 秒，以便记录。

评价标准：测量 3 次，取最佳值作为评价依据，数值越高代表柔软度越好。

2. 坐位体前屈测试

测试方法：受测者准备好坐位体前屈箱、垫子及记录表，二人一组，受试者赤足，面对箱子坐在垫子上，脚掌抵在箱子底板，双腿与肩同宽，伸直（不可屈曲）。双手拇指可互扣，中指重叠，放于箱子上面，以指尖慢慢向前移动。保持直膝，移至最远的位置并保持 1 秒，便可完成。同伴可以手按其膝部以帮助伸直。同伴在受试者停 1 秒钟时，取其读数并记录。

评价标准：重复动作 3 次，取最好成绩。读数越高，表示其腰背及大腿后肌的柔软度越好，也可预防腰背痛及运动受伤。在测试者姿势标准的情况下，指尖移动距离越长，读数越高，表示受测者的腰背及大腿后肌的柔软度越好（表 5-1）。

表 5-1　坐位体前屈测试表（单位：厘米）

性别	年龄	欠佳	尚可	一般	良好	优异
男	< 20	≤18	19～30	31～24	35～39	≥40
	20—29	≤21	22～28	29～32	33～36	≥37
	30—39	≤18	19～26	27～31	32～34	≥35
	40—49	≤15	16～23	24～27	28～31	≥32
	50—59	≤12	13～21	22～25	26～28	≥29
	≥60	≤10	11～18	19～22	23～28	≥29

续表

性别	年龄	欠佳	尚可	一般	良好	优异
女	< 20	≤32	33～37	38～39	40～41	≥42
	20—29	≤28	29～34	35～37	38～41	≥42
	30—39	≤26	27～32	33～35	36～39	≥40
	40—49	≤23	24～29	30～32	33～36	≥37
	50—59	≤22	23～29	30～32	33～35	≥36
	≥60	≤18	19～25	26～28	29～32	≥33

第六章　网球运动心理素质的科学化训练

当前，网球运动发展迅速，不仅对运动员的体能、技战术运用能力有较高的要求，而且对运动员的心理素质要求也越来越高，从某种程度上来说，在水平相当的高水平网球比赛中，运动员心理素质的水平往往能够决定着比赛的胜负。因此，进行网球运动心理素质的科学化训练是非常重要且必要的。本章主要从网球运动的责任感培养、行为动机激发、情绪控制以及注意集中训练几个方面着手，来对网球运动员的心理素质进行科学化训练。

第一节　网球运动责任感的培养

一、责任感的基本理论

（一）责任感的概念

带着极大的热情向目标奋斗，具有一种自觉地把分内的事情做好的责任心，这就是所谓的责任感。具有责任感的运动员能够忍受更多的痛苦和挫折，承受更大强度、更加艰苦地训练，能够在不断的失败中坚持训练和比赛。拥有强烈责任感的运动员，往往会坚持克服重重困难为自己的目标奋斗，所以责任感包含了热情、努力、憧憬和坚持等因素，与责任感有关的条件包括驱动力、意愿、精神、态度、毅力、激情、压力和付出等。

（二）责任感评价

表 6-1 是网球运动员责任感自主测验表，其中的自主性测试所得分数虽然只是启发性的，但是结果仍然有一定的指导意义。一般来说，如果得分超过 40，就说明该运动员有着很高的责任感水平。

表 6-1　网球运动员责任感自主测验表

说明	仔细阅读下列责任感自我评价测试的每一个条目，根据自己的感受将代表程度的数字填写到每个条目的虚线后面
分值	5＝非常符合；4＝有些符合；3＝适中；2＝有些不符合；1＝非常不符合
测试	1. 我对网球运动非常投入。________ 2. 我在网球训练当中善于将自己的诺言付诸实际行动。________ 3. 即使我发现网球是一项非常艰苦的运动，我也能克服一切困难坚持下去。________ 4. 尽管会有痛苦、不适或麻烦，我仍会继续我的网球生涯。________ 5. 我立志要实现运动中的个人目标。________ 6. 为了网球事业，我不会让自己意志消沉。________ 7. 我非常渴望自己形成良好的自律，使自己的潜力在网球运动中发挥到极致。________ 8. 在训练或比赛中，我往往使自己超越极限承受力。________ 9. 我有参与和征服网球运动的强烈意愿。________ 10. 尽管偶尔会失败，但我不会因此放弃网球的训练和比赛。________ 责任感总分________

（三）初始责任感的增强

要进一步培养并增强网球运动员的初始责任感，需要从以下几个方面着手。

第一，要有责任意识和责任感。与自己最亲近的人承担责任和分享快乐，使自己最亲近的人因为你的进步而激动和兴奋。

第二，坚信我能我行。回忆自己的光荣历史和曾经的巅峰表现，让这些美好的回忆和良好的表现继续保持并不断出现，达到激发动机，保持责任感的目的。

第三，继续超越自我。继续掌握高难度的动作，用竞争和挑战带来的享受提升对网球运动的责任感。

第四，不要急于求成。不要期望做任何事情都能出现立竿见影的效果，许多事情需要时间的漫长等待，需要付出体能和心理上的代价。“天将降大任于斯人也，必先苦其心志，劳其筋骨。”

第五，与志同道合者一起战斗。无论处境是顺利还是艰难时，均有一批志同道合的同志激励自己，督促自己。

第六，要言而有信。要确定自己可操作和实现的目标与承诺，一旦确立，就必须付诸行动。做到“言必信，行必果”。

二、增强网球运动员责任感的方法

要想达到有效增强责任感的目的，需要借助于一定的方法，具体来说，增强责任感的方法主要有以下几种。

(一)参照决策平衡表

人们承担责任的一种简单途径，就是从事物的积极和消极两个方面来考虑问题。因此，网球运动员要想做的就是一一列举出对提高网球责任感有积极作用和消极作用的因素。

表 6-2 呈现的是发球练习时填写的一个简要决策平衡表，填表人需要集中解决以下三个问题。

第一，本人的收获/本人的代价。

第二，自我认同/自我否定的方面。

第三，社会认同/社会否定。

事实上，你不仅要对自身的因素进行考量，同时也要对他人的因素进行参照。

表 6-2 决策平衡表——改善第一发球质量

本人收获	本人代价
—改善我第一发球的质量 —使我对比赛感觉良好 —赢得更多的比赛 —使训练更多地成为一种享受 —我将成为一名更加优秀的网球选手	—花更多的时间练习发球 —花更多的钱上课 —重复练习发球可能令人厌烦 —是自己与朋友在一起的时间减少
自我认同	自我否定
—如果我能成功，我会因此自豪 —我对比赛的理解会更多 —我将学习发球的整个过程 —因为挑战的存在我觉得非常兴奋 —我会体验到成就感	—我会因失败而苦恼 —自我提高的压力增大 —担心自己的发球

续表

社会认同	社会否定
—教练员会以我为骄傲 —队友会羡慕我的进步 —父母会赞成我的奉献精神	—如果失败,队友会取笑我 —朋友会认为我注意力不集中
你的决策平衡量表中非常重要的条目	
积极方面(对自己或他人)	消极方面(对自己或他人)

对积极和消极方面进行总结,能够为未来的决策提供更多的反馈。为了确定每个条目对你的重要性,可对需要集中解决三个问题的每个条目的重要性按1、2、3依次进行排序和评估,这将进一步帮助你制定更为合理的行动方案。

(二)挑战借口

一般来说,人们往往会有将自己的决策合理化的倾向,从而为自己的行为辩解。运动员没有坚持正常训练或水平没有提高,其往往看不到自身的原因,而将原因归结于教练员、队友或者不可控的环境因素。表6-3将运动员为自己不刻苦训练、逃避竞技训练等消极行为辩解的借口一一列举了出来。参照该表,如果总分超过30,说明你为逃避测试或者训练不够努力而寻找借口的频率很高。表6-4中提供了一些针对一般借口的可以采取的抗拒性反馈方案,通过理解和实践这些方法可以使你逐渐形成针对其他借口的有效反馈机制。

表6-3 不参加网球训练的理由

分值	下面的内容是网球运动员在他们逃避训练时经常给出的理由。请仔细阅读每一条描述,然后写出你在过去的一个月中使用这些理由的频率分值。 1=根本没有;2=很少;3=有时;4—经常;5—始终
测试	频率 借口
	——我太累了 ——我太忙了 ——我还有更重要的事要做 ——我明天一定完成 ——我早就想把今天的训练取消了 ——其实今天我根本不需要训练或计划

续表

测试	频率　　　借口
	——错过一天的训练对我而言不是什么大不了的事 ——我今天就是不想打球 ——我今天就是提不起精神 ——我今天需要进行恢复性的调整

表 6-4　网球训练和比赛中典型的借口与针对性的抗拒反馈

借口	抗拒性反馈
我太累了	打网球可以使我精力充沛。我不想屈服于暂时疲劳的感觉
我还有更重要的事要做	对我而言,没有什么比网球更重要。无论场上还是场下网球都能使我获益——特别是在严格自律方面
我太忙了	网球运动的确耗费时间,但我乐意将时间投入到这项自己心爱的事业中。网球总是能使我保持健康,感觉良好
我明天一定完成	今天的事今天做,明天还有明天要做的事。现在就做——如果做了,我的感觉会更好
其实今天我根本不需要训练 我早就想把今天的训练取消了 错过一天的训练对我而言不是什么大不了的事 我今天就是提不起精神 我今天就是不想打球 今天需要进行恢复性的调整	

(三)勇于承担相应的责任

当运动员对自己的责任感和提高责任感的有效策略有一个基本概念后,运动员必须完成以下三步练习。

第一步:对自己的责任感做出评价,了解哪些因素与责任感的提高密切相关。

第二步:对能够提高自己的责任感的、关系密切的因素进行评价。

第三步:将列表内容综合起来,了解自己的怠慢行为和为失败开脱的典型借口,以及提出抗拒这些借口的策略。

第二节　网球运动行为动机的激发

一、行为动机的基本理论

(一)行为动机的概念

行为动机是指开始和坚持一项活动的欲望。它是所有行为的“发动机”。没有行为动机,就不会有行动。

行为动机与责任感有着较为密切的关系,具有责任感的运动员训练刻苦,有坚持训练和提高的欲望,能够将其对训练的热情显示出来。所以教练员的目标应是理解并满足运动员行为动机的需要,制定合理的计划并积极鼓励他们。

人们打网球和不打网球的原因,往往体现在表 6-5 中。

表 6-5　是否打网球的相关动机

打网球的原因	不打网球的原因
1. 社会的相互影响	1. 压力太大
2. 乐趣和刺激	2. 耗费时间
3. 优越感	3. 训练使人厌烦
4. 能力的表示	4. 厌恶教练员
5. 学习或提高技能	5. 没有打球的时间
6. 高尚的感觉和从提高中得到满足	6. 技能没有提高,学习中遇到困难
7. 以球会友或结识新朋友	7. 参加另一项不复杂的运动项目
8. 成为一名队员等	8. 他们的朋友们停止了训练
	9. 花钱太多

(二)动机类型

通常情况下,可以将动机分为两种类型,一种是内源性动机,一种是外源性动机。具有内源性动机的网球运动员是那些因喜爱这项运动而打网球的人。他们希望成为有能力的人，能出色地完成任务并获得成功。他们为了内心的自豪，也全然为了欢乐、愉快、乐趣、好奇等而打网球。这些原因被多数运动员列为打网球的最重要的动机。具有外源性动机的网球运动员是那些因为想得到有形奖励（奖杯、金钱等）或无形奖励（赏识、表扬）的人。这些原因被多数运动员列为打网球的不太重要的动机。但是也往往存在着这样的情况，就是运动员们打网球的目的包含着内在的回报和外在的回报两个方面。内在的回报是保持良好动机的最佳奖励，而外在的回报有助于运动员在开始阶段对网球运动发生兴趣。

一般来说，在以下几种情况下适用外在奖励，能够对网球运动员起到积极、有效的激励作用。

第一，有助于将外在的动机转化为内在的动机。

第二，不是由教练员而是由运动员自己支配。

第三，提供有关运动员能力的信息，而不是抑制运动员的能力。

第四，根据发挥的水平，而不是根据比赛结果给予奖励。

第五，给予奖励的份额要合适。

通过对努力和刻苦的奖励，而不是对天资和才能（如运动技能）的奖励，教练员能够对运动员起到进一步的激励作用。天资和才能是生来固有的，运动员应该为此感到欣慰，但是运动员更应为他们刻苦的表现和努力而自豪。

二、网球运动中常见的动机问题及表现

美国心理学家耶基斯认为，在一定限度内，随着动机水平的提高，工作效率也随之提高，超过这个限度，工作效率随之降低。最佳工作效率的动机水平为中等，但因工作复杂的程度而略有差异。简单易做的工作，最佳效率为中等动机水平偏低；中等复杂程度的工作，动机水平介于高低两者之间。适度的动机水平，易于维持个人对工作的兴趣和警觉，同时减少焦虑对工作的不利影响（图 6-1）。

较为常见的动机问题主要有四个方面，即动机缺乏、动机过度、消极的动力和空虚的动力，它们都有其各自的表现，具体如下。

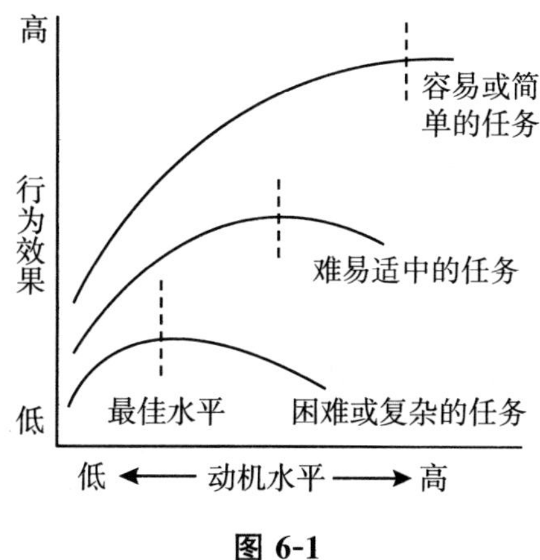

图 6-1

(一)动机缺乏

动机缺乏主要表现在以下几个方面。

(1)在大强度的训练期内缺少激励训练的动机。

(2)参加水平较低的比赛时没有激情。

(3)运动员对训练感到厌烦和单调乏味。

(4)其他方面的原因:如连续失利、更换教练员、个人问题、受伤等。

(二)动机过度

动机过度主要表现在以下几个方面。

(1)面临非常重大的比赛时。

(2)参加高额奖金的比赛时。

(3)一系列的连续胜利之后。

动机过度是造成心态失衡的重要原因,本应取胜的比赛却输了,追悔莫及;在非常重要的比赛中怯场了;面临关键得分球不够果断。

(三)消极的动力

消极的动力主要表现在以下几个方面。

(1)怕赢也怕输。

(2)害怕受伤。

(3)害怕别人(教练员、父母、朋友等)的反应。

(四)空虚的动力

空虚的动力的表现主要有以下几个方面。

(1)缺乏动力。网球对我来说就是一切,输掉比赛我就无法生活,干脆不打球了。

(2)脆弱的外在动力。只为奖金而打球,为了得到别人的认同和表扬才打网球。

(3)可悲的自我激励。赢球后我就去吃一顿,因笨拙的击球责骂自己、摔拍子等。

三、激发网球运动员动机的方法

(一)激发动机的具体方法

激发网球运动员动机的具体方法主要有以下三个方面。

(1)每天记录你的成绩。

(2)与自我激励能力很强的运动员交往。

(3)把网球变成一种乐趣。

(二)设置目标的方法

通过设置目标的方法来激发网球运动员动机的方法主要有以下几个方面。

1. 提出目标的方式

提出目标的方式主要有以下几种。

(1)采用提问方式帮助运动员将目标定向的正确内容确定下来。

(2)对运动员能够控制的方面提出目标。

(3)对进展情况实行监控,目标应该是动态的,如果进展情况与原计划有区别,应改变目标。

2. 训练和比赛的目标定向

(1)为每节训练课制定一个具体的目标是十分重要的。尤其应对赛前阶段或过渡阶段的每节训练课提出目标。

(2)运动员应为参加比赛提出明确的目标。主要目标并非是赢球,而是可包括良好的发挥(如我要进攻所有的中场短球)。

3. 教练员的目标定向

教练员的目标定向可以大致分为三个阶段,即计划阶段、会议阶段以及跟踪和评估阶段，每一阶段都有其各自的内容，具体如下。

(1)计划阶段

第一，提前考虑赛季。

第二，确定运动员在各个方面的需要和潜力。

第三，将需要变成具体的目标。

第四，确定优先的目标。

第五，确定可能采取的策略以促使这些目标的实现。

第六，做出承诺和投入精力。

(2)会议阶段

第一，第一次会议：向所有运动员介绍目标定向。

第二，要求运动员制定自己的目标。

第三，向运动员讲解理论。

第四，第二次会议：讨论运动员的目标。

第五，其他会议：一对一地讨论运动员的个人目标。

第六，在运动员和教练员之间就具体目标签订一个合同。

(3)跟踪与评估阶段

第一，定期安排目标评估会议。

第二，经常提醒运动员记住自己的目标。

第三，以书面形式提供反馈。

第四，向运动员提供比赛统计资料或教练员的目标评估表。

4. 运动员的目标定向

表 6-6 对不同类型的运动员和他们的目标定向方式之间的关系充分展现了出来。

表 6-6　不同类型运动员的目标定向

运动员类型	特点	目标定向
发挥型	想学习、提高技术，做 个较好的运动员	把自己当作衡量标准
	喜欢打网球，因为喜欢网球	更喜欢挑战性的、可评估的、有特点的长期目标
	愿意迎接挑战	

续表

运动员类型	特点	目标定向
能赢不能输类型	希望获胜，打败别人和成为冠军	别的运动员是他们的衡量标准
	只有在赢球时才喜欢打网球	更喜欢比较困难的、有特点的近期目标
怕输类型	害怕输球，不愿意同别人比较	别的运动员是他们的衡量标准
	不喜欢打网球，因为没有自信心	更喜欢容易或很难实现的、不明确的、全队的近期目标

通常情况下，一名网球运动员确定目标的比较好的方式主要包括以下几个方面。

(1)确定长期目标：我想达到何等水平？我现在处于何等水平？我需要做什么才能达到那种水平？

(2)确定时限：实际上将要多长时间？

(3)确定训练的项目。

(4)评估现在的和将来的能力水平。

(5)按需要分步骤实施计划(中期和近期目标)：制定时间表，帮助运动员记录实现目标的过程。

(6)对进展过程实行监控和评估。

5. 目标定向中的问题和障碍

在确定目标的过程中，并不是一帆风顺的，往往会有一些问题和障碍，从而阻碍目标定向，其中，较为常见的有以下几个方面。

(1)同一时间的目标太多。

(2)未能对目标重新评估：运动员常常害怕对目标重新评估。

(3)制定的目标无法评估或太一般化。

(4)没有目标或“尽你的最大努力”这样的目标。

(5)没有制定实现目标的措施。

(6)没有为每节训练课制定目标。

(7)当发生意外事故时(如受伤)，未修订实现目标的措施。

(8)只关心比赛结果或出成绩的目标。

(9)目标之间的内在联系：“如果我打好了，我就会赢。如果我输了，我还是会喜欢比赛。”

(10)为不制定目标找借口:“占用时间太多”,“写得东西太多”。

(11)运动员或教练员不相信目标定向,因为他们持有以下几个方面的观点。

第一,其对运动员的发挥有一定的限制作用。

第二,强调发挥的目标使运动员的拼劲减弱。

第三,强调结果的目标给运动员施加太大的压力。

第四,目标属于运动员天生的。如果一名运动员没有确定目标,制定目标是浪费时间。

(12)运动员常常提及学术问题(他们不能同时实现学术上的目标和网球的目标)和缺乏信心。

第三节　网球运动情绪的控制

一、情绪

(一)情绪的概念

人对客观事物的态度体验及相应的行为反应,就是所谓的情绪,其是由独特的主观体验、外部表现和生理唤醒构成的。通常来说,情绪和焦虑、唤醒、压力等往往有着一定的联系。

(二)情绪的意义

网球比赛不仅是技术、战术、体能的较量,一些竞技网球运动员已经认识到调整焦虑、唤醒和情绪对高水平的发挥和表现至关重要。当激动达到一定程度时,运动员非常可能达到理想的竞技状态(进入比赛状态)。

当“进入比赛状态”时,运动员比在平常情况下更能下意识地打出水平。这就是运动员们所讲的“高峰状态”,它是一种与在自主状态下的发挥有关的变化了的意识状态。有的教练员将它称之为达到“理想的竞技状态”。

一名网球运动员的重要目标,就是在一场比赛中,尽管处于逆境,也具有稳定地保持他的“理想竞技状态”的能力。但是需要强调的是,每个运动员都有独自的最佳“竞技状态”,其决定性因素有很多方面,其中,人与人之间的差别和比赛情况的特点是较为主要的一个方面。教练员的工作就是帮助每名运动员通过对焦虑状态的调整找到并保持这一状态。

二、焦虑

(一)焦虑的类型和表现

焦虑是一种消极的情绪状态,是对危险或恐惧的担心而表现出的一种唤醒形式。

通常情况下,可以将焦虑分为两种类型:一种是躯体的焦虑,一种是认知的焦虑。焦虑有着重要的作用,这一作用可以是积极的促进作用,也可能是消极的削弱作用。

(1)躯体的焦虑:指生理方面的焦虑状态,其主要表现为心跳加快、呼吸频率增加、肌肉紧张、肚子不舒服、肌肉感到僵硬和沉重。

(2)认知的焦虑:是指焦虑的内容,其主要表现为消极的自我谈话、害怕失败,以及所做的动作结果等。

表 6-7 将与竞技状态良好和发挥失常相关的感觉展示了出来。

表 6-7　竞技状态的相关表现

躯体的感觉		认知的感觉	
竞技状态良好	发挥失常	竞技状态良好	发挥失常
松弛	僵硬	自我调节/控制	精神沮丧
放松	紧张	自信/乐观	惊慌/悲观
坚定	动摇	强劲	无力
稳定	不稳定	主动	被动
强劲	无力	镇定自如	心烦意乱
轻松	沉重	平静	恐慌
精神饱满	疲劳	安静	烦恼
省力	艰难	从容	着急
流畅	不连贯	清晰	糊涂
顺利	别扭	精力集中	包袱沉重

教练员要想为运动员达到他理想的竞技状态或良好的竞技状态提供一定的帮助,可以采用的方法为:让运动员了解兴奋达到何种程度时能出现最佳发挥和需要时怎样才能改变兴奋状态。

(二)焦虑产生的原因

焦虑会对运动员的能力和潜力的发挥产生一定的影响,很多运动员在赛前和赛中不能有效地处理焦虑问题。网球运动要求运动员必须处理一些有压力的情景,研究表明有效处理焦虑能力是优秀运动员的特点之一。

在处理焦虑之前,必须对导致焦虑的原因有一定的了解和认识,表 6-8 提供的问卷,可以帮助运动员和教练员寻找各种焦虑的来源。

指导语:下面的练习可帮助你了解在比赛的压力下有哪些表现。认识和了解造成焦虑的原因,请写出你的感受。完成测验后,检查你的反应,可以帮助你确定产生最大程度焦虑的原因。

表 6-8 焦虑来源

分值	0 分:几乎从来不这样——10 分:几乎总是这样	
焦虑来源	我担心:教练员的想法和所说的话 我担心:父母的想法和所说的话 我担心:失误 我担心:丢分 我担心:表现欠好 我担心:不能集中注意 我担心:我的外表	我担心:赛前我的感受 我担心:发脾气 我担心:参加比赛 我担心:对手的表现 我担心:感到虚弱无力 我担心:裁判员对压线球的判定

从相关的调查和研究中可以得出,通常情况下,运动员焦虑的来源主要有以下四种。

第一,担心和害怕失败。假如我输掉这场比赛,后果怎样。

第二,感到信心和准备不足。如我想今天打不好比赛了。

第三,失去控制。如主裁连续错判。

第四,身体反应不适。如我感觉肌肉、动作非常僵硬。

(三)过度焦虑对身心的影响

焦虑是运动员认为他能做的事(能力),以及别人期望他去做的事(对情境提出的要求的理解)之间出现差异造成的。

焦虑是与怀疑和担心有关的感情和思维。当一名运动员以一种担心或消极的方式看待某种情况时,就开始经受焦虑的感情。所有的网球运动员在比赛时总会感受到压力。但是需要强调的是,每个运动员之间存在着一定的差异性,因此,他们对压力的反应也会有所差别。既然焦虑来源于运动员的观念,那么为了解决这一问题,运动员必须改变他的观念,对局面的看法必须从一种“威胁”变为一种“挑战”。

过度焦虑对运动员的生理和心理都产生一定的影响,其主要表现见

表 6-9。

表 6-9　过度焦虑对运动员身体和心理的影响

生理上的反应	心理上的反应
1. 肌肉紧张失去协调(肌肉过分僵硬)	1. 精力不集中且难以恢复注意力
2. 灵活性降低	2. 情绪控制力减弱
3. 很快感到疲劳	3. 产生害怕心理
4. 心律过速	4. 战略战术判断力减弱(决策不力)
5. 呼吸加快且不规则	5. 心理上缴械——放弃努力
6. 感觉腿发软(肌肉无力)	6. 每件事似乎发生得太快
7. 比赛节奏像“抽疯”	7. 没有能力进行清晰而准确的思维
	8. 不断出现消极自责的思维
	9. 自信降低,对未来持悲观情绪

(四)网球运动中常见的焦虑问题及其对策

焦虑方面的问题有很多,需要根据实际情况来有针对性地提出相应的对策,具体如下。

1. 起积极作用和消极作用的激动及其表现

在一场比赛中,运动员应力求应付出现的各种不同的困难局面。他在比赛过程中必须不断地回应困难局面提出的要求。这种回应有双重含义:积极的或消极的。

起积极作用的激动表现为:乐趣、高兴、喜爱、决心、乐观、享受、自豪、自我鞭策、自我激励。

起消极作用的激动表现为:发怒、憎恶、焦虑、怨恨、担心、紧张、消极、威胁、灰心丧气。

一般来说,起积极作用的激动(正动力)能产生平静的心态,使精力集中和肌肉放松,从而会产生高水平的发挥。起消极作用的激动(负动力),则往往会产生脆弱的心态、精力不太集中和肌肉紧张,从而导致水平发挥失常。

2. 不兴奋的表现

不兴奋的表现主要分为两种,一种是在生理上的表现,一种是在心理上的表现,具体如下。

不兴奋在生理上的表现是:第一,运动员感觉力量不够;第二,感到反应慢;第三,腿部感觉沉重:跳不起来;第四,移动慢:准备不充分;第五,头肩下垂;第六,眼神恍惚:注视场外;第七,身体看起来懒散。

不兴奋在心理上的表现是:第一,对怎样才能打好比赛漠不关心;第二,容易分心,精力不太集中;第三,缺乏耐心,并"根本不爱惜"感情;第四,没有热情;第五,缺乏判断和掌握时机的能力;第六,产生"放弃"和无能为力的感觉。

3. 控制情绪

首先,运动员必须对自己的兴奋状态和焦虑状态有一定的了解,然后可以练习和掌握消除焦虑心情的方法。

(1)提高兴奋度

表 6-10 将提高在生理上和心理上的兴奋度的几种方法进行了展示。

表 6-10　提高兴奋度的方法

生理上	心理上
1. 在两分之间的时间间隙里用前脚掌上下跳动,保持双脚活动 2. 使用短促的快速呼吸加快呼吸的频率 3. 做动作时加力	1. 使用积极的自我谈话,如加油、上等 2. 使用提高情绪的词,如使劲、快、加速等 3. 把当时的局势看作是一种挑战 4. 力求全力以赴 5. 想一些产生动力的事 6. 听节奏快、高亢的音乐 7. 最后一招:吼叫

(2)怎样减少焦虑

表 6-11 将在生理上和心理上减少焦虑的几种方法进行了展示。

表 6-11　减少焦虑的方法

生理上	心理上
1. 用收缩和松弛肌肉紧张的方法使你的胳膊、颈和手的肌肉放松 2. 了解身体的信号:不要将"心跳"(这是准备就绪的信号)误解为紧张的信号 3. 使用呼吸调节法(用深呼吸放慢你的呼吸),击球时呼气	1. 承认你开始紧张了,但是决不要害怕紧张,因为这是你已进入比赛和重视比赛的信号 2. 把一切都当作真正重视比赛的正常反应 3. 运用放松的技巧:呼吸放松,肌肉放松等

续表

生理上	心理上
4. 感到要产生紧张时,微笑 5. 摇动双手、双肩和颈部,创造一种心理和生理上强劲的形象 6. 放慢速度,两分之间多歇一些时间 7. 将球拍从你的握拍手挪开 8. 当开始打这一分时,加大步幅	4. 使用情绪调节短语:“松弛、放松”等 5. 在两分之间的间隙时间里用积极的思维鼓励自己并遵循惯例 6. 将注意力集中在你能控制的东西上。对每一分和每种情况确定具体目标。命令自己,如“我要发外角球,我要回斜线球”等 7. 记住,你的对手可能处于同一状态 8. 犹豫时努力争取“放松,击球” 9. 不要想不能发挥,不要有消极的想法。说说笑笑,力求对处境感到高兴,对待逆境采取正面的积极的态度 10. 用幽默打破紧张的气氛 11. 打比赛就是为了赢,而不是避免输 12. 让失误成为过去 13. 制定一个好的比赛方案并坚决执行 14. 打好每一分,好像它是最重要的一分 15. 听温柔的慢速的音乐

4. 正确处理紧张状态

要对紧张状态进行正确的处理,所应该采取的措施和注意事项有以下几个方面。

(1)切忌进行超量的身体训练。

(2)训练期要短,强度要大。

(3)训练和比赛之间要安排休息和恢复。

(4)切忌连续打太多的比赛。

(5)让你的教练员知道你的承受能力何时到了极限。

(6)力求把网球比赛当作锻炼,而不是当作威胁来看待。

(7)每天记录你的紧张程度,当你感到紧张时,不要害怕承认你现在紧张。

第四节　网球运动注意集中训练

一、注意集中的基本理论

(一)注意集中的概念

在特定的环境下心理稳定的能力,就是所谓的注意集中,换句话说,就是将注意力集中在比赛或训练的有关方面,并在比赛或训练中保持这种注意力。

(二)注意集中的意义

注意集中是竞技网球所需的最重要的心理技能之一。比赛时,运动员总有一个在他的内部或外部环境中可能要集中注意力的关注区。

注意集中是控制运动员情绪的关键。其能够为运动员将思维集中在某些有益的事件上提供一定的帮助,如看球,而且能帮助他从消极的思维中解脱出来,如接发球不要失误。如果运动员想的与做的不同,因此会在一定程度上影响其发挥。在网球比赛中,多数情况要求由一种注意力转移至另一种注意力。为此,对注意集中的控制意味着对注意力的范围和方向的控制。如果运动员对这种情况使用了不正确的注意集中的控制,就会出现问题。

有效的注意集中就是将注意集中在与发挥有关的关注区,而无效的注意集中则是将注意集中在与发挥无关的关注区。因此,运动员需要对在比赛的每种情况下与发挥有关的方面有所了解和认识。

有效的注意集中就是在正确的时间内使用正确的注意集中的类型。在网球比赛中,当运动员将注意分散在不正确的目标时就不能集中注意。

关注区越小,注意越集中,关注区和注意集中的程度之间的关系可用图 6-2 表示。从该图中可以看出,当运动员学会如何缩小关注区时(如注视拍弦),他们就能达到精神的高度集中,这主要是由于这时他们的注意力已完全集中。

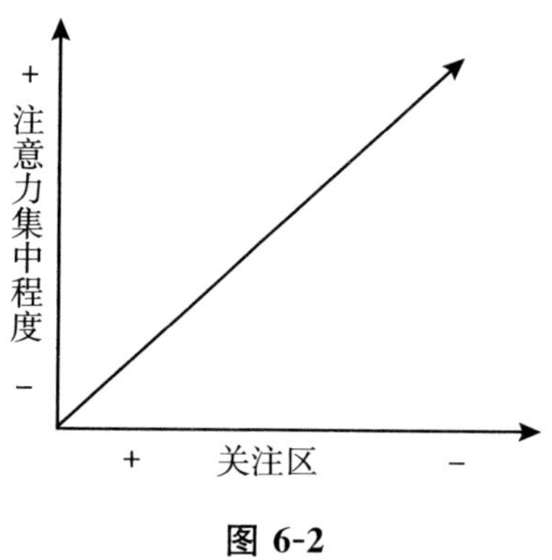

图 6-2

(三)注意的分类

通常情况下,注意的分类方法有两种:一种是从广度上进行分类,一种是从指向上进行分类。注意集中的范围可以是大范围的或小范围的;注意集中的方向可以是外部的或内部的。

根据奈德弗的观点,注意集中的广度和指向相互结合形成四种注意集中的类型(表 6-12)。

表 6-12　注意的分类

注意指向	注意广度	
	宽阔注意	狭窄注意
外部注意	大范围的外部注意力用于快速评价一种形式、氛围、比赛场地地面等(如双打网球前换位,观察对手的站位)	小范围内的外部注意力用来只注意一个或两个外部的动作(如观察来球、了解对手的意图:抛球、引拍)
内部注意	大范围的内部的注意力用于分析比赛中发生的事情和制定战术(如制定对付一个对手的比赛方案,分析上一局为什么输掉)	小范围的内部的注意力用来在心理上重新预测下面的发挥或对情绪的控制(如在心理上重新考虑发球、监控自我谈话和紧张的心情等)

(四)网球运动员注意集中的影响因素

网球运动员在控制和保持专注状态过程中经常出现内部干扰和外部干扰。

1. 内部干扰

内部干扰来自运动员自身的想法、担心和关注对象。这些无关想法会使运动员注意分散并形成不恰当的注意指向。网球运动中，较为常见的内部干扰主要有以下几个方面。

(1)对这场比赛缺乏兴趣。

(2)想着已过去的情况(如前面出现的失误，刚刚输掉 1 分，错判时与主裁判的争执等)。

(3)将注意力集中在下一步发生的情况(如果再赢两分，将赢得这场比赛)。

(4)因分析而发呆：运动员开始分析自己的打法，因此发呆。

(5)发闷：运动员因焦虑而分心(如自我谈话："这一分可不能发双误")。

2. 外部干扰

来自所处环境中的使人的注意从与操作有关的线索上转移开来的刺激，就是所谓的外部干扰。对于网球运动员而言，网球比赛存在的潜在干扰因素实在是太多。其中，最为主要的有以下几个方面。

(1)打打停停太多，在两分之间和整个一场比赛过程中难以保持注意的集中。

(2)由于对手的小动作(如当对手正与主裁判争执时)而导致运动员分散注意力。

(3)由于对手的恭维话(如"你今天的发球很棒")而导致运动员分散注意力。

二、网球运动中集中注意的方法

在网球运动中训练注意集中，需要从两个方面入手，即在网球训练中做到注意集中，在比赛中做到注意集中，具体如下。

(一)在网球训练中集中注意

在网球运动的训练中集中注意应该采用的方法主要有以下几种。

1. 不同形式的对打

(1)用不同的方式击每一个球(教练员发令回击大斜线，运动员按此回击)。

(2)开始击球的速度为每秒10米并保持稳定性,然后以每秒20米的球速击球,并逐步增加击球速度和力量。

(3)当球在对方场地弹起时说“弹起”,当对手击球时说“打”。然后,当球在你的场地弹起时说“弹起”,当你击球时说“打”。

(4)当对手击球时,你侧跨步。

(5)触球时呼气,长长地说一声“好”。

2. 发球和接发球

(1)运动员甲发球。运动员乙在运动员甲击球前说“平击、上旋或侧旋”。

(2)运动员甲发球。在运动员甲击球后和球过网前,运动员乙说“外角、内角或追身”。

3. 有目标的发球

运动员在把球发出前说出一个预定的目标。

4. 多球训练

教练员喂不同颜色的球。红色球应打直线球,黄色球应打斜线球。

5. 其他

(1)做一名评论员,每赛完一分后报比分。

(2)击球前对着球说,你要将它打向哪个位置。

(二)在网球比赛中集中注意

1. 比赛中注意集中的具体方法

(1)注意对赛前的准备进行适当的调整。利用比赛过程中的“死球时间”有效地恢复注意力。

(2)一场比赛中最难以有效地集中注意的时间就是两分之间的空隙时间。因此,这就要求运动员在这段时间内应按常规行事。

(3)力求将注意力集中在处于你的打法控制下或对赢得这一分有帮助的事情上(如观察球)。

(4)借助于目标的确定:

——对一场比赛确定具体发挥的目标。

——对每一分有一个方案。

——紧张时，使用一种特殊的击球或动作（如回一个斜线球）。

——赛后根据你的发挥检查目标是否实现。

(5)视力控制。用你的眼睛注视有关的目标，如球的接缝、拍弦等。

(6)利用身体的放松来达到有效避免焦虑的目的。如垂肩、深呼吸、活动你的胳臂和手等。

(7)就看“此时此地”，而不关注其他情况。

(8)在注意分散和逆境中进行训练，如风、雨、嘈杂的环境中进行训练。

(9)练习分散——集中的技能。如一分结束后，你从形势的压力下自我分心分散，当开始打下一分时，让你的精神放松集中以便准备比赛。

(10)练习量的控制技能。如在两分之间，运动员放松（减小注意集中的程度），但仍处于观察比赛局势的情况下，对注意集中的程度进行适当的调整。开始打下一分时，运动员则提高注意集中的程度。

(11)使用目标（如当运动员发球时，注意看球）。

(12)使用术语开始集中注意。如朝场地的一侧假想线跨步并说“放开”，同时擦一下手或撩一下衣袖等。

(13)不要对击出的球进行消极的评价。

(14)击球时不要改变主意。在动作过程中做出果断的决定并坚持到底。

(15)按常规行事：

——发球时想发什么样的球及发球的落点。

——接发球时想使用什么样的接发球及回击球的落点。

——出现失误后反复思考你本该怎样打这个球或忘记这次失误，准备拿下一分。

(16)使用呼吸调整法帮助集中注意。

(17)使用自我谈话。

(18)使用表象（想象）法把注意力集中在将要做的事情上。赛前、两分之间和交换发球或场地期间，你可设法回忆和自我体会那些打得好的球。

2. 比赛中注意集中的常规操作

网球运动比赛中注意集中常规操作的内容有很多，具体见表 6-13、表 6-14、表 6-15。

表 6-13　发球的常规操作

操作内容	目的
1. 调整兴奋点	从赛完上一分后复位
2. 决定发球的落点	目的明确
3. 向发球线跨步	准备发球
4. 做一次深呼吸	使紧张状态放松
5. 想象发球	回想和体会发球
6. 拍球	防止消极的思维，掌握节奏
7. 将注意力集中于你发球的落点	注意力集中
8. 将球发出	动作定型

表 6-14　接发球的常规操作

操作内容	目的
1. 决定接发球回球的落点	方向、深度、过网高度等
2. 决定怎样接发球	击球的方式、旋转等
3. 做好准备姿势	利用全部可利用的时间，发现问题
4. 注视发球方和抛球动作	随时改变姿势
5. 使用自我谈话	思考对策
	提醒你做某些事

表 6-15　比赛间隙的常规操作

说明	在主动情况下	在被动情况下
发球：在发球之间或两分之前的间隙时间	1. 坚定地进入准备状态 2. 观察对手的表现 3. 计划如何拿这一分 4. 按常规发球	1. 力求放松。眼睛注视某个无关的东西，如拍弦 2. 调整呼吸 3. 选择下一分的打法 4. 使用原定的发球方案
接发球：在发球之间或两分之间的间隙时间	1. 保持正常的接发球 2. 努力自我调节和控制局势	1. 停一会儿以便镇静下来 2. 调整呼吸，注意力集中 3. 使用增强信心的自我谈话 4. 做好准备，使用常规的接发球

续表

说明	在主动情况下	在被动情况下
两局之间的间隙时间	1. 喝水，用毛巾擦汗等 2. 再次肯定你的比赛方案 3. 做出下一局比赛的方案	1. 喝水，用毛巾擦身等 2. 使用镇静的技能 3. 确定下一局比赛的目标（如不再击球落网） 4. 控制你的速度：减速、争取主动
两盘之间的间隙时间	1. 喝水，用毛巾擦汗等 2. 再次肯定你的比赛方案 3. 力求保持能量	1. 喝水，用毛巾擦身等 2. 使用镇静技能 3. 重新考虑和选择一个现实的目标 4. 开始振作精神（加油——拿下第一局！） 5. 控制你的速度，争取主动
两场比赛之间的间隙时间	1. 保存体力 2. 按常规休息、娱乐和活动 3. 确保遵守训练和比赛的规范	1. 分析形势 2. 制定一个方案并决心实施它 3. 对这一方案作些设想，包括在不同情况下如何实施 4. 将注意力集中于你能控制的东西
对手质问判分时	1. 果断地应付形势 2. 提醒自己有关你的比赛方案 3. 情绪上不要参与	1. 利用这一时机镇静下来并让注意力回到你的比赛方案 2. 按常规做好准备
我质问判分时	1. 果断地应付形势 2. 利用这一时机镇静下来并将注意力回到你的比赛方案 3. 按常规做好准备	1. 要果断 2. 知道什么时候停止比赛和将注意力回到下面的比赛 3. 按常规做好准备
对手突然中止比赛时	1. 将你的思想集中在比赛上 2. 设想下一分怎样打 3. 眼睛注视不相干的东西	1. 利用这一时机镇静下来并将注意力回到你的比赛方案 2. 按常规做好准备
下雨或类似原因推迟比赛时	1. 调整方案 2. 保存体力	1. 利用这一时机分析你的发挥 2. 制定恢复比赛时的方案 3. 保存体力

第七章 网球运动技术及科学化训练

网球运动技术的训练和掌握在网球运动的整体学习过程中占有举足轻重的作用，运动者只有熟练掌握网球运动的技术，才能不断提升自身技术水平，才能在网球比赛中取得更好的运动成绩。本章的主要内容是网球运动技术及科学化训练，即从技术分析、训练方法、常见错误及纠正方法三个方面对网球运动中的各项技术进行解析和阐述，进而为运动者的学习和训练提供科学合理的指导，促使运动者参与网球运动技术的训练效果更加显著。

第一节 无球技术及训练

一、准备姿势

(一)准备姿势技术分析

准备姿势是击球动作的开始，运动者的起动快慢、击球效果乃至比赛胜负均与其息息相关。

准备姿势的动作要领为：运动者双脚开立比肩略宽，脚掌着地、脚跟抬起，身体重心置于两脚前脚掌之间，两膝微屈，上体微前倾，两眼注视对手或来球。球拍置于腹前，拍头指向正前方，微上翘，手腕低于拍头。同时，两脚也可不停地轻微跳动，使身体重心随时可以向任何方向起动，即呈现一个轻快而富于弹性的准备姿势。不持拍手轻扶着球拍的颈部。

不持拍手扶拍的原因体现在三个方面：首先，能有效扶住并稳定球拍，减轻持拍手的腕部负担；其次，能起到将球拍引至身体一侧的辅助作用；最后，可随时调整正、反手握法，保持身体平衡和全身协调发力。

(二)准备姿势训练方法

(1)运动者尝试做好准备姿势,教师或教练员不断检查并纠正其动作,进而帮助运动者建立初步的概念,使其体会整体动作的动作要点。

(2)运动者面对面站成两排,一排做准备姿势,另一排运动者纠正对面同伴的错误动作,进而促使两排运动者相互学习、共同提高。

(3)两名运动者为一组,间隔距离设定为 2～3 米,做好准备姿势后,一名运动者向前、后、左、右四个方向抛球,另一名运动者移动后把球接住再抛回,持续到一定次数后两名运动者相互交换。

(三)准备姿势的常见错误及纠正方法

1. 双膝僵直,重心过高

纠正方法:针对这种情况,运动者应在训练过程中使双脚保持微动,或者多做低重心屈膝姿势的移动训练。

2. 臀部后坐

纠正方法:运动者出现臀位后坐的情况时,教师或教练员应当向运动者讲明动作要领,将含胸、收腹、前倾、双膝投影线超过脚尖的动作要点进行适当次数的演示,并向运动者说明这一动作的重要性。

二、握拍

(一)握拍术语

网球拍不仅能够延伸击球者手臂,同时还能扩大击球者的手掌。击球者在握拍时应当做到:小鱼际(手掌根)靠近拍柄尾端,每个击球动作都是由手腕、手臂、手指相互配合用力来完成的,握拍的好坏对运动者的技术具有很大的影响。运动者最开始接触网球运动时必须按照正确的方式握拍,使拍面以正确的部位和角度与球接触。开始握拍时,可能有不习惯和不舒服的感觉,但掌握了正确的握拍法后,就会领悟到正确握拍的好处(注:本章举例以右手握拍为例)。

(1)“V”形虎口:握拍手大拇指自然分开与食指在虎口处形成的“V”字夹角。

(2)小鱼际:手掌根所在部位。

(3)5 条线:球拍拍面垂直于地面,从左向右将拍柄分成 1、2、3、4、5 五条线。

(4)8 个面:上平面、下平面、左垂直面、右垂直面、左上斜面、右上斜面、左下斜面、右下斜面。

(二)握拍技术分析

东方式握拍法、大陆式握拍法、西方式握拍法、双手握拍法以及半西方式握拍法是网球运动中常见的几种握拍法,这里一一对其进行详细解析。

1. 东方式握拍法

由于该种握拍法最先盛行于美国东海岸,所以其被称为东方式握拍法。东方式握拍法最先运用于沙土球场上,随后在不同类型的网球场上得以运用。因为采用东方式握拍法能够取得较好的效果,所以使其运动范围不断扩大。东方式握拍法又包含东方式正手握拍法和东方式反手握拍法。

(1)东方式正手握拍法

先使拍面与地面垂直,右手如同与拍柄握手一样,使虎口正对拍柄右上侧楞,拇指环绕球拍柄至与中指接触,食指应向上一些与中指分开,无名指和小指紧握拍柄(图 7-1)。

(2)东方式反手握拍法

在正手握拍的基础上,左手向顺时针方向转动球拍,使右手虎口对准拍柄左上侧楞,拇指一般贴在左垂直面上,拇指垫稍弯曲贴住左下斜面。部分优秀选手在上网截击时或击高的反手地面球时,灵活地使拇指伸直与左垂直面贴紧,这样可以做到加强拦截的力量(图 7-2)。

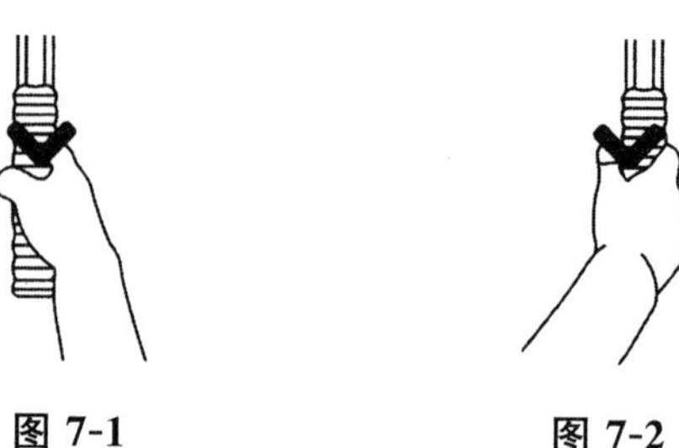

图 7-1　　图 7-2

2. 大陆式握拍法

大陆式握拍法的动作要领是:运动者虎口对准拍柄上面棱面正中间,手掌根抵住拍柄上部的小平面,拇指直伸围住拍柄,食指紧贴拍柄右上斜面，无名指和小指都紧贴拍柄，大陆式握拍法对正、反手击球都不需要变换握拍，而始终如一。将球拍侧立，从上面下握拍，犹如手握铁锤柄的姿势（图 7-3）。

3. 西方式握拍法

西方式握拍法最先兴起于美国西部加利福尼亚州的水泥硬地球场上，该握法的正反手击球均使用网球拍的同一个面。运动者使用西方式握拍法打反弹球时，正手应当打出强劲的上旋球，反手多打斜球。西方式握拍法适宜打跳球与齐腰高球，但对截击球、低球以及反手近网球不太适宜。西方式握拍法分为西方式正手握拍法和西方式反手握拍法两种（图 7-4）。

（1）西方式正手握拍法

西方式正手握拍法的正确动作是：运动者将拍面与地面平行，用手从拍上面抓住拍柄，手掌根贴在拍柄右下斜面，拇指和食指都不前伸，拇指压在拍柄上部小平面，食指下关节握住拍柄的右下斜面。

（2）西方式反手握拍法

西方式反手握拍法的正确动作是：运动者虎口“V”字形向右转动，对准拍柄右垂直面，掌根贴往右下斜面。与拍柄底部齐平。拍面翻转，用与正拍击球时同一拍面击球。即正手握拍后，把球拍上下颠倒过来，用同一拍面击球。

4. 双手握拍法

运动者在选择双手击球时，不论选择正手或反手，务必要将和来球方向在同一侧的手握在拍柄的上端，另一只手握在靠近拍柄的下端（图 7-5）。

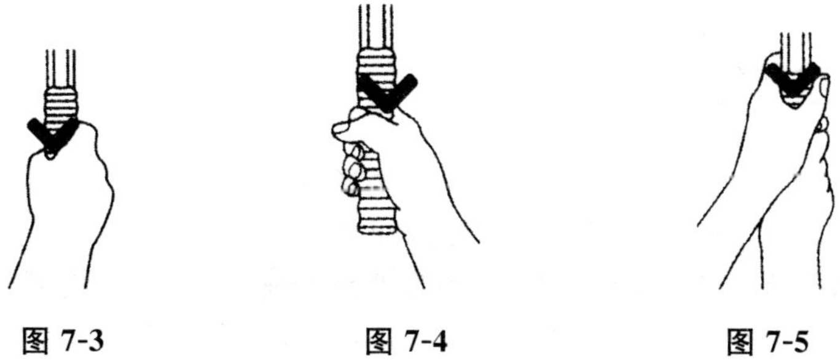

图 7-3　　图 7-4　　图 7-5

（1）双手正手握拍法

在双手正手握拍法中，运动者选择右手属于东方式正手握拍法，手握在拍柄的上方；运动者选择左手则属于东方式反手握拍法，手握在拍柄的下方。两种握拍方式均需要双手靠拢紧握球拍。击球后右手换握到拍柄下方，左手扶拍颈进入下一击球的准备姿势。由于上下换握手很麻烦，所以使用这种握法的人相对较少。

(2)双手反手握拍法

在双手反手握拍法中，运动者选择右手属于东方式反手握拍法，即“V”形虎口对准拍柄的第一条线，握在拍柄的下端；运动者选择左手则属于东方式正手握拍法，即“V”形虎口对准拍柄的第二条线，握在右手的上方，双手靠拢紧握球拍。

5. 半西方式握拍法

由于半西方式握拍法介于东方式握拍法与西方式握拍法之间，因此半西方式握拍法即混合式握拍法。因此，半西方式握拍法在具备其优点的同时，还对这两种击球技术的局限性也进行了很大程度的避免。因此，半西方式握拍法被当前绝大部分优秀选手采用。半西方式握拍法的动作要领是：运动者持拍手“V”形虎口对准拍柄的第4条线，大拇指压在拍柄上平面，食指下关节靠紧拍柄的右下斜面。

(三)握拍训练方法

(1)根据各种握拍动作要领进行各种握拍练习。

(2)结合各种击球方式进行不同的握拍方法练习。

(3)运动者在教师或教练员的示范下，严格遵循各种握拍法的动作要求进行认真练习，结合自身使用握拍法的实际情况，进行深刻思考和体会。

三、步法

(一)步法技术分析

网球运动比赛中，比赛双方常常需要通过运用控制落点来调动对方，进而通过出其不意、攻其不备的方式来占据比赛场上的主动权。由于比赛时来球的落点处于不断变化中，所以要想准确反击则需要运用灵活、正确的步法移动到合适的击球位置。步法不灵活，则不可能抢占有利的击球位置，并有效地回击来球。由此可知，步法是网球运动技术中最重要的一项基本功，良好的步法是发挥基本技术的基础。步法移动一般采用启动时前两步步幅要小，中间加快速度，击球时，缩小步幅，并以碎步调整到最佳击球位置。

1. 移动

移动是指从起动到制动之间的位移动作，包括起动、移动和制动三个环节。移动的目的在于及时接近球，保护好人与球的位置关系以便击球，同时也是为了迅速占据场上有利位置。移动主要包括垫步、左右交叉步、跨步、滑步、跑步以及综合步。

(1)垫步

垫步的动作要领是：运动者面对球网，若来球离自己稍近时，则用垫步移向来球，以调整身体与球的距离。垫步时，若向左，先跨出左脚，带动右脚向左移动；若向右，先跨出右脚，带动左脚向右移动。

(2)左右交叉步

在底线正反手击球中，左右交叉步的使用次数较多。左右交叉步的动作要点是：运动者向右移动时，两脚掌向右转动，左脚先向右前方跨一步，交叉于右脚前，同时向右转体迈右脚，再迈左脚。向左移动时，方法与向右移动时相同，方向相反。

(3)跨步

运动者在跨步前膝部弯曲，上体前倾，身体重心移至跨出脚上。跨步时，一腿用力蹬地，另一腿向来球方向跨出一大步，后腿随重心前移自然跟上。跨距大，便于向前、斜前方降低重心回击反弹球或切削击球是跨步的特点。

(4)滑步

运动者面对球网两脚向左或向右平行移动，即滑步。滑步的正确动作是：运动者两脚平行站立，向左移动时，蹬右脚，再蹬左脚，两脚腾空后，先右后左，依次落地；向右移动时，则蹬左脚，再蹬右脚，先左后右两脚依次落地。滑步移动时身体重心变换快而移动速度较慢，宜在短距离移动中运用，通常在来球距体侧稍近时可采用滑步移动接球。

(5)跑步

跑步时运动者一脚蹬地起动，另一脚迅速向前跟上，两脚交替进行，两臂配合摆动，不要过早做击球动作的准备，直到接近球时才尽力去击球。跑步特点是移动速度快，便于随时改变方向。

(6)综合步

综合移动步法是指两种或者两种以上步法的综合运用，运动者可以根据实际需要和具体情况进行恰当运用。

2. 正手击球步法

(1)原地正手“开放式”击球步法

运动者做好准备姿势,以前脚掌为轴,直接向右转髋、转肩形成的击球步法。

(2)原地正手“关闭式”击球步法

做好准备姿势,以前脚掌为轴,身体右转,左脚向右前方45°跨步,侧身肩对球网形成的击球步法。

(3)在底线正反手击球中

运动者做好准备姿势,左脚先启动向前跑进,然后右脚跟进向击球点移动,最后右脚横跨一步击球的步法,即在底线正反手击球中的步法。

(4)前进正手“关闭式”步法

前进正手“关闭式”步法的具体动作是:运动者做好准备姿势,左脚先启动向前跑进,然后右脚跟进向击球点移动,最后一步左脚向右前方跨步,转体击球。

(5)后退正手“开放式”步法

运动者做好准备姿势,右脚先后退,左脚随同后退,右脚向右横跨一步,转髋转肩击球,是运动者完成后退正手“开放式”步法的正确动作和步骤。

(6)后退正手“关闭式”步法

做好准备姿势,右脚先后退,左脚随同后退,右脚随身体右转,落地与底线平行。左脚跟随向右,落在右脚内侧前方约同肩宽,击球时以右脚为轴,击球后重心前移到左脚。

(7)跑动正手“开放式”步法

跑动正手“开放式”步法是指运动者做好准备姿势,左脚随转体向右侧跨出,然后是右—左—右的向击球方向移动,最后一步右脚横跨转体击球。

(8)跑动正手“关闭式”步法

该步法要求运动者做好准备姿势,左脚随转体向右侧跨出,然后是右—左—右—左的向击球方向移动,最后一步左脚向侧前方45°跨出击球。

(9)正拍侧身进攻击球步法

正拍侧身进攻击球步法的动作要领是:运动者做好准备姿势,左脚连续向左侧做侧滑步,到达击球点前,右脚向左脚后落地同时转体,重心在右脚上,左脚向前做跨步击球,重心随之前移。

3. 反手击球步法

反手击球步法主要包括原地反手“开放式”击球步法、原地反手“关闭式”击球步法、前进反手“关闭式”步法、后退反手“关闭式”步法、跑动反手“关闭式”步法五种类型。

(1)原地反手“开放式”击球步法

运动者做好准备姿势，以脚前掌为轴，直接向左转髋、转体形成“开放式”击球步法。

(2)原地反手“关闭式”击球步法

做好准备姿势，以脚前掌为轴，身体左转，右脚向侧前方45°跨步“关闭式”。

(3)前进反手“关闭式”步法

做好准备姿势，先启动右脚向前跑进，然后左脚跟进向击球点移动，最后一步右脚向左前方跨步，转体击球。

(4)后退反手“关闭式”步法

做好准备姿势，左脚先后退，右脚随同后退，左脚随身体左转，落地与底线平行。右脚跟随向左，落在左脚内侧前方约与肩同宽。击球时以左脚为轴，击球后重心前移到右脚。

(5)跑动反手“关闭式”步法

做好准备姿势，右脚随转体向左侧跨出，然后按照“左—右—左—右”向击球方向移动，最后一步右脚向侧前方45°跨出击球。

4. 高压球步法

(1)原地高压球步法

首先，运动者将准备姿势做好；其次，运动者的右脚随侧身转体向后退一步与底线平行；再次左脚向右平移半步，脚尖稍向内扣，重心落在右腿上。

(2)向后滑步高压球步法

运动者做好准备姿势，身体右转同时右脚后撤一步，侧身对网，左脚蹬地，右脚向后连续做侧滑步移动到击球位置，重心落在右腿上。

(3)向后交叉步跳起高压球步法

做好准备姿势，身体右转向后退右脚，后左脚从右脚前交叉向后退一步，再退右脚(若已到位可起跳高压击球)，左脚再交叉后退，右脚再后退一步并起跳在空中高压击球。击球结束后，左脚先落地，右脚再向前落地。

5. 截击球步法

(1)正手一步截击步法

运动者做好准备姿势,右脚随转体蹬地,左脚向侧前方跨步击球。

(2)正手抢上截击步法

网球运动者做好准备姿势,双脚同时向右侧做侧滑步,右脚蹬地,左脚向侧前方跨步击球。

(3)反手抢上截击步法

做好准备姿势,双脚同时向左侧做侧滑步,然后左脚蹬地,右脚向侧前方跨步击球。

(4)反手一步截击步法

做好准备姿势,左脚随转体蹬地,右脚向左侧前方跨步击球。

(二)步法训练方法

(1)运动者徒手进行前后、左右的移动动作以及后退步动作;同时还可以配合手部动作。

(2)将持拍、挥拍以及步法进行紧密结合。

(3)将多球练习和步法移动进行紧密结合,同时还应做到由慢到快、由易到难。

(4)将步法练习融入日常的身体素质训练中。

(5)运动者在对某种步法进行练习时,应当对组数与次数进行事先规定,或者在事先规定的时间内完成一定的组数与次数。

(6)教师或教练员叫“近”“远”“左”“右”“前”“后”的来球方向,或者直接叫“左(右)后交叉步”“右前正手”“左前反手”“后撤交叉步高压球”,运动者根据喊出的方向或步法名称练习步法移动。

(三)步法的常见错误及纠正方法

1. 判断迟疑,移动速度慢

纠正方法:运动者结合视觉信号多做起动训练,多做短距离的各种跑接球训练。

2. 身体重心起伏过大

纠正方法:在强调移动后保持好准备姿势,多做低重心的往返移动训练。

第二节　有球技术及训练

一、击球

(一)击球技术分析

1. 正手击球技术分析

准备姿势、后摆引拍、挥拍击球和随挥跟进是组成正手击球动作的四个环节,运动者在训练过程中应当依照这四个环节依次加以训练(图 7-6)。

图 7-6

(1)准备姿势

准备姿势的正确动作是:运动者面向球网,两脚自然开立与肩同宽或者比肩略宽,使两膝处于放松状态,身体重心向前方略移,使其落在运动者的前脚掌上。左手扶住拍颈,拍面和地面保持垂直状态,拍头指向对方,时刻紧盯对方有无来球,使自身处于随时准备好击球的状态。刚刚接触网球运动不久的运动者,一定要将拍颈扶住,一方面减轻右手负担,另一方面还能够辅助右手变换握法和快速向后转肩引拍。

(2)后摆引拍

针对来球需要正拍回击的情况,运动者应当使双脚向右转动,然后立刻将左脚抬起并且向右前方上步,使左脚和端线成 45°夹角,右脚向右转动 90°与底线平行,与此同时通过转肩转髋来带动右手向后摆动引拍(针对来球做正拍回击的步法属于“关闭式步法”;运动者在选用“开放式”步法时左脚不需要上步,但需要多向右后作转体动作)。

运动者在引拍时,要充分放松持拍手臂,呈直线向后拉拍,拍头高于手腕,身体重心转移至右脚。当拉拍结束时,左肩对网,球拍指向球场后端的挡网,拍柄底部正对球网,尽可能采用侧身迎击球,伴随着侧身转体,左手要逐渐指向前面的来球。运动者的动作应当符合迅速、协调的标准,同时还应按照来球的实际情况使膝关节适度弯曲。

(3)挥拍击球

在挥拍击球环节,运动者在击球时应当促使身体转动,用力蹬腿,将肩关节作为轴,固定好手腕,通过挥动大臂来带动小臂,提前挥拍,依照来球的轨迹挥出去,通常将左脚右侧前方与腰齐高的高度作为击球点。针对球的高度较低的情况,运动者应主动上前并屈膝,进而将球维持在和腰同高的高度击球。针对来球较高的情况,则应迅速后退击球。

(4)随挥跟进

当球接触到网球拍之后,运动者要想办法延长拍面平行于网的时间,做挥拍动作时要遵循球飞行的方向向前方送出,将身体重心放在左脚上,身体转向球网,伴随着惯性使拍头挥到左肩的前上方,肘关节向前,用左手扶住拍颈,当随挥跟进动作结束后,要迅速恢复成准备姿势。

2. 反手击球技术分析

与正手击球的动作技术大体相同,运动者要想做好反手击球动作,则需要拥有将身体充分展开并用力击球的能力,此外也需对跑动中转身的能力进行很好的掌握(图 7-7)。

图 7-7

(1)准备姿势

反手击球技术的动作要点是:运动者面朝球网,两脚向前自然分开并和肩同宽,两膝略微弯曲,腰部稍向前,用没有握拍的手轻轻托住拍颈,将拍头的高度控制为和下巴同样高度,双肘微屈,把球拍伸在前面,运动者的身体稍微向前,将身体重心放在两脚上。当运动者判断出来球向着自身反拍方向飞过来时,运动者应当让轻握拍颈的左手立即辅助右手握拍转变成反拍握拍法。倘若运动者使用的是东方式正拍握法或者西方式正拍握法,在打球时则应转变为与之相对应的反拍握拍法。对于双手握拍的运动者来说,通常也需要对握法进行变换。

(2)后摆引拍

后摆引拍要求运动者通过左肩转髋的方式带动其右手朝着左后方进行摆动,运动者左脚向左转动 90°和底线呈平行状态,与此同时运动者右脚向左前方上步,左肩对准球网,夹紧双肩,手腕绷紧并后伸,右手拇指和左腿的上部贴近。运动者做后摆动作时,使肘关节自然弯曲并下垂,将身体重心落在后方的脚上。运动者应在完成正拍后摆动作之前尽早完成反拍后摆动作。运动者在做单手反拍动作时,可以用左手轻轻托住拍颈,同时做向左转的协调动作;倘若运动者需要进行双手反拍挥臂动作,则应当将转体动作做得更加充分,促使右肩转向左侧网柱。

(3)挥拍击球

挥拍击球的动作要领是:运动者将球拍从后方向前上方挥出,在做前挥动作时手臂依然要处于弯曲状态,直至做完随挥动作后再将手臂伸直,右脚左侧前方为击球点,击球时应当使球拍和右脚在一条直线上,高度介于膝盖和腰部中间(比正手击球略微低些),拍触球时应绷紧手腕,使拍面和地面呈垂直状态,击球中部位置,运动者应当具备“以手背击球”的意识,通过转体与转肩的力量促使身体重心向前移动至右脚。

(4)随挥跟进

随挥动作具体是指运动者将球击出之后,应当尽量延长拍面平行于网的时间,挥拍沿着球的飞行方向前送,球拍随球的向前距离应当小于 60 厘米,运动者将身体重心前移至右脚上,同时身体也随之转向球网,挥到运动者右肩上方解暑,拍头指向上方(削击球则与之不同),随挥动作的高效完成能够对运动者控制球的落点与方向产生积极影响。运动者在做随挥动作时,应做到比后摆动作大而充分,进而使其击球动作达到完整与稳定。运动者做完随挥跟进动作后,身体转向球网,立即恢复到之前的准备姿势,准备迎接下一次击球。

(二)击球训练方法

(1)对单个动作进行分解训练。

(2)运动者进行底线正、反手对打斜、直线训练。

(3)运动者进行"N"字线路(斜线与直线交叉)训练。

(4)"8"字线路(两斜线对两条直线)训练,起初固定线路,随后不再固定线路。

(5)进行徒手挥拍训练或者持拍挥拍训练,对挥拍时向后引拍、转肩及扭转腰部、移动重心等击球动作要点进行感知和体会。

(6)对挥拍动作进行原地训练结束后,将步法训练融入挥拍训练中,对步法和上肢的配合进行深入体会。

(7)运动者侧对挡网,引好球拍,教练员或者同伴站在运动者的侧面,把球高举在击球点位置,让球落下,当球落地反弹跳起之后,挥拍击球。

(8)在原地面朝挡网站立,自抛球,对正手打落地反弹后下降至腰部高度的球的具体动作进行练习,采用反手打下降至肩部或者胸部高度的球。

(9)运动者站在底线后面,使用多个球依次练习正手击打落地弹起的球过网,随后再练习击打不落地的球过网。

(10)运动者站立于距离墙较远的位置,采用正手击打落地球上墙,当球反弹落地两次之后再持续进行正手击打,当练习到一定次数后运动者再开始反手练习。

(11)和墙保持恰当的距离,运动者首先进行正手连续击球,然后进行反手练习。

(12)两人一组,一名运动者站在底线中间,另一名运动者在前方距离 5 米左右的位置抛球给对方,让对方进行多球的正手击球练习。当两者相距 5 米的抛球练习持续进行到一定次数后,再向后移动 5 米进行反复练习。在进行交换练习的过程中,运动者可以进行相同的反手击球练习。

(13)运动者站在底线的中间位置,教师或教练员站在网前,通过球拍向运动者喂球,运动者依次进行连续多个回合的正手击球练习和反手击球练习。

(14)教师或教练员在网前右侧向运动者喂送多个球,规定运动者逐一打正手直线球与正手斜线球;随后教师或教练员再到网前左侧喂球,规定运动者打正手直线球与正手斜线球。

(15)教师或教练员在网前中线处向运动者喂送多个球,规定运动者逐一打反手直线球与反手斜线球;随后教师或教练员再到网前左侧喂球,同样规定运动者打反手直线球与反手斜线球。

(三)击球的常见错误及纠正方法

1. 正手击球的常见错误与纠正方法

(1)无法将球打在拍子中央的“甜点”部位。

纠正方法:养成全神贯注、时刻盯球的良好习惯,尽全力盯住来球直到把球击出为止。

(2)挥拍动作过于仓促,击球深度不足

纠正方法:运动者不断培养提前引拍的意识与习惯,完整、协调、平滑的完成转体引拍动作和挥拍击球动作。

(3)击球时拍头落后于手腕

纠正方法:出现这一问题的原因是运动者向后引拍时后摆动作过大和伸直膝关节导致的前挥动作缓慢,进而造成击球点落在运动者的体侧,而运动者要想击到球,则必须拖后拍头,进而出现了手腕领先的现象。因此,运动者在向后引拍时,应控制好上臂和前臂的角度,将拍头翘起来。运动者在向前伸够击球时,手臂延长部分的挥向目标应当设定为拍头,同时固定好手腕,进而避免球拍出现摆动。

(4)到位不充分

纠正方法:运动者要想击出好球,则需要充分到位,然而到位不充分的问题总是存在于网球运动的实践过程中。到位不充分的原因主要体现在以下三点:第一,还击动作不认真,未达到随时向任意方向起动的要求;第二,没有准确预测来球方位,在来球过网前没有开始进行身体重心的转移;第三,运动者在距离感方面相对不足,无法精确判断出来球力量的大小和落点的远近。针对这种情况,运动者应当通过在墙壁上击打凌空球的方式来培养和强化自身的距离感,不断提高自身的判断能力,有效避免由于到位不充分导致的无法击中“甜点”,进而打乱正常的击球节奏。

(5)击球时身体重心高,导致拍头下垂

纠正方法:相同的还击方法与动作结构适用于不同高度的正手击球,其重点在于要通过重心的升降来对击球的高度加以调整。最为理想的击球高度为同腰部相同的高度,针对这种高度的球运动者应略微下降身体重心,同时平挥右臂。击胸部高度的球,运动者则应当抬起身体重心和肩肘。还击高度较低的来球时,运动者则应当加大跨步的长度,将身体重心降低到适宜的高度,此时拍头依然比手腕高,采用正常的击球方法加以还击即可实现预期的目标。部分运动者出现无法下降身体重心的问题,其原因在于运动者向前跨步过小,两脚距离过近,对重心下降和重心前移均产生了制约作用。

(6)在体侧击球

纠正方法:站位不好或者前挥过晚均是导致在体侧击球的重要原因,进而导致运动者未将击球点置于右前方的正确位置,其结果为屈臂用手腕的力量把球推过球网,击球后身体重心依然在右脚上,最终造成运动者身体重心不稳,击球无力的问题。

(7)击球出界或下网

纠正方法:对正确的握拍方法做到熟练掌握,不盲目地进行加力,对击球时的拍面角度与击球点进行准确调整。

(8)随挥动作不完整

纠正方法:球拍撞击球后的随挥动作与整个动作结构息息相关,并非是撞击球之后独立存在的动作,而是整个击球动作最后的一个环节。试想如果运动者的随挥动作在击球后的位置停留,则其手中的球拍对球只起到了撞击作用,仅做到了将球弹出,其身体重心必然还停留在后面,这一结果不仅使球速降低,同时也对运动者再还击的准确动作产生了消极影响。

2. 反手击球的常见错误及纠正方法

(1)单手反手击球的常见错误及方法

运动者在进行单手反手击球时,除出现正手击球时出现的常见错误外,还会出现反手击球时常见的一些错误。

①击球点距离身体过近或过远

纠正方法:要正确判断来球落点和反弹轨迹,积极有效地进行跑动,应将肘部可以自由发力的地方作为击球点,一般能够通过打自抛落地球的方式加以纠正。

②将球打出界外或下网

纠正方法:运动者应在恰当的时机及时转换成反手握拍法,采用准确合理的握拍方法。由于反手打法的不同击球部位均存在较小的差异,因此运动者要准确选择击球部位,培养眼睛盯球的良好习惯。

③发不出力量

纠正方法:身体转动与挥拍共同实现了运动者反手击球的力量,倘若运动者转体引拍力度不足则很难利用其身体转动力量。运动者在训练过程中,应不断强化转体意识和转肩意识,尽可能早的做出引拍动作,促使肩部和球网相对;运动者在完成击球动作时,挥拍动作与身体转动动作应做到协调配合,同时将随挥动作做充分。

④反手下旋球的切削太“薄”,击球过浅

纠正方法:运动者合理掌握拍面的开合程度,不断增加削球动作中向前推的成分，协同配合跨步动作，同时身体重心与之同步。

(2)双手反手击球常见错误及纠正方法

①引拍不充分，击球无力

纠正方法：尽全力做好转肩动作并向后伸展左肩；在击球时充分利用转体转肩与身体前移的力量进行发力。

②挥拍击球后过早抬头，击球不准

纠正方法：促使运动者形成盯球意识，养成击球后保持低头姿势的良好习惯。

二、发球

(一)发球技术分析

发球是打球的开始，在现代网球运动中，发球是鉴别、评价技术水平的最重要的标志之一。

1. 握拍

多采用东方式反手或大陆式握拍。许多网球初学者都喜欢用东方式正手握拍进行发球，如果采用此种握拍在右区而且是用正常动作发球的话，球出手后十有八九会偏向外角一侧，因为手腕在自然情况下所形成的拍面就是如此的角度，若想使拍面偏向内角则必须向内转手腕，而经常做此动作不仅相当别扭而且易使手腕受到损伤。所以，在可能的情况下最好不要使用东方式正手握拍进行发球。

2. 站位

双脚自然分开站立，两脚的连线根据球员的习惯可与底线相垂直，也可以保持另外一个合适的角度。全身放松，侧身站在端线外中点旁(单打)，左肩对着左边网柱，面向右边网柱两脚分开约与肩宽，左脚与端线约成45°角，右脚约与端线平行，重心在左脚上，身体自然前倾。左手持球，右手握拍，拍头指向前方。

3. 抛球

(1)抛球的方法

在准备姿势的基础上，持球手的肘部渐渐伸直并向下靠近持球手同侧的大腿，然后从腿侧自下而上将球抛起。抛球时，用拇指、食指和中指第一二关节将球平稳托住，掌心向上，整个手臂伸直向上托送，利用手臂向上惯性使球平稳地离开手指，避免屈腕屈肘动作，尽能让球垂直向上。球脱手的最佳点在手掌走势的最高点，脱手过早容易造成球在空中旋转或晃动，出手过晚则会令球“走”向脑后失去控制。脱手时托球的三手指已尽全力展开，球不是被“扔”到空中而是被“抛送”到空中去的。发平击球时，应先将球抛在身体偏右前上方；发切削球时，抛球较平击球再稍靠右一些；发旋转球时，抛球较平击球稍靠左一些。

(2)抛球的高度

抛球的高度一般是手握球拍充分向上伸直时，球拍的顶部再稍高一些，但是由于此高度限定了挥拍击球所用的时间，所以抛多高要才合适要视个人情况而定。

(3)球脱手后在空中的位置

一般来说，第一，发球强调出球的速度与攻击力，击球点较靠前，因此球也抛得较靠前。第二，发球较为保守，在保证成功率的前提下强调球的旋转和控制球的落点，击球点也就相应后移，因此球也要抛得靠后一些，基本上与背弓时身体的纵轴线相一致。抛球的位置也可参照球落地后相对于前脚的位置来确定。一般来说，第一发球抛球后球应落于前脚前一个拍头的位置上。

4. 引拍

同步开始后摆拉拍动作与抛球动作。球拍从前方开始往下向后上方摆起，当握拍手摆至肩高时，转体展肩弯臂，使拍头垂于背后如“搔背”状，两膝前弓，身体后仰，眼睛注视着球。

5. 挥拍击球

当左手抛出球时，球拍继续向上摆起，这时握拍手的肘关节放松，可以使向前转动的身体和右肩自动地使手臂产生一个完美的绕圈(不是故意的做挠背动作)，当球下降到击球点时，迅速向上挥拍击球，左脚上蹬，使手臂和身体充分伸展。当身体向前上方伸展击球时，肩、手臂已经回转，双肩与球网平行。挥拍击球时，持拍手手腕带动前臂有一个旋内的“鞭打”动作，这就是发球发力的关键动作，也是其他诸如蹬腿、重心前移、转体和挥拍等力量集聚的总和。

6. 随挥

击球后身体向场内倾斜，继续保持完整的随挥动作，球拍随惯性挥至身体的左下方，重心前移，右脚率先越过底线遇区落地，并迅速调整好位置，准备接对方来球(图 7-8)。

图 7-8

(二)发球训练方法

对于刚刚接触网球运动的运动者来说，发球动作相对复杂。运动者在学习发球技术时，应当遵循由浅到深、循序渐进的原则，同时还应将站位、准备姿势、握拍、抛球和后摆、击球动作以及随挥动作根据动作要领做模仿分解动作的专门性练习，并且从单一分解动作逐渐过渡到组合动作，及时改进不合理的动作，逐渐过渡到抛球和击球的组合训练。

1. 抛球练习

运动者在抛球的适宜高度悬挂一个目标，运动者对准目标进行抛球，悬挂的目标应符合高度适中、不过低或者过高的要求。

2. 挥拍练习

运动者做完整的无球挥拍动作，动作准确连贯，要想加强训练效果可以对着镜子进行训练。

3. 抛球和引拍练习

运动者在做抛球动作的同时，做拉拍动作与挠背动作，不击球，深层次感受抛球与引拍动作相互结合的感觉。

4. 击固定目标练习

运动者将一个标志物固定在持拍所能够到的最高点(指拍心)，运动者在做完整技术动作的同时，使用球拍击打目标，努力使其动作达到自然连贯的要求。

5. 短场地发球练习

运动者选择在发球线附近进行发球,在保证发球动作基本正确的基础上,连续发五球后就往后退,直到运动者退到底线。

6. 发球线路和落点控制练习

在保证成功发球的概率达到一定程度后,运动者将三个标志物放在发球区,这三个标志物依次代表内角、外角和中路,运动者在底线后发球,尽全力击中标志物。

(三)发球的常见错误及纠正方法

1. 两眼未紧盯球

纠正方法:当开始做抛球动作时,运动者的双眼就要时刻紧盯球。部分运动者常常会在网拍接触球之前的一瞬间眼睛从球转移到对手或者场地上,进而出现击球不正的问题,最终对发球效果产生不利影响。紧盯球不但要看到网拍"甜点"击正球的一瞬间,同时还需看到网拍触及球时的那个消逝了的击球点。

2. 失去平衡击球时,马上向前跨步

纠正方法:针对这一情况,运动者可以采取以下四种措施。第一,运动者脸朝向网,双脚并拢发球;第二,运动者侧身对网,双脚并拢发球;第三,运动者双脚交叉,右脚代替左脚向前;第四,运动者将手指放在头额骨上将身体重心落在后面,直至适当的时候。

3. 发球不协调

纠正方法:运动者在无球状态下,先放松地进行抛球、引拍和挥拍的组合训练,努力做到抛球挥拍动作的协调与连贯,直至能够将抛球、挥拍、击球动作实现协调配合;与此同时抛球动作要尽可能稳定,努力避免抛球、引拍、挥拍、击球的节奏被打乱。

4. 击球点靠后

纠正方法:深入理解和判断出击球点的正确位置,左肩前上方稍靠右一侧为切削发球和平击发球的击球点,左肩前上方为发上旋球的击球点。此外，运动者要尽可能稳定的发球，增加抛球稳定性的训练。

5. 连贯性不足

纠正方法：运动者在发球时采用球拍的反面进行击球；运动者在发球时使用球拍拍面，最终交换成正确拍面；指导运动者并让其体会手臂在整个发球动作中的动作要点；向运动者抛球并达到一定的高度，让其在最短时间内进行击球，教师或教练员站在运动者右侧，督促运动者在做发球动作时将手臂充分伸直。

6. 手臂抛球过快

纠正方法：运动者做完抛球动作后，让其左手在空中停留两拍，同时运动者应用左手在空中指着球。

7. 发球用直臂

纠正方法：教师或教练员用两个手指握拍发球；做发球动作时碰背两次；发球时使用球拍的另一面。

8. 肘先行

纠正方法：当运动者恰好带动向前时，向其靠近，将手指放在其肘关节上；要求运动者靠近网站位，扔球拍（旧球拍）过网；要求运动者靠近网发球，在击触球时停住。仅用球拍碰网。

9. 背后下部

纠正方法：要求运动者球拍经过他头的后部与头顶，手臂向上刷；告诉运动者用球拍背后抓痒。

10. 击球点不恰当

纠正方法：减少击球点的教学内容，将教学重点确定为击球点上；向上够伸球拍，想象击球点，并且紧盯一点发球，停止于意想的击球点上。

三、接发球

（一）接发球技术分析

接发球在网球技术中同样尤为重要。面对强而有力的发球，接发球员处于被动防守地位，他必须在瞬间完成判断、移动和回击球，破掉对方发球局。不能指望对手发球失误或发球质量差，而是要靠提高自己的接发球质量，以阻止对方的攻势，这就要掌握比较全面的基本技术。

1. 握拍

运动者应根据各人的习惯，选择自己最合适的接发球的握拍方法，可以选择东方式正手握拍法，也可以采用东方式反手握拍。习惯正手击球的，在等待对方发球时，用正手握拍。但对方发球时，往往发己方的反手，因此采用东方式反手握拍会比较好，从反手换成正手握拍也比较容易，握拍不要太紧，感觉舒适为好。

2. 准备姿势与站位

接发球的站位一般是站在有效发球最大角度的分角线上或者略偏于反手位置，接近于单打边线处。前后的位置要根据对手发球方式和力量大小来确定，如接良好的炮弹式发球要站在底线后 1～2 米处，接其他方式的发球一般是站在底线前后即可。

接发球的准备姿势与前述相同(图 7-9)。站好了位置，做好了准备姿势，这时要全神贯注地两眼紧紧盯住对方，注视对手的抛球动作，包括身体和球拍的位置，抛球的方向与高度以及发球的形式，以此来判断对手出球的方向、速度，以便做出最快的反应。

图 7-9

3. 击球

与正常击球动作大体相同，接球时的击球动作是：当对方球发出后，接球员要向预测击球点及时起动，迅速做出转体引拍动作，只是后摆距离要短一些，幅度大小要根据对方不同的发球来调整，握紧球拍，手腕固定，并向击球方向踏出异侧脚，同时向前迎击球，击球点是在体前侧胸部高度处，对着球击出的方向，送出球拍，尽量加长球拍接触的时间，要像打落地球那样，做好随挥动作。

运动者应当针对不同高度的来球，选择不同的还击方法。若来球带有较大的下旋或侧旋，弹跳得低而浅，必须迅速上步，以后仰些的拍面积极地向前推出并加以削切，使球既有速度又能落地后弹起较低或变向；对于平网高度的来球，用正常的打法还击，关键是当球与拍面接触的一瞬间要准确控制拍面角度，针对对手站位情况确定球的飞进方向与落点；还击高过肩的球时，要积极上步，立足于早打。击球时锁住肩关节，固定手腕，身体重心明显下压，借助于转体，手臂大力挥击。但对于过头又不足为高压的高球，击球时切勿下压，要向高处挥击，似乎是要将球打向对手的挡网，然而由于拍子的走向在体前，击球后拍面趋于关闭式，况且又是一个上旋动作，所以球还是飞落向底线内。击球时注意不要使拍面过早关闭，也不要将球击向发球区。

4. 随挥

虽然缩短了球拍的后引，但不要限制击球后的跟进动作。运动者应尽量加长球拍接触球的时间，球拍应先跟着球出去，然后做充分的随挥动作。一般情况下，后摆动作小，随挥动作也小，后摆动作大，随挥动作也大。随挥动作一结束，身体就要快速移动到自己场地中央，准备迎击下一次来球。

(二)接发球训练方法

1. 与发球员配合的接发球练习

一至两名发球者练发球，结合实战，进行接发球练习，可练习接发球破网，接发球抢攻，接发球随球上网。

2. 提高接发球准确性的练习

对方有多人轮流发球，要求接发球者把球回击直线球或斜线球，或将球回击到指定的区域内。

3. 提高接发球实战能力的练习

有目的地安排单打或双打战术练习，互相对抗，可以提高接发球在实战中的心理素质。

4. 多球式的接发球练习

为了尽快地掌握发球技术，指导员用多球发球，给练习者进行专门的接发球练习。为了增加送球的准确性和力量，指导员可站在发球区域附近位置发球，应注意发球的速度、旋转、落点，可随接发球者水平的提高而增加。

(三)接发球的常见错误及纠正方法

1. 接发球过于紧张

纠正方法：要树立攻守平衡的思想；用抖动手臂、大腿或转动球拍等方法来消除紧张情绪。

2. 无法预测对方的发球意图

纠正方法：注意看对方抛球时持拍拍面是平的还是有角度的，如果有角度即为切削发球，可准备向场边移动；用耳朵听，因为平击球的声音比旋转球要大得多。

3. 对方发球时，重心落到脚后跟

纠正方法：原地快速小步跑，体会重心的正确位置；对方抛球时作变换左右支撑的小垫步，对方击球的瞬间，两脚前掌同时落地，双膝微屈，脚后跟稍抬起，保持重心在前。

4. 回击的球打不准甜点区

纠正方法：全神贯注，时刻谨慎，早判断，早定线路。

5. 回击球多下网

纠正方法：小臂下压不要过早；找准合适击球位置。

6. 接球时膝盖僵直或击球时跳起

纠正方法：强调膝关节的弯曲可加快身体的移动速度，更好地维持身体的平衡；强调两脚的支撑可使接发球更加稳定，提高接发球的成功率；多练原地和移动中的接发球。

7. 回击延后，常常打不到球

纠正方法：尽可能快地完成后摆动作。

8. 击出的球不稳定，无法将方向和力量控制好，球经常被打飞

纠正方法：握拍要紧，手腕要绷紧，特别是在接大力球的情况下要注意以下几点；把握好拍面角度、球接触拍的时间、随挥动作。

四、高压球

(一)高压球技术分析

1. 握拍

高压球的动作与发球动作相似，握拍也与发球的握拍动作相同，大多采用大陆式握拍法或东方式反手握拍法。

2. 准备姿势

打高压球的准备姿势与一般情况基本相同。但是在网前准备姿势中，既要准备打截击球，又要准备快速后退打对方挑高球。一旦对方挑高球，应侧身转体并用短促的侧滑步、垫步或交叉步快速后退，眼睛始终注视来球。

3. 后摆球拍

在脚步开始调整、身体位置相应变化的同时转体、侧身，迅速抬起右手，肘部抬起约与肩高，拍头向上。

在后摆球拍环节，运动者应注意两方面的问题：一方面，非持拍手应指向来球，高压球在移动定位时非持拍手应避免吊在体侧，而应指向空中的来球。非持拍手指向来球不仅有助于测寻击球点的位置，而且对保持身体的平衡也有积极的作用。另一方面，运动者应做适度的背弓动作，后摆时除伴随有转体、侧身动作外，还应有适度的屈膝及背弓动作以备发力之需。高压球不是单纯依靠手臂或手腕的甩动发力，而是依靠腿部、腰腹及身体整体的协调发力，这一点与发球一样。

4. 挥拍击球

运动者在判断好击球点并移动到位后，以双脚为支撑向击球点方向蹬地、转体、收腹(反弹背弓)继而伸展手臂挥拍击球的后上部。发力顺序和感觉与发球相似，但击球点在能保证球过网的前提下，其位置越靠前越利于发力和控制球出手的角度，越靠前越具有杀伤性，这与发球时力争高点是不同

的。拍头到达击球点时身体应已完全面向对方(已完成转体),收腹(反弹背弓)的强劲势头也爆发于此点。手臂挥拍动作与发球一样有个“搔背”再迎击来球的过程,手腕以鞭打动作击球。不要硬压大臂以期“高压”来球,而是要将小臂和拍头“甩”出去,获得“鞭打”的效果。当距球网较远,击球点偏后时,还需要做手腕的“旋内”动作。高压球没必要过分苛求施加旋转,仅需对力量和角度加以即可。

5. 随挥动作

击球后顺势将球拍摆至持拍手异侧的腿侧即完成了高压球的随挥动作。这在击球点比较合适(如在身体的前上方)的情况下较容易做出来。如果击球点很靠后或者很偏,不适合正常发力,那么随挥动作就有可能被强行的扣腕或旋腕动作所代替,这要求击球者具有良好的腰腹力量及手腕的控制能力,遇到这样的情况时初学者应量力而行。

(二)高压球训练方法

1. 对墙练习

(1)连续对墙高压练习

训练目的:提高运动者的球性。

①运动者距墙 7 米处,像发球那样将球击向距墙 1.5 米处的地面。

②当球反弹回来时,移动到球下落的下方,再高压扣向墙前 1.5 米处的地面(图 7-10)。

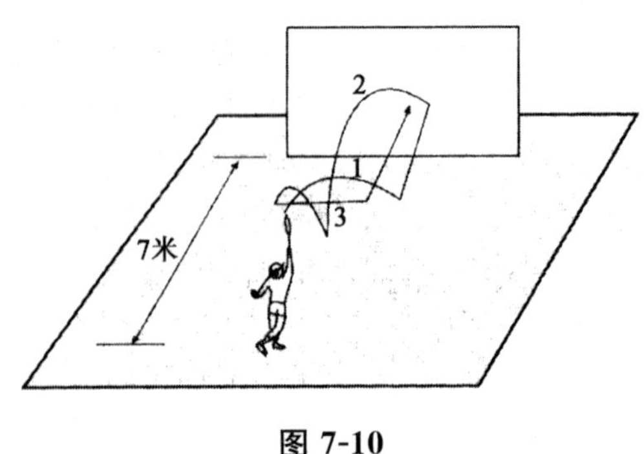

图 7-10

(2)反弹高压接挑高对墙练习

训练目的:提高运动者球性。

①开始对墙挑高,如图 7-11 所示,上较高目标即高目标,较低目标,为

高压目标。

②挑高球落地反弹后，对准较低目标击高压球。

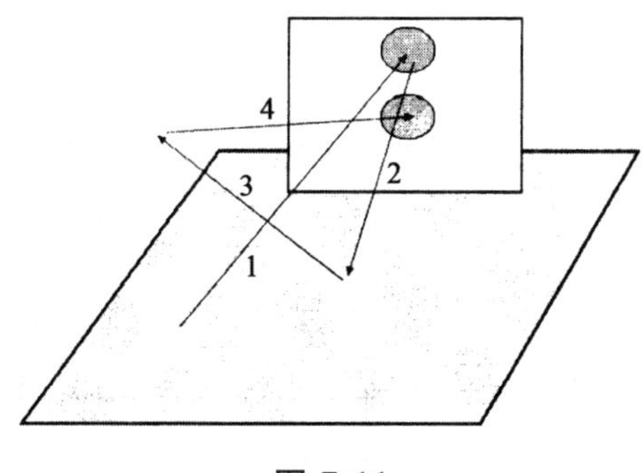

图 7-11

2. 与同伴配合练习

(1)一人挑高、一人高压练习

训练目的：指导运动者完成有效的配合练习。

①一名运动者在底线挑高球，另一名运动者则练习高压。

②设法延长球的来回次数，然后交换练习(图 7-12)。

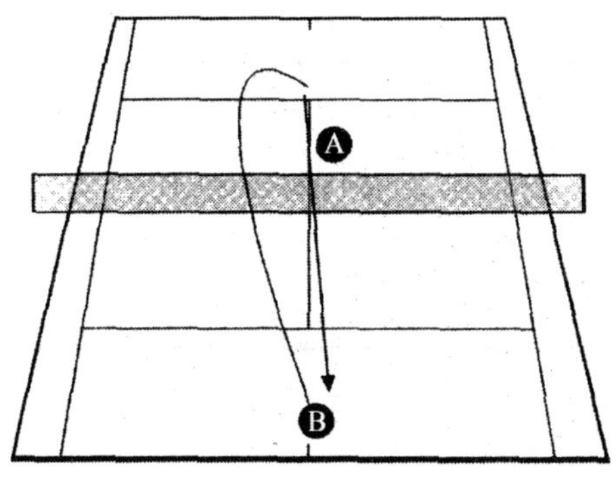

图 7-12

(2)进攻上旋挑高练习

训练目的：促使运动者完成更具进攻性的挑高。

①运动者 A 在底线送球给运动者 B，B 截击来球使 A 处于被动。

②运动者 A 在被动状态下击进攻型上旋挑高球，B 可高压扣球(图 7-13)。

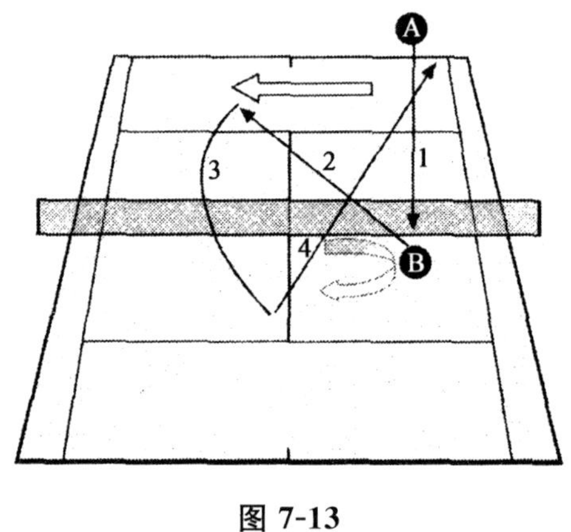

图 7-13

(3)角度高压练习

训练目的:实现运动者对落点的高压控制。

①运动者 A 先给运动者 B 送正手位高球,B 高压直线深球。

②A 移动到左侧底线挑高,B 高压斜线深球获胜(图 7-14)。

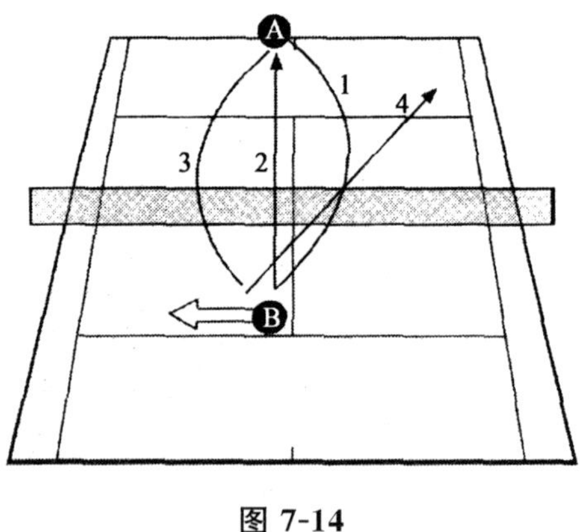

图 7-14

3. 多球练习

(1)抛球高压练习

训练目的:使运动者更好地掌握高压击球。教师或教练员在球网附近手抛球给运动者高压(图 7-15)。有效控制好抛球的位置和高度,使运动者能准确地高压击球。

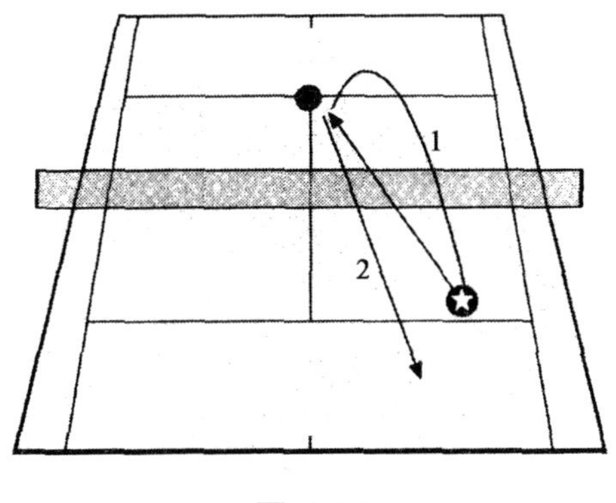

图 7-15

(2)自我挑高练习

训练目的:提高运动者的技术练习。

①在球场的一端标记一条线在底线内 2 米。

②运动者自抛自击挑高球,使球落在限定区域内(图 7-16)。

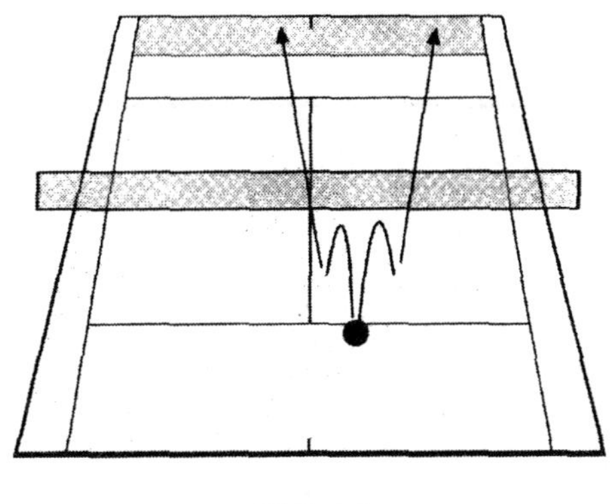

图 7-16

(3)自抛自击高压球

训练目的:提高技术的训练。

①放球筒或拍套刚好在底线内或球场角落处。

②运动者在另一边的中场,自抛自击高压球(图 7-17)。

(4)后退高压练习

训练目的:接近更实际的高压。

①运动者 A 在网前做准备,运动者 B 在底线挑高后场。

②运动者迅速后退高压获胜(图 7-18)。

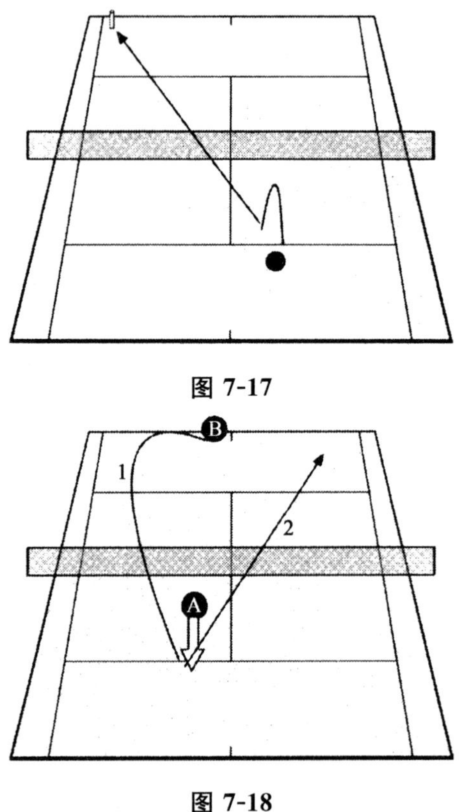

图 7-17

图 7-18

(5)不停高压练习

训练目的:培养运动者连续作战的能力。

运动者 B 在底线一球一球挑高给运动者 A。运动者 A 每次高压后,都必须跑到网边用拍轻触网带(图 7-19)。

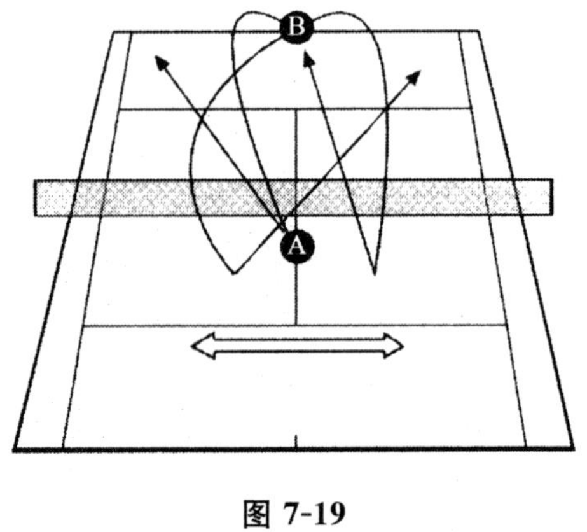

图 7-19

(6)反弹高压练习

训练目的:训练稳定的高压。

①运动者 B 在底线,挑高给运动者 A。

②运动者 A 在球落地反弹后高压该球,并瞄准放在球场上的目标物,运动者需设法于击球期间回到截击预备位置(图 7-20)。

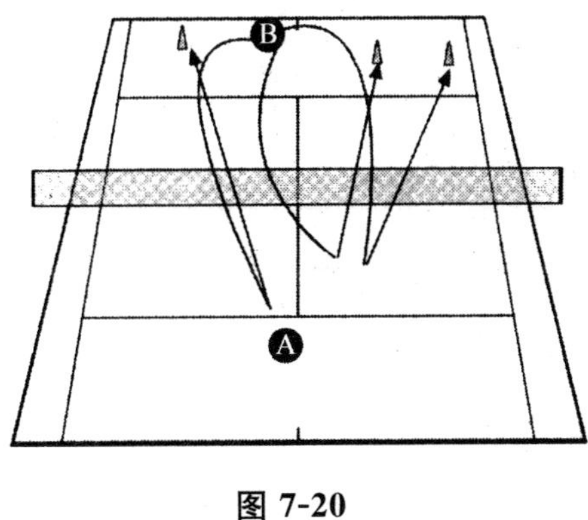

图 7-20

(7)凌空挑高练习

为了巩固中拦的击球落点,提高进攻性挑高球在网前快速的反应能力。教练送中场斜线中拦,运动员中拦回直线至对手。对手再回直线。中拦者击小角或凌空高球(图 7-21)。

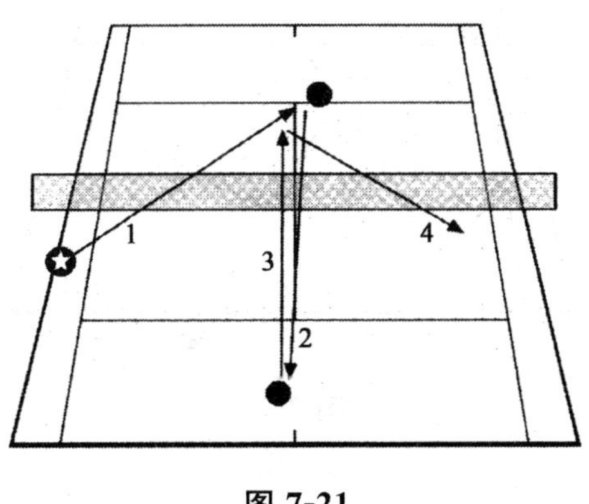

图 7-21

(8)过教练的挑高练习

为了训练进攻性和防守性挑高球的能力。教师或教练员送既深且边的球至正手区,运动者迅速移动挑高击向目标(图 7-22)。需要注意的是有深度要过顶。

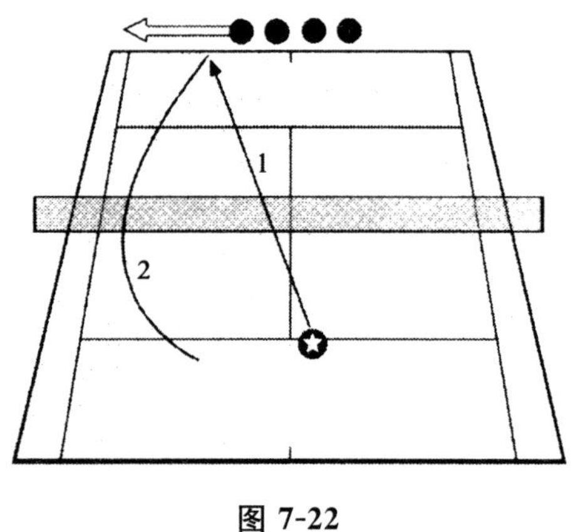

图 7-22

4. 变换练习

(1)强制高压球

训练目的:改进运动者高压击球的能力。

发球上网,接发球挑高,发球员跟上高压(图 7-23)。让挑来高球落地再打或打完高压球即退至端线者,都算输一局。

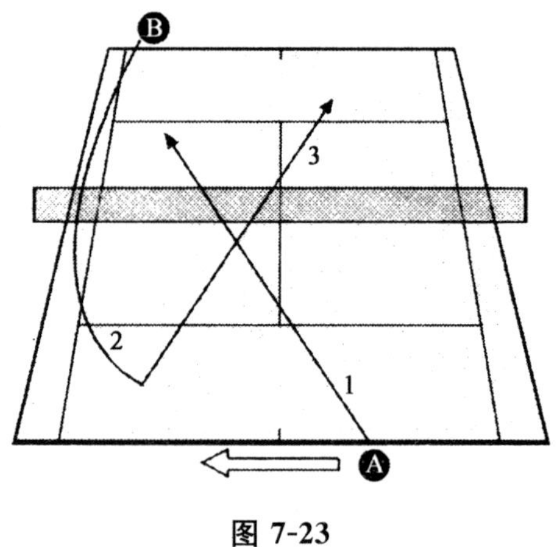

图 7-23

(2)上网挑高

训练目的:促使运动者具备攻击性。

运动者在练习比赛中,每逢对手上网,必须挑高球(图 7-24)。上网球员已知会打挑高球,认真打好高压球。

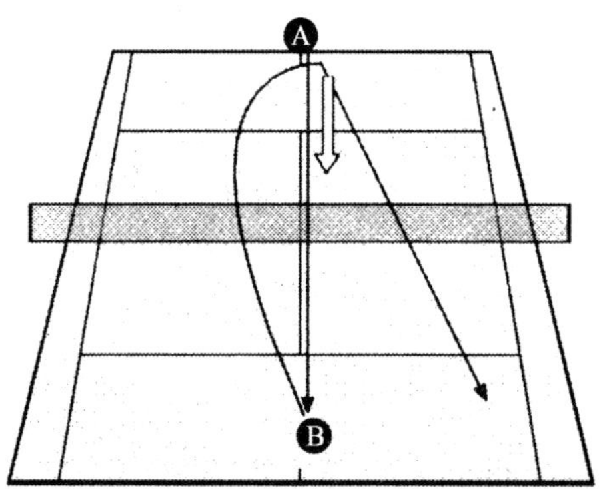

图 7-24

(三)高压球的常见错误及纠正方法

1. 位置感差,无法判断落点和击球时机

纠正方法:移动步法要正确,多以侧身的并步、交叉步、垫步跑动,不能盲目前扑;可多根据不同球速高球的跑位训练,提高跑位的位置感。

2. 击球点太低,击球不准

纠正方法:提前出拍;训练者反复训练直接上举球拍呈击球预备姿势,要求训练者左手指着球。

3. 击球无力

纠正方法:击球时,球拍和球接触角度要正确,使球飞出的路线与拍面垂直;击球时要通过转肩带臂完成"鞭打"动作;侧身对网击球才能利于身体发力。

4. 未能移动到球的下落处击球

纠正方法:提高视线随球移动能力,准确判断球的落点;通过连续击高球的多球训练,注意步伐移动到球的下落处再击球。

5. 高压时身体过分地向前或后仰,完全依赖于手腕的运动

纠正方法:明确高压球不只是靠手腕来压球,主要靠身体的协调配合,上体不能前倾过多或后仰过大,这样容易失去平衡造成高压失误;通过多球

训练，选好击球点，用身体协调打高压球。

6. 击球触网或者出界下网

纠正方法：网口击球时要控制挥球的幅度，避免触网；击球时，根据人和网的位置，确定好击球部位，并做完随挥动作。

五、截击球

（一）截击球技术分析

截击球是对方来球在落地前被凌空击回的一种网前攻击性击球方法。其特点在于缩短击球距离，扩大击球角度，它回球力量大、速度快、威胁大，是网球比赛中重要的得分手段和进攻性打法。从技术结构来看，截击球技术包括准备姿势与站位、后摆引拍、挥拍击球、随挥动作四个基本环节。

1. 准备姿势与站位

截击球的准备姿势略高于正反拍底线击球的准备姿势，拍头高于握拍手，左手轻托拍颈，眼睛注视来球。当对手击球的一刹那，就应该从对手的击球位置、挥拍动作判断出来球的方向、高度和路线，以便及早起步快速移动。

网前截击稍靠前的为好，因为靠近网，控制的角度就越大，对方就越被动。但太靠近网也容易球拍触网，所以，一般来说根据自己身高臂长距网 2 米左右，最近距网 1 米，最远不能超过 3 米，再远就变成了中场截击球了。

2. 后摆引拍

当判断来球需要截击时，异侧脚向反方向前侧跨出成“关闭式”步法，同时，转体后摆引拍，截击球后摆引拍的动作要领是“简单、迅速、小幅度”。引拍时，手腕锁紧、固定拍面，保持球拍与肩平行，拍头高于手腕且稍高于肩，眼睛紧盯着来球。

3. 挥拍击球

挥拍时，拍面要保持适度开放，结合“关闭式”步法，重心前移，带动紧张固定的右肩顺势向前挥拍，手腕固定。击球时，击球点保持在体前，主动上前迎击球，充分利用身体前冲的力量，以短促的动作向前向下切削来球。

4. 随挥动作

截击球的随挥动作要短促有力，击球后随惯性向前下方做送球动作，顺势恢复到准备状态。

(二)截击球训练方法

1. 抓球练习

运动者微蹲，做好准备，同伴向他的正手或反手的侧前方抛球，练习者向侧前45°跨一步用手接球。重点体会手脚协调配合的感觉。

2. 靠墙挥拍练习

保证较短的引拍动作是靠墙练习的目的，没有墙靠近挡网也可以。

3. 短握拍截击练习

运动者手握拍柄的前部，在近网的位置拦同伴手抛球。

4. 网前对拦练习

两个运动者分别隔网站在发球线和球网之间连续拦击球，强调来回板数，注意击球后要迅速还原。

5. 网前和底线对抗练习

网前站两个运动者，底线站两个运动者，不允许挑高球，打计分练习。这个练习也可以两人进行，范围限定在单打场区的一半。

6. 隔网练习

两人一组，隔网相对，一人用球拍颠球3次后，将球传给同伴，同伴接住球也同样颠球3次，再送回对方。熟练后，改颠2次、1次，直至双方直接进行截击练习。

(三)截击球的常见错误及纠正方法

1. 引拍幅度过大

纠正方法：建立正确的截击球引拍技术概念，避免与其他引拍技术的概念混淆；截击球的引拍幅度应小于正反手击球的引拍幅度，过大的引拍幅度将贻误战机；进行限制性的引拍训练，如利用挡网、设置标志物、声音提示等，建立截击球引拍的动力定型。

2. 击球不准

纠正方法：不论是快球还是慢球，都要保持养成眼睛盯球的习惯，直至击球动作结束；快速调整步伐，尽可能使击球点出现在合理的位置；多进行各种性质来球的截击训练。

3. 迎面来球迎面堵挡

纠正方法：应避免正面挡球，要将球让至身边，侧身击球。

4. 击球无力

训练者反复训练转肩、上步动作；要求训练者拍头向侧上方，模仿撞击球动作，也可用加重球拍训练；将球吊在离身体适当的位置，反复训练撞击球动作。

5. 不敢迎球

纠正方法：克服胆怯心理，作好迎球的思想准备；准备姿势正确充分，合理站位，调整好击球步伐；准确判断来球，敢于迎球截击。

6. 回击球经常出左场

纠正方法：这是由于引拍动作大，转体慢引起的。应提前转体，主动击球。

7. 回击球经常过长、过高、出底线

纠正方法：出现这种情况是由于拍面打开过多，拍头位高于球，应调整拍面。

8. 网前站立腿过直

训练者膝关节弯曲，反复训练左右、前后移动；网前站立，提踵，双脚不停地移动。

9. 不能有效控制球的落点

纠正方法：截击球时，要养成握紧球拍、固定手腕的习惯；击球点应控制在身体前侧；随球的高低，合理确定击球部位；击球时，动作幅度不能过大，随挥动作要短促。

10. 高位截击球经常下网

纠正方法:这是由于拍面关闭过多,用手腕下压。应根据来球高度调整拍面角度,尽量不使用手腕。

六、挑高球

(一)挑高球技术分析

挑高球就是把球向高空挑起,以迫使对手退回后场。这是在比赛中对手占领了网前阵地、自己又无机会使球通过的情况下而使用的方法,因此挑高球已成为网球运动中的一项重要技术。挑高球技术可分为进攻性挑高球和防守性挑高球两种。

1. 防守性挑高球

当跑到离球场很远的地方接一个非常被动的球时,势必要使用防守型挑高球。眼睛要注视着球,在跑向球时要使球拍后摆,直到球拍后摆指向身后的挡网,击球动作与普通的正手相同,使对手不知道是抽球还是挑高球。击球时,拍面要打得更开些,击球的下部,可以打下旋球,手腕绷紧,球拍与球接触时间要长一些,拍和手向前上方送出,眼睛始终盯住球,尽量往高处和深处打。球拍顺着球飞行路线向上做随挥动作,动作在身体前面高处结束。然后迅速跑回到场地的有利位置上。这时挑高球的目的,是为了调整站位。恢复到合适的击球位置,因此,挑高的球要高些,落点要深些。如果以抽球的假动作迷惑对手,则效果更佳。

挑高球的基本技术同正反手击球相似,只是拍面上仰,击球的后下部,并带有向上送球的动作。实际比赛中,可根据具体情况打出上旋球、下旋球和不旋转的高球。

2. 进攻性挑高球

通过放网前短球,或是使对手误以为要打“穿越球”,将对手引诱到网前,或利用对方随球上网,待球的质量不高的时机,再挑高球的打法。在准备挑高球的时候,要注意隐蔽自己的意图,后摆是应顺着球向后收拍,使击球点靠后。击球前要保持正确的姿势,像打落地球那样击球,同时要注意肩部不要过于用力,以免造成动作变形。基本技术同打落地球相似,区别在于要拍面上仰，击球瞬间迅速向前上方提拉，使球产生强烈的上旋，越过对方至底线或者是对手无法回球的角度上(图 7-25)。

进攻型挑高球又称为上旋挑高球，技术难度大，一般只被高水平选手所使用。上旋挑高球采用西方式握拍法，击球前拍头低于来球，击球时抖动手腕，产生很大的摩擦力，使球剧烈向前旋转。无论是防守型还是进攻型的挑高球都应做到动作隐蔽，防止被对方过早识破，从而增加挑球过顶的难度。另外，挑高球必须有一定难度和深度，否则很容易被对方截击高压，从而陷入更加被动的境地。

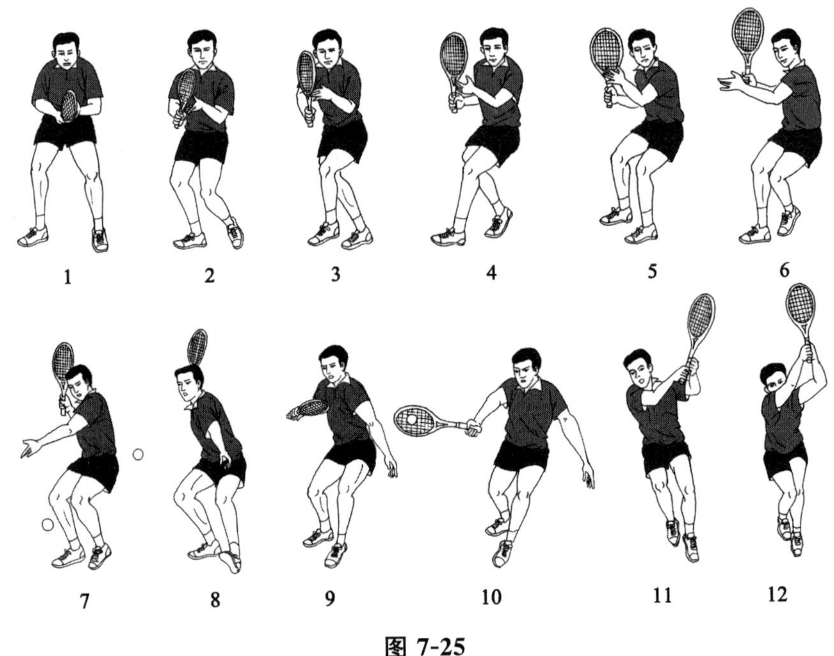

图 7-25

(二)挑高球训练方法

(1)循序渐进，在掌握底线正、反手上旋球击球技术后，练习上旋或下旋挑高球。

(2)端线后自抛球，用正、反手向对方底线做挑高球练习。要求使球的落点靠近底线附近。

(3)找一堵较高的墙，设定一个目标，离墙 15 米左右，对墙挑高球。要求球在通过最高点下落时，尽量碰到墙上设定的位置，反复进行正反手挑高球练习。

(4)一人在网前喂球，球速由慢到快，位置由中间到两边，另一人分别用正反手做挑高球练习。然后两人交换练习。

(5)利用多球进行专门的挑高球练习，先定点练习，然后再在跑动中不定点练习，难度逐渐加大。

(6)网前一人进行高压，一人在底线练习挑高球，尽量做到连续多回合不失误。

(7)网前一人截击或高压，为结合实践可在破网时突然挑高球。

(8)一人在底线送出高球，网前同伴用高压球技术分别击向左侧、中间、右侧，底线同伴迅速移动，并挑高球到网前，再让同伴用高压球回击。尽量多回合不失误。然后两人交换练习。

(9)按照双打要求，对方两人在网前截击或高压，练习方两人练习挑高球及防守反击技术。

(三)挑高球的常见错误及纠正方法

1. 挑的高度、深度不够

纠正方法：站在端线，原地进行多球训练，将球击高击深，不要怕出底线；跑动中完成挑高球的训练。

2. 挑球过高而出界

纠正方法：除了提高手上感觉外，在挑高球时，不能有腕部和肘部的附加动作。

3. 击球时手腕没有绷紧，打出无力的飘球

纠正方法：适当加大握拍力量，在球拍触球瞬间更要握紧球拍，绷紧腕关节。

4. 击球时拍头没有低于手腕，造成没有上旋或上旋力量不强

纠正方法：多做模拟训练，使拍头低于手腕，手腕后屈，加强腕部控球力量，完成弧线上拉。

5. 提拉动作突然，球拍跟进动作停止过早

纠正方法：多做无球的挥拍训练；做多球训练；改进并掌握完整动作。

6. 动作不隐蔽，使对方有所准备

纠正方法：了解动作隐蔽性和突然性在挑高球时的重要性；准备姿势和

引拍要尽可能与反手击球保持一致;不能过早打开拍面,使对方明白击球意图。

七、反弹球

反弹球是一种难打而微妙的击球技术,是指在球刚弹起来时立即击球的方法。这种球的击法,是在对方来球从场地刚刚跳起还未跳至最高点之前,立即用小臂带一点手腕动作,把球反弹到对方场区。在上网或被动来不及后退击球,又来不及上前截击的情况下,多半使用这种击法。

(一)反弹球技术分析

1. 握拍和准备姿势

以大陆式握拍方法为主,或采用东方式反手握拍法。打反弹球一般都比较突然,准备时间很短,所以动作应迅速简练。一旦决定打反弹球,立即侧身对着来球,拉拍动作比正常的落地球打法更快更短。

2. 后摆引拍

当判断来球需要打反弹球时,迅速下蹲,降低重心,打正手反弹球时,向右转体同时左脚向前跨步,膝关节弯曲(反手反弹球时动作相同,但方向相反),左手指向来球,此时身体前倾,同时保持身体的平衡,后摆动作视来球的速度及准备时间快慢而定,一般转体时已完成了后摆动作。

3. 击球

打反弹球是在球刚弹起时击球,击球点很低,因此击球前必须屈膝降低重心,在身体的前外侧触球,肩侧对出球方向,球拍靠近地面,拍柄几乎与地面平行。击球时,手腕绷紧并控制拍面角度,注意拍面不要打开,更不要切削球,应该稳妥地把球送出。

4. 随挥动作

中场反弹球的随挥动作较小,而底线深区的反弹球随挥动作与正、反手击球动作相似(还与还击深度有关,回击越深,随挥动作越大,反之则小),应充分前送以保证击球的质量,伴随着挥拍动作,身体重心前移,由深蹲交叉步的姿势站起,迅速准备下一次的击球。反弹球的随挥动作比较柔和,既不像底线正、反手击球那样充分舒展,又不像截击球那样短促有力。

(二)反弹球训练方法

1. 对墙练习

(1)练习者距墙 7 米,将球击向墙 1.2 米高处。
(2)球反弹落地刚刚跳起就将球击出(图 7-26)。
运动者在训练过程中要注意训练中眼睛要盯球,引拍小,屈膝降重心。

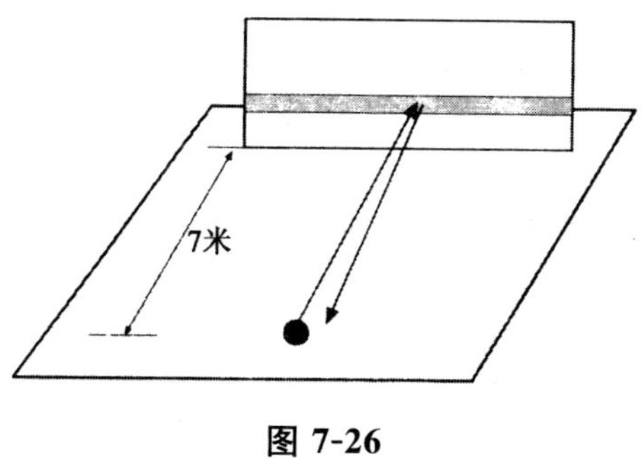

图 7-26

2. 一抛一击练习

训练目的是练习球点,击球点的感觉。

教师或教练员在网前抛球,运动者击反弹球后迅速上网(图 7-27)。要将球击深,为下一拍截击准备。

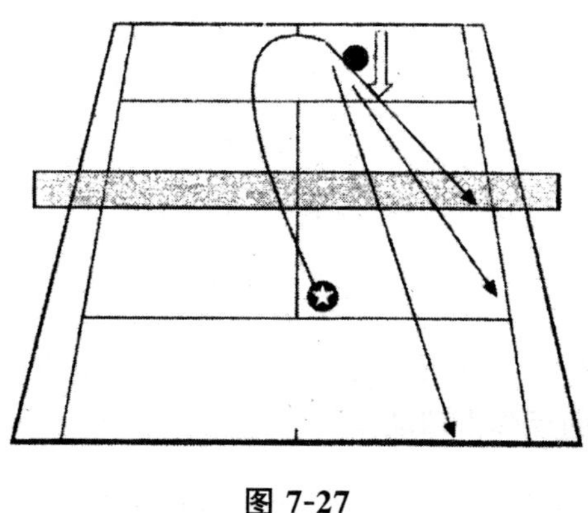

图 7-27

3. 半场练习

半场练习的训练在于促使运动者掌握击球点。二人半片球场,一人送脚下球,另一人练习反弹球(图 7-28)。

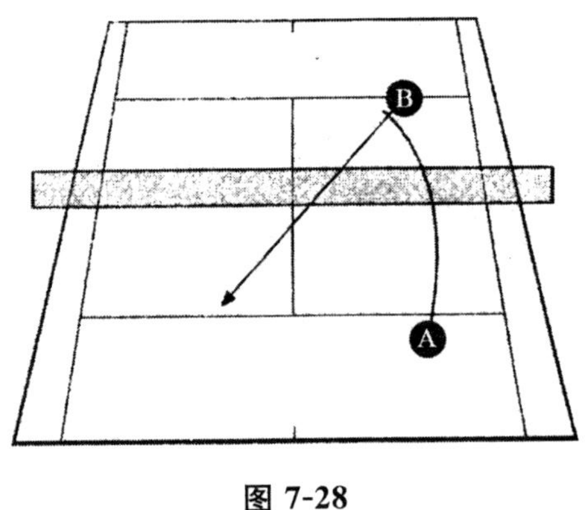

图 7-28

(三)反弹球的常见错误及纠正方法

1. 无法准确掌握击球时机

纠正方法:通过多球“喂球”训练,提高判断球的落点和反弹角度的能力。

2. 弯腰打球

纠正方法:弯腰打反弹球会降低击球的准确性和稳定性。因此,应树立正确的反弹球技术概念,并体会通过屈膝降低重心的肌肉感觉,再通过多次训练相差正确动力定型。

3. 拉拍幅度过大,来不及击球或击球点偏后

纠正方法:拍挥动时可在身后放一固定物挡住引拍幅度。在挡网或网球墙前 1 米处训练反弹球,以限制拍子向后动作。

4. 击球时手腕不够紧张,造成击球无力,落网多

纠正方法:击球时手腕绷紧,加大推球的随挥动作;手腕放松与紧张对比训练,体会正确的反弹击球动作。

5. 垂下拍子“捞球”和拍面向上“铲球”,导致球失去控制

纠正方法:准备击球时充分屈膝弯腿降低重心而不是屈上身,拍头翘起,拍面保持与地面垂直;做动作时身体不要起伏太大。

八、放小球

放小球是一种不用力的击球，也称为“触击球”。要想赢得一场比赛的胜利，不仅要看能打出几粒好球，还要看击球是否能使对方在场上疲于奔跑，并把喜欢在底线打球的对方调动到网前来。这样就可以打穿越球或挑高球了。所以说，放小球不仅是为了得分，还是为了调动对方在场上的移动。

（一）放小球技术分析

放小球的准备姿势及引拍动作同正反手击球动作技术基本一致，这样对方就会误认为你在准备打深球而留在后面，击球前一定不要过早地暴露击球的意图，击球时，侧身对网，眼睛要盯住球，拍面稍开放，轻轻削击球的下部，尽量使拍触球的时间长一些，拍头沿着前下方移动，形成下旋球，球落地后跳得低。击球后，球拍一定要朝着球出去的方向做随挥动作，结束时，应面对球网，迅速跑到有利位置上准备下一次击球。

（二）放小球训练方法

1．对墙放小球练习

训练目的：单练手感。

运动者距墙 7 米，用正、反手切削球，将球轻击向墙 1.2 米高处。

运动者在训练过程中要注意两个方面：一方面，球从墙上反弹落地两跳后仍在 7 米内；另一方面，球反弹落地两跳后再放小球（图 7-29）。

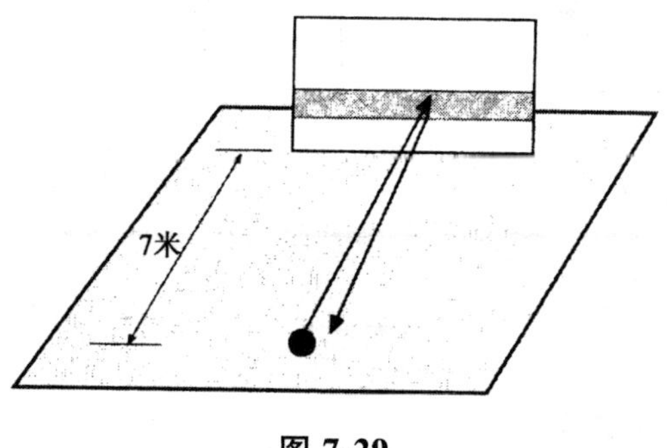

图 7-29

2. 二人对练放小球练习

训练目的:热身,提高运动者的一致性。

二人近网互放小球,练习放直线、斜线小角球(图 7-30)。球的落点接近网,高度贴近网。

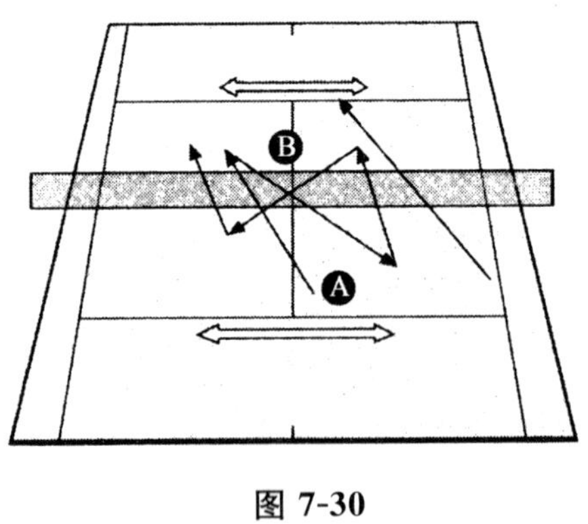

图 7-30

3. 自我的多球练习

训练目的:锻炼运动者的手感和落点。

运动者在中场附近,每次前抛一球,并击球到对方左右小角处(图 7-31)。此外,运动者要保证落点准确,球的反弹较小。

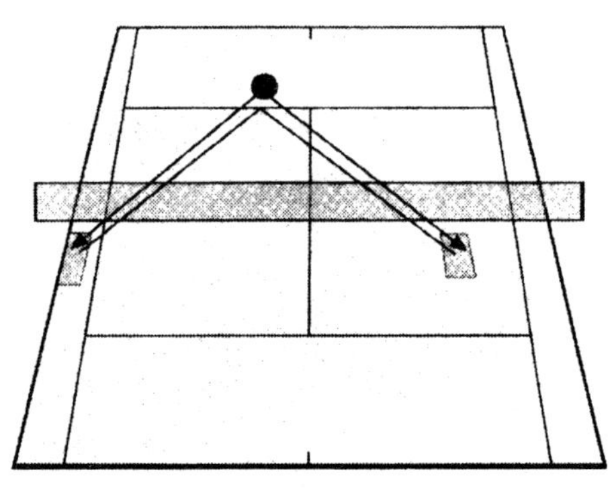

图 7-31

4. 实战性小球练习

训练目的:使训练更加接近实战。

(1)教练在后场送慢而浅的球。

(2)练习者从后场移动到前场放小球(图 7-32)。

在实战性小球练习中,运动者要注意动作的隐蔽性,球过网反弹二、三次仍不过发球线。

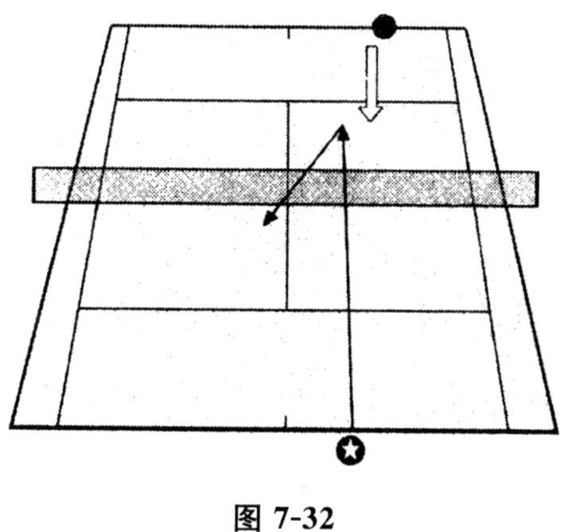

图 7-32

5. 放小球后上网拦封练习

训练目的:训练运动者接小球被动上网后快速回防争取主动的能力。

一名教师或教练员专门送小球,另一名教师或教练员专门送网前(包括高压),集体轮番进行(图 7-33)。

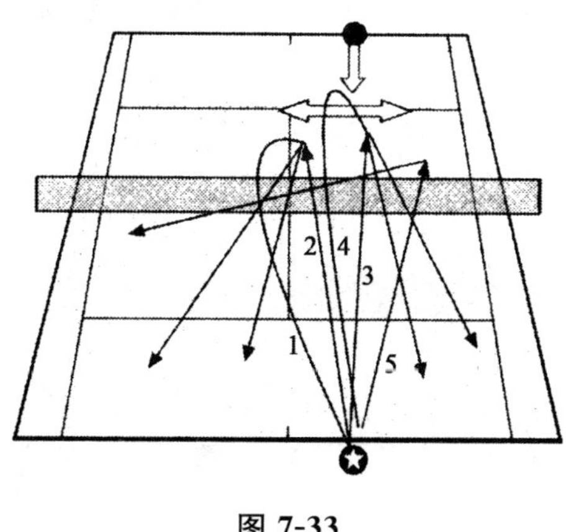

图 7-33

6. 放小球接后场反击练习

训练目的:提升运动者在放小球和后场起拍两方面的能力。

(1)教师或教练员第一次小球至中区,运动者放小球。

(2)教师或教练员第二次至较深的反手,运动者由前场移动至后场进攻。左右区可交换(图 7-34)。

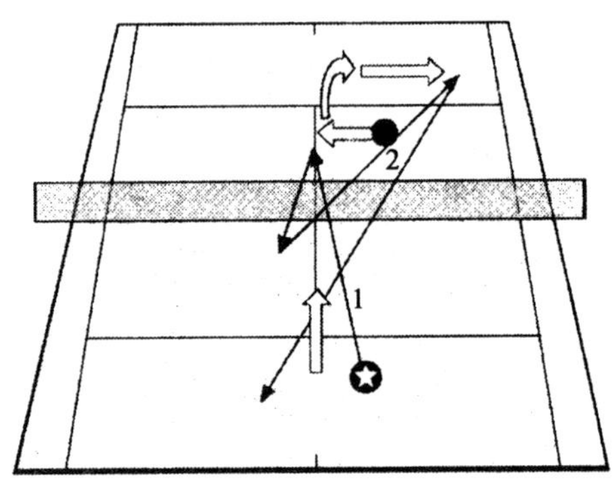

图 7-34

7. 放小球练习

训练目的:提高运动者在放小球与接小球两方面的能力。

(1)送球斜线进入对方发球区内,然后返回底线碰底线(球拍)。

(2)对方回小球至发球区内。

(3)运动者再从底线跑上去推一板(图 7-35)。

注意事项:运动者要快速的前后移动,争取主动,促使对手被动,以此循环进行。

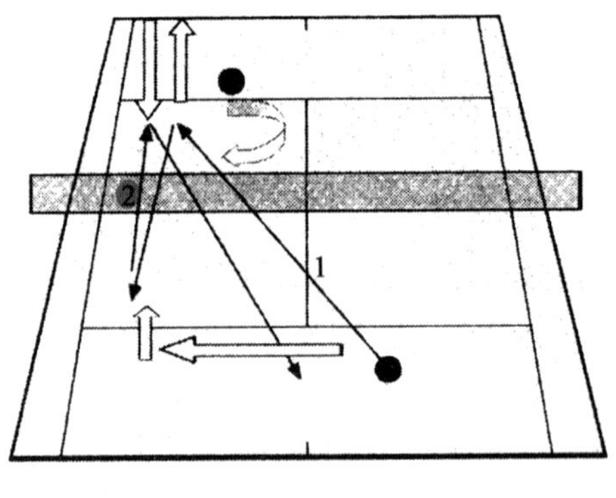

图 7-35

8. 跑小球与处理小球对抗练习

训练目的:提高跑动中处理小球的能力。

(1)教师或教练员送个网前小球，对方跑上网回小球。

(2)另一方上网根据情况可有两种选择，即拉小斜角和拉过头高球(图 7-36)。

注意事项：动作需一致，不能抽击。

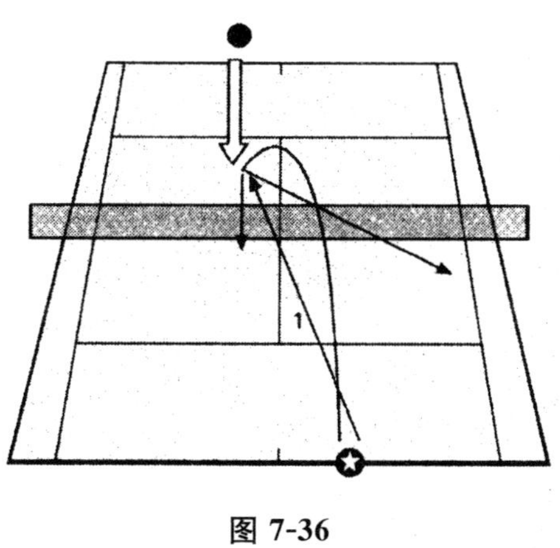

图 7-36

9. 比赛练习

训练目的：改善和提高运动者的放小球技术。

在练习比赛中，只要放小球得一分就算胜一局。

(三)放小球的常见错误及纠正方法

1. 抬肘击球，过早暴露击球意图

纠正方法：放小球是突然袭击，动作要隐蔽，不能让对手看出自己的意图，准备动作要像抽击动作一样，抬肘靠近身体。在触球前的一刹那再打开拍面，动作自然、柔和。通过反复训练，才能掌握好时机。

2. 球放过高，过深

纠正方法：掌握动作要领，后摆动作不宜过大；接触球瞬间，手腕用力，沿球的下方滑击，使球产生急剧的下旋；随球动作要小。

3. 小球放得太远

纠正方法：缺乏对球的控制，或准备不足，用多球训练。

4. 经常被对方截击

纠正方法:放小球最佳位置在中前场,因为它离网近,线路短,容易控制。在没有把握情况下,不要放小球。

5. 经常下网

纠正方法:在底线放小球,距离太远,不易控制,或手腕过早泄力。加强手感训练。

第八章 网球运动战术及科学化训练

良好的战术素养与应用是网球运动员技术发挥的重要保证，也是获得网球比赛胜利的必要条件。通过对网球运动各种战术的合理运用，不仅能够使网球运动员的各项技术得到合理衔接，同时还能够在一定程度上提高网球运动员的综合运动能力。网球运动战术的形成是一个长期系统的培养过程，需要教练员的科学指导以及运动员的积极训练才能够最终实现。本章就对网球运动的战术及其科学化训练进行具体分析。

第一节 发球战术及训练

一、发球战术分析

发球战术的含义主要包括：发球不受对方的支配，可通过力量、速度和准确性达到得分目的；针对对方弱点，攻击对方的薄弱环节；利用不同的发球方式，随球上网截击；运用相似手法，发不同性能的球，使对方不易捉摸；利用外界自然条件（如风向、阳光、硬地和草地等）发球，给对方接发球制造困难。

（一）发球站位

发球的站位应该选择既有利于进攻，又便于衔接下一个动作的位置。

（1）在右区发球时，一般站在接近中点线的位置。

（2）在中点线附近发直线球易击中对方的反手，破坏其强有力的进攻性击球。

（3）在左区发球时，可站在中点线附近或距中点线稍远的位置。

（二）发球变化

第一次发球，多用大力平击发球使对方难以抵挡，造成接发球失误，或用切削发球、上旋发球打落点，发至对方防守较差地区。

第二次发球，重点在准确，力求凶狠，打落点。多用切削发球或上旋发球。

(三)上网发球

大力平击发球和上旋发球后上网。但是，通常情况下上旋发球上网运用的较多，这主要是因为大力平击发球后，对方回球快，而且身体不易掌握平衡，常来不及上网。

(四)右区发球

如图 8-1 所示，站在右区发球时，应站在靠近中点发球，第一发球通常采用平击大力发球，发向对手右发球区中线附近，迫使对手用反手接发球。如果第一发球失误，则第二发球一般采用侧旋发球，发球速度相对慢一些，避免双误，发向对手右发球区边线附近，利用侧旋迫使对手离开场区接球，使对手只能打出轻软的球，发球上网的选手就很容易上网截击。

图 8-1 标出了发球落点的位置。图中的甲为发球方，乙为接球方，数字表示了发球落点优先考虑的顺序。第 1 个落点是对方右区的中线附近。这种发球命中率高，直接得分的可能性很大，至少也会让对手难以在此处回击出角度理想的球。如果对方接球站位离开右角转向中线，则将球发向对方右区边线附近(图中第 2 个落点)，迫使对方离开场区接球。图中第 3 个落点是第一发球应较少考虑的，该落点的成功率虽高，但是对方也比较容易处理。相对而言，第二发球可以较多地考虑第 3 落点，把成功率作为前提。

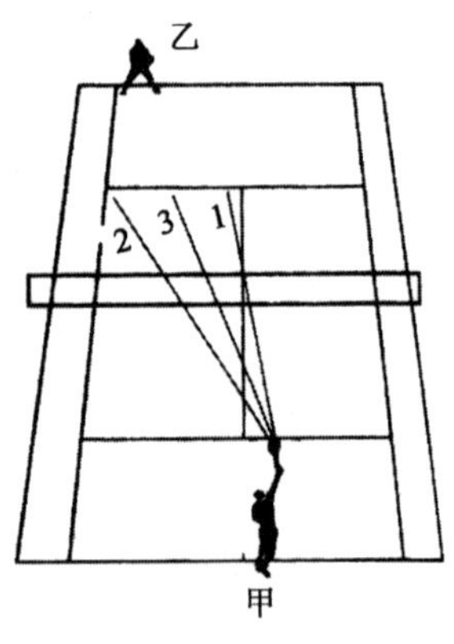

图 8-1

(五)左区发球

如图 8-2 所示,站在左区发球时,应站在离中点 1～1.5 米处发球,第一发球一般应发对手的左边线附近(图 8-2 中的第 1 落点),即对手的反拍边,让对手用反手来接球。图中的第 2 和第 3 落点,一般在第一发球时可以将大约 1/4 的发球机会选择于这两个落点。如果能以强烈的上旋球发到这个落点,将给对方构成很大威胁。具体应根据对方的站位及反手接球能力的强弱程度来决定。当对方为了应付反手接发球,远离中点线、站位偏于左角时,这时应用快速的大力平击球发到中点线附近的第 2 落点,往往能使对方奔救不及而直接得分。左区发球的第 3 落点对接球方来说是一种追身球,发球如果具备相当的速度和力量,也常常能使对方措手不及。

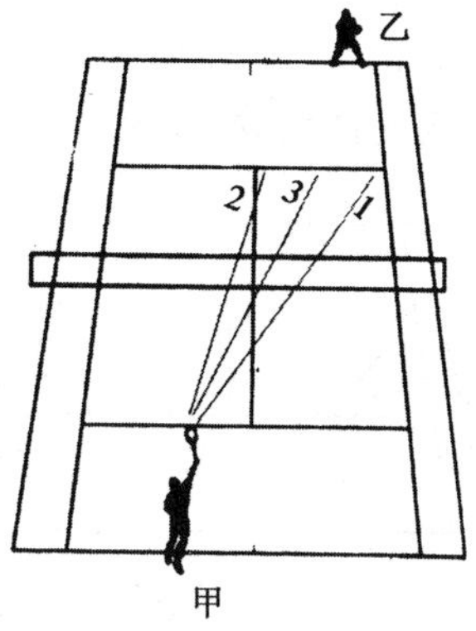

图 8-2

二、发球战术训练

(一)定点发球训练

运动员可用一发和二发的两次发球机会向目标 T1、T2、T3 及 T4 点连续发球,8 个球为一组,每击中一个目标得 1 分,每人发完一组轮换,然后到另一区进行相同训练,第一个得到 10 分的运动员为获胜者,任何一次发球下网将被扣除 1 分(图 8-3)。

该训练方法可以达到提高发球落点准确性的目的。想要增大训练难度或者获得更佳的训练效果,还可以要求一发和二发采用不同的发球方式,如要求一发平击,二发旋转等。

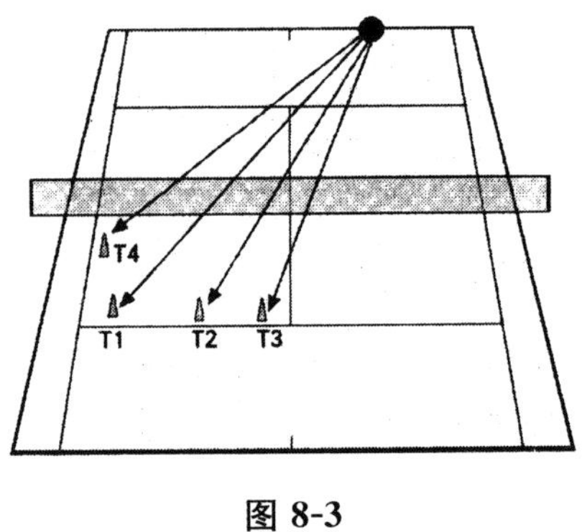

图 8-3

(二)环形定点发球训练

A 从 A1 点向一区的内角区和外角区依次发球，如果都能够成功则移到 A2 之后依次是 A3、A4、A5、A6。任何一次的发球失误都必须再从 A1 位置重新开始，目标是 12 次发球均成功(图 8-4)。

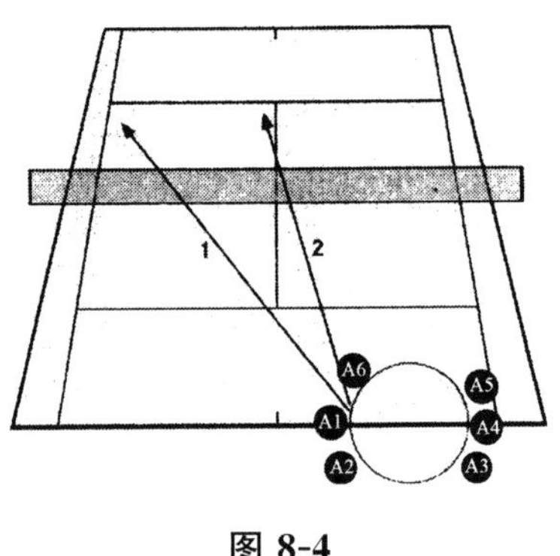

图 8-4

这种训练方法可以达到提高发球的稳定性及落点准确性的效果。另外，在训练中应该保证一定的发球速度和刁钻的角度。

(三)大角度发球训练

A 发大角度的外角球，B 回斜线球。B 在接发球时尽可能将球回到对方场地深处。A 将 B 的回球大力抽到他的另一处空当。如果 B 能将 A 的第二次击球有效接回，则 B 得 1 分，否则 A 得 1 分(图 8-5)。

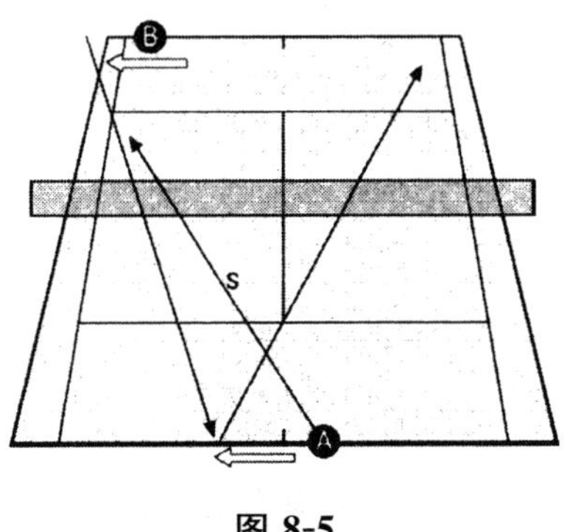

图 8-5

该训练方法可以有效提高发大角度的外角球及下一拍的回球能力。另外，一定要使 A 的发球和下一拍回球的质量提高，否则就会影响训练效果。

第二节　接发球战术及训练

一、接发球战术分析

通常情况下，运动员在接发球时处于被动地位，如果处理得当可减少被动，甚至化被动为主动。

网球单打战术中的接发球战术的教学内容主要包括四个方面，即接发球站位、接发球击球方法、右区接发球的站位和落点、左区接发球的站位和落点。

（一）接发球站位

站在对方可能把球发到的角度的分角线上，具体应该根据场上的实际情况与需要进行相应调整。当对方发向外或向内旋转的球时，要靠近旋转方向一点。此外，应尽量站在底线里边半米左右处，压制对方上网，自己上网。

（二）接发球击球

一般来讲，接发球击球的方法主要包括以下几种。

(1)通常情况下会采用平击抽球,将球回击到对方底线两角。

(2)可运用旋转使球旋向两边线外,使之左右奔跑。

(3)运用切削球打到近网两角。

(4)运用挑高球挑过发球上网者头顶。

(三)右区接发球

1. 右区接发球的站位

右区接发球的站位通常在底线偏右的位置。

2. 右区接发球的落点

如果对方发球后仍留在端线处,图 8-6 所示的 3 个落点均可采用,其中每个落点都有其特定的作用。具体来说,第 1 落点为斜线深球,球可从网的最低处越过;第 2 落点击向对方的反手;第 3 落点是一个较短的斜线球,难度较大,但能将对方拉开,给下一次击球造成很大的攻击空当。

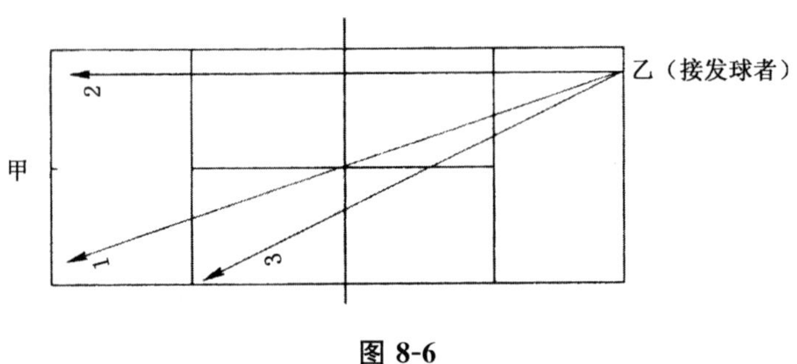

图 8-6

(四)左区接发球

1. 左区接发球的站位

在左区接发球的站位在对方可能发出角度的分角线上,位于底线偏左的位置。

2. 左区接发球的落点

接发球落点优先考虑的顺序以斜线球为主,第 1 落点为打到底线附近的斜线球;第 2 落点为发球区附近的斜线球;第 3 落点为打直线的底线球(图 8-7)。

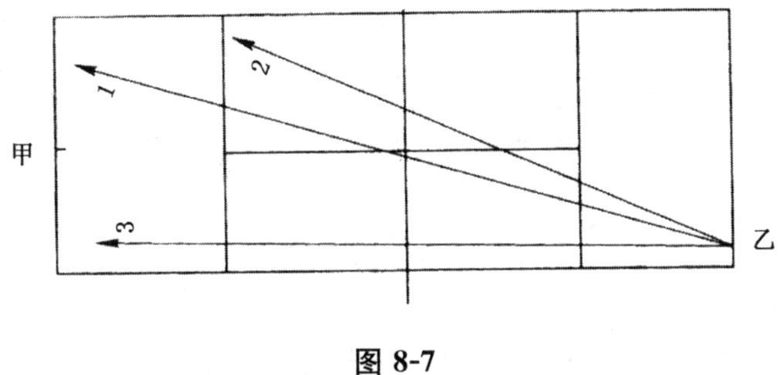

图 8-7

二、接发球战术训练

(一)接大力发球训练

教练在接发球区内向对方半场发球,对每名练习运动员发 3 球。如图 8-8 所示,A 接发球 3 次,第一次 T1,第二次 T2,第三次自由选择,然后 B 与之轮换。记录每 1 名运动员按要求成功回球的次数,来增加训练的对抗性。

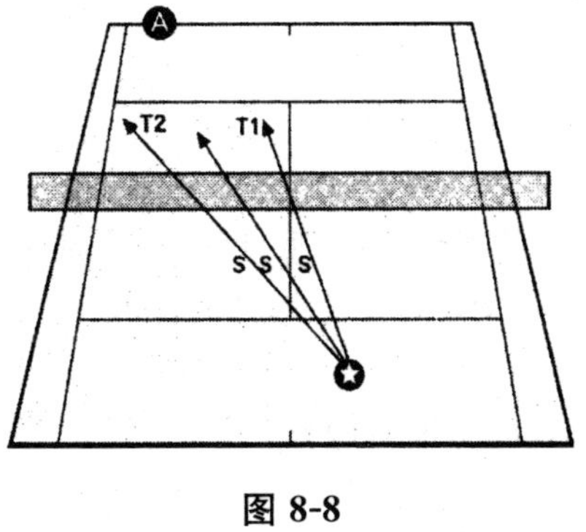

图 8-8

该训练方法能够达到适应对手大力发球的目的。在练习时需要掌握接大力发球的技巧,如借力回球、吸球减力、切球减力等。

(二)二发随上接脚底球训练

A 发带旋转的二发球并随上。B 用上旋或下旋球回到上网运动员的脚下。A 用低拦或反弹球回直线到场地深处的目标点(图 8-9)。

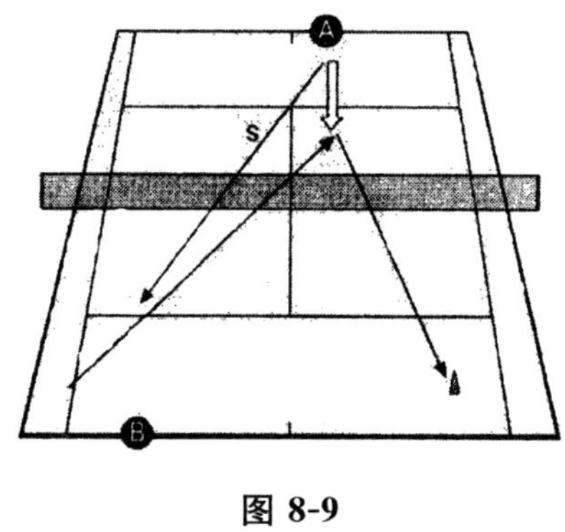

图 8-9

该训练方法能够达到发球过网急坠球落到发上 A 的脚下的效果。想要获得理想的训练效果，就必须在高速中完成，因为发球机会只有一次。

第三节　底线球战术及训练

一、底线球战术分析

(一)对攻战术

底线型打法的对攻战术，是利用底线正、反手抽击球具有强大的连续进攻能力，配合速度和落点变化与对方展开阵地战，力争主动，从而达到攻击对方、控制对方的目的。

对攻战术的具体打法主要有两种：一种是以正、反手抽击球的速度、力量、攻击对手的弱点，用速度压住对方；一种是用正、反手强有力地抽击球，连压对方一点，突击其另一点。

(二)调动对方战术

调动对方战术的具体打法主要包括以下两种。

(1)调动对方的战术是用正、反手的有力击球，调动对方大角度跑动，同时寻找进攻得分机会。

(2)在调动对方两边跑动时，突然连续打重复球，再加变线。

(三)拉攻战术

拉攻战术是底线型打法中比较普遍的一种战术。它是以底线正、反手拉上旋球,或正手拉上旋,反手切削球,迫使对方左右跑动,一旦出现机会,马上给予其致命一击。

具体来讲,拉攻战术的具体打法主要包括以下三种。

(1)正、反手拉强力上旋至对方底线两边大角深处,不给对方上网及底线起板反击的机会,寻找时机进行突击。

(2)正、反手拉上旋球时,加拉正、反手小斜线,使对方增加跑动距离并出现低质量的回球,然后伺机进攻。

(3)逼近对方反手深区,伺机突拉正手。

(四)侧身攻战术

侧身攻战术是底线型打法中一种非常重要的进攻手段,它是利用强有力的正手抽击球,配合良好的判断和步法移动,在 2/3 的场地上用正手给对方施加有力的攻击。

侧身攻战术的具体打法主要包括四个方面,具体如下。

(1)连续用正手进行攻击,创造得分机会。

(2)用正手进攻,调动对方移动,反手控制落点,伺机用正手突击进攻。

(3)用全场正手逼攻对方反手,再突击变线正手。

(4)用正手进行攻击时,连续打出重复球。使对方重心调整不过来,而出现被动或失分。

(五)紧逼战术

紧逼战术是以快速的节奏对对方进行攻击的一种重要战术。紧逼战术主要是发挥其良好的底线正、反手抽击球技术,迎击上升球,准确的落点控制,节节紧逼,从而实现战胜对方的目的。

具体来讲,紧逼战术的打法主要体现在以下三个方面。

(1)接发球时就紧逼抢前进攻,使对手发球时产生心理压力和发完球后有来不及准备的感觉。

(2)连逼对手反手,突击正手,伺机上网。

(3)紧逼对方两角,使其被动或回球出现错误,伺机上网。

(六)防守反击战术

防守反击战术在底线型打法中非常重要,在执行防守反击战术时,利用良好的底线控制球能力，发挥判断准、反应快、步法灵、体力好、击球准确的特点，来调动对方，从而在防守中寻找机会进行反击。

防守反击战术的运用比较广泛，其主要打发主要包括以下几种，运动员可以根据实际情况进行适当地调整。

(1)在对方运用发球上网战术进攻时，接发球可采用迎上借力击球，把球打到对方脚下或两边小角，然后准备第二板反击破网。

(2)对方进行底线紧逼进攻战术时，可采用底线正、反手上旋球至对方底线两边大角深处，不给对方进攻得分机会，然后再伺机进行反击。

(3)在对方运用随球上网进攻时，应提高底线破网第一板的成功率和突击性，以及破网的质量，以寻求第二板破网反击的机会。

二、底线球战术训练

(一)命令与回应

如图 8-10 所示，球员 A 向球员 B 的半场击出不同变化的回球，并与之形成对攻。而球员 B 则必须将球回到球员 A 的 1/4 半场阴影处。5 分钟后球员互换职责，并在另一区进行相同练习。

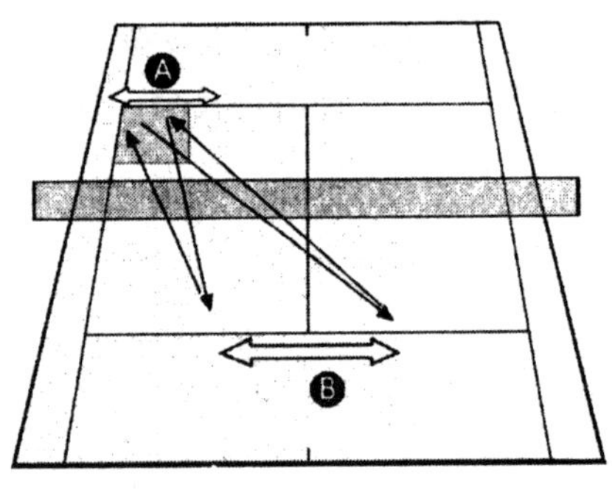

图 8-10

该训练方法不仅可以使球员在场上的移动能力有一定的提高，同时还能够有效地提高击球的稳定性与落点的准确性。

(二)“阿加西”模式

如图 8-11 所示，球员 A 和 B 之间进行斜线对攻。在 4～6 板后球员 B 回浅球，以便于球员 A 回沿边线的直线球得分。

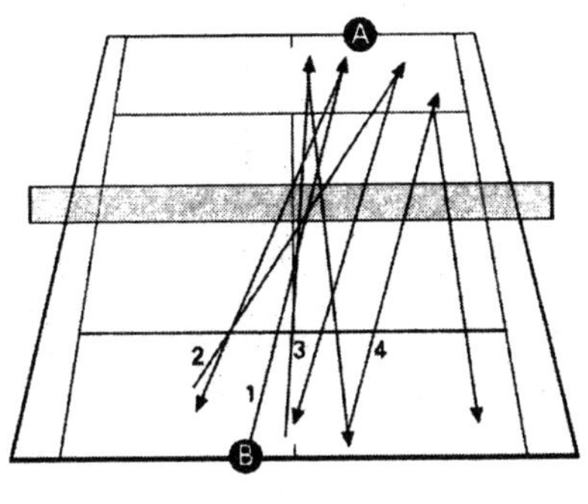

图 8-11

该训练方法能够使运动员斜线球的稳定性有所提高，同时还能够达到用直线球攻击出现的浅球的效果。需要注意的是，要保证攻击浅球的得分率，否则会影响训练效果。

(三)“走廊”限时对攻

如图 8-12 所示，球员 A 只能用正手，而 B 用反手与之进行对攻练习。当回球落在单打线与双打线之间的狭窄地带，则该组得一分。球员 B 与 C 在场地的另一端进行相同练习，尽量多得分。每 5 分钟对比两组有效进攻次数，分数高的为获胜组。两队交换位置继续进行比赛。

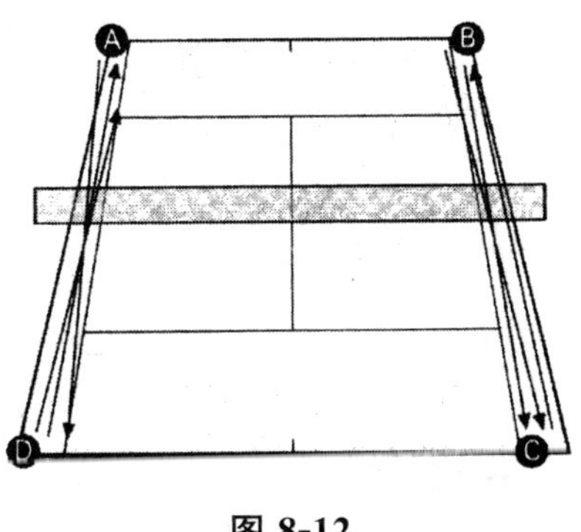

图 8-12

该训练方法有助于使运动员正反手击球的稳定性及落点的准确性都得到较好的提高。

(四)弧线球

如图 8-13 所示，球员 A 和 B 向场地的阴影处对攻弧线高球。在 4～6

板后，A 必须向场内移动并凌空回击 B 的来球。A 的目标是将球回向 T2 点得分。

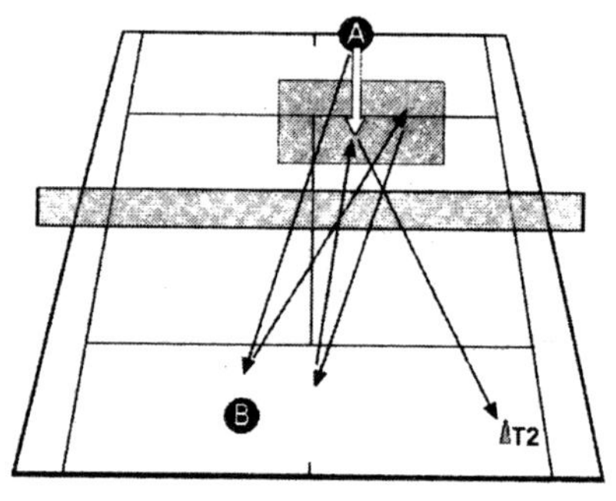

图 8-13

该训练方法能够很好地练习向对手的反手位回弧线高球，同时还应该注意打凌空球的时机，否则会对训练效果产生不利影响。

(五)斜线对攻

如图 8-14 所示，球员 A 下手发球给 C，并开始斜线对攻(正手)。回球每落在阴影区一次，则该组得一分。同时球员 B 和 D 在另一斜线做相同练习(反手斜线对攻)。第一个获得 21 分的组为获胜组。之后两组交换线路继续分别进行正反手斜线对攻(一区正手，二区反手)。

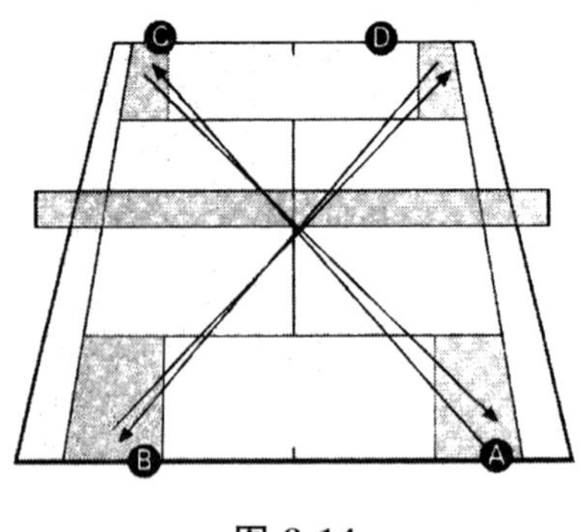

图 8-14

该训练方法能够使正反手回斜线球得到好的练习，同时还应该注意使击球的稳定性和深度有保证，以避免对训练的效果产生不利的影响。

(六)回空当

如图 8-15 所示，球员 A 与 B 进行斜线对攻 4～6 板。之后球员 B 将球回向斜线阴影。球员 A 用上旋大角度球将 B 拉出场外，球员 A 随后向 B 的空当击出制胜一击。当两名球员均轮转完此练习后，换边继续进行练习。

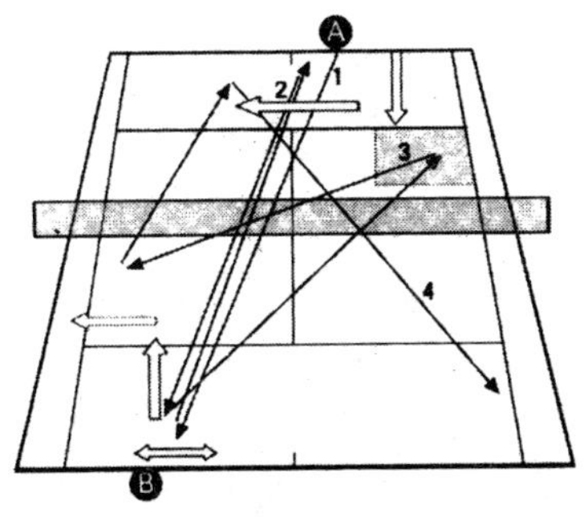

图 8-15

该训练方法能够很好地练习运动员用大角度的回球将对手拉出场外进行攻击，但是在训练过程中还应该注意，球员在回上旋斜线球时，要抬头向前上方加速运动。

(七)深球比赛

如图 8-16 所示，球员 A 用下手发球开始对攻比赛。球员 A 和球员 C 进行对攻时，必须将球回到阴影部分的场地内。如果球员 A 失误，则由同组的球员 B 替换。A 继续与球员 C 进行下一分的比赛。如果球员 C 失误，则由同组球员 D 进行比赛。先得到 21 分(至少净胜两分)的组获胜。每当总分是 5，10 等时，两队换边后继续进行对攻比赛。

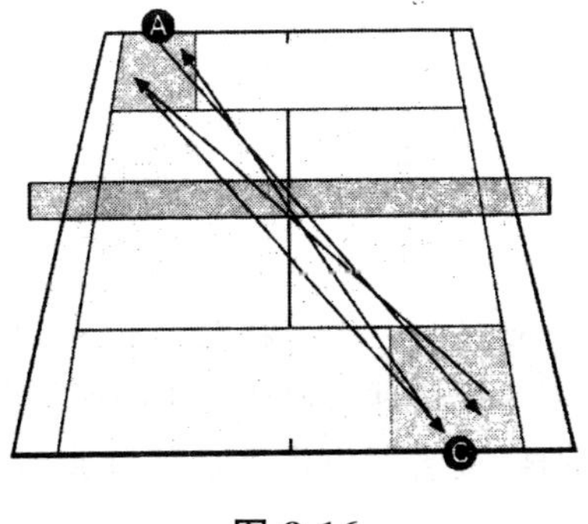

图 8-16

该训练方法能够使运动员底线球的稳定性、落点的准确性以及深度有一定程度的提高。需要特别强调的是，在训练过程中应该特别注意回球的稳定性以及过网的高度，同时也应该对击球的旋转与速度进行适时地调整。

(八)获胜者之争

如图 8-17 所示，球员 A 与球员 B 进行连续斜线对攻。在 4～6 板后，球员 B 回靠近边线的斜线浅球。球员 A 应回出能够直接得分的斜线或直线球。

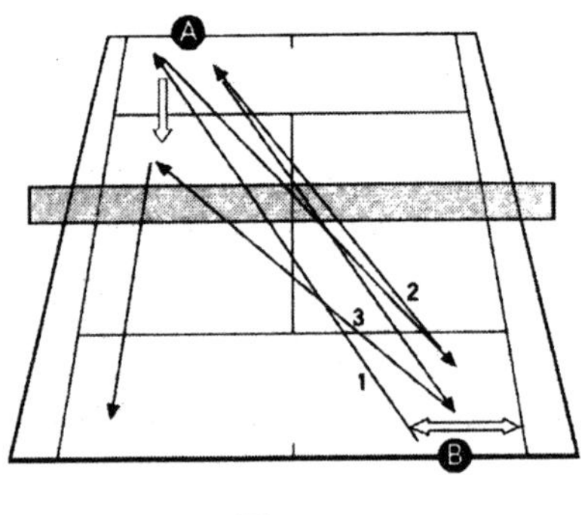

图 8-17

该训练方法能够较好地提高运动员制胜一击的能力。要实现这种训练效果，不仅要求球员 A 必须保证制胜回球具有一定的攻击型，同时还应该尽可能地变换击球动作，让对手防不胜防。

第四节　网前球战术及训练

一、网前球战术分析

(一)上网时机

在运用网前战术时，运动员一定要把握好上网的时机。通常来讲，在发急速旋转球后，应该及时上网将球击向底线中间区域时；若对方接反弹至底线外或反弹至边线外的球，或者对方击被动的过渡球时，都应把握好时机，及时上网。

(二)上网站位

上网后，运动员应该选择合理的站位。一般离网较远，可以控制的面积将会大幅度提高，移动距离较短，同时还可使回球的路线短，从而取得主动权；离网较近，那么攻击的角度大、截击球机会多。因此，运动员应根据个人掌握网前击球的技术情况、自己移动的速度、来球的角度、来球的高度等因素来确定自己的站位。通常情况下，据网 2～2.5 米为宜。

（三）一般上网战术

一般来讲，对于上网战术的运用主要可以采取以下几种方式。

（1）用延缓上网法（反常上网法）威胁对手，使之处于被动。

（2）从中场使用大力的准确击球或球在上升时击球，控制局面，威胁对方。

（3）上网。令对手措手不及。

（4）随球上网。

（5）击球后朝对手弱的一侧随球上网。

（6）击向对方反手的深球、低的或高的弧圈球、反弹高的上旋球（攻击性的弧圈球）非常有效。

（7）打直线随球上网是安全的，打斜线随球上网可调动对手多跑。

（8）截击前先跨步。

（9）不要过多地使用轻吊或空中短击，使用它们是为了将对手调至网前或作为一种出其不意的技术。

（10）随球上网后上前截击，步法要跟球路。

（11）力求击出的网前球不超前 3 次（将球击出此区域）。

（12）斜线移动，保持平衡。

（13）要警惕，力求“看穿”对手的意图。

（14）中场截击球要深而低。网前截击球应有角度、短而有力。

（15）随时防备对手挑高球。

（四）中场上网战术

在运用中场上网战术时，运动员主要可从以下几方面入手。

（1）截击：连续截击不要超过 3 次。截击空当抢分。

（2）击高球：始终将球击向对手弱的一侧。

（3）随球上网：先打一直线，随球上网，朝空当截击。

（4）随球上网时一般不要打斜线。

（5）如果运动员打出了深且高的球，那么在对手回击球时，应上去封住直线超身球。

（6）如果运动员挑了一个高球，但对手并没有用扣杀这个高球，那么运动员可以上网，但需要当心对手挑高球。

(7)如果运动员打出一个轻吊球，对手上来救球，那么就可以上网封死角度。

(五)网前上网战术

一般来讲，对于网前上网战术的运用主要可以采取以下几种方式。

(1)齐腰高的球，用最佳截击打空当。

(2)近网低球，用低截球打中路或打一角度刁的轻吊截击球。

(3)当心对手的超身球或挑高球。

(4)高的慢速球，用空中截击或高压击向空当。

(5)很高的中场球，用空中高压打空当。

(6)很高很深的球，球弹起后扣杀中路并上网截击。

二、网前球战术训练

(一)截击目标训练

送球者向每一位网前截击者送 8 个球。先由正手开始打斜线深球和直线深球(目标 T1 和 T2)，然后打斜线浅球和直线浅球(目标 T3，T4)，接着依次进行反手截击(图 8-18)。A 打完 8 个球进行轮换，到对面场地捡 8 个球。紧接着由 B 进行依次练习，然后是 C 和 D。

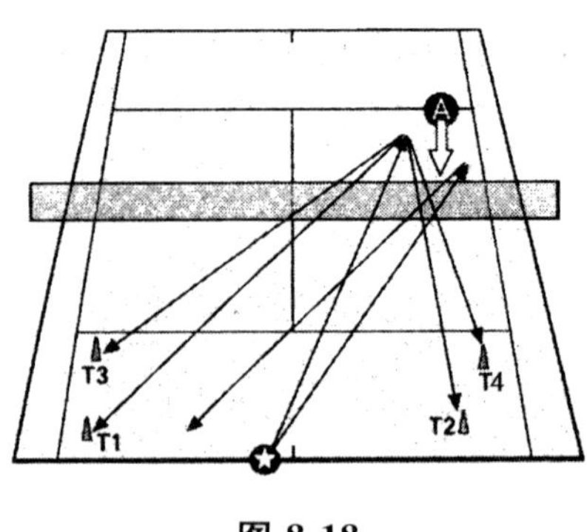

图 8-18

该训练方法能够大大提高运动员截击的准确性，为了取得更为理想的训练效果，应该具体达到两点要求：要使用下旋球来控制截击的深度；打斜线浅球时减小后摆幅度。

(二)上步、退步回球训练

A、C 和 E 在同一半场，B、D 和 F 在另一半场。运动员应站在各自半场中间以防止相撞。先朝前运动员发下手球，底线运动员回挑高球或抽球。网前运动员根据来球上两步截击或退后三步进行高压，双方保持尽量多的回合(图 8-19)。A 和 B 与运动员 E 和 F 在网前轮换，5 分钟后网前运动员与底线运动员进行互换。

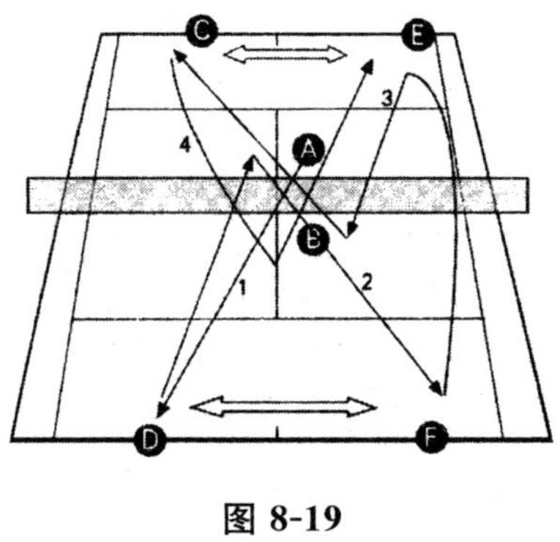

图 8-19

该训练方法能够使运动员在网前的前移和后退得到很好的练习，同时还应该注意在训练过程中步法移动要到位。

(三)高、低球回球训练

教练向网前 A 正手送球，如果球高于球网，A 回斜线深球或小斜线球。如果球低于球网，运动员则回直线深球(图 8-20)。直到有机打出制胜截击球，然后进行轮换，几分钟后换成反手练习。

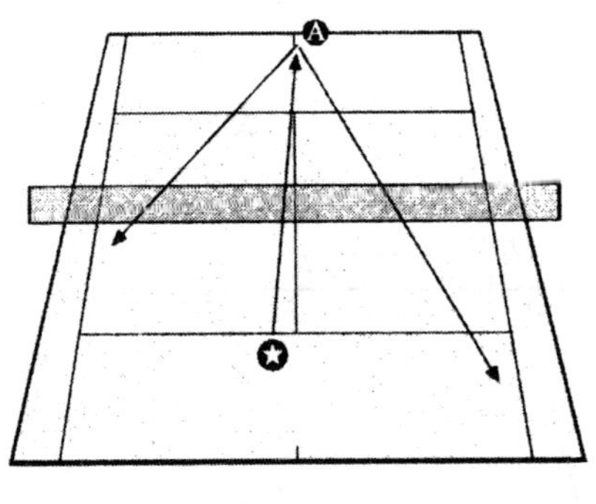

图 8-20

该训练方法能够提高运动员针对不同高度的来球旋转正确的回球路线的能力。在训练过程中，运动员身体的平衡性也非常重要。

(四)低球回直线训练

教练送低球或大角度的球给 A 正手。A 回直线球到目标 T1，第二个球送斜线高球以便 A 能向前移动并向目标 T2 回小斜线球得分(图 8-21)。其余运动员排成一行轮换练习。

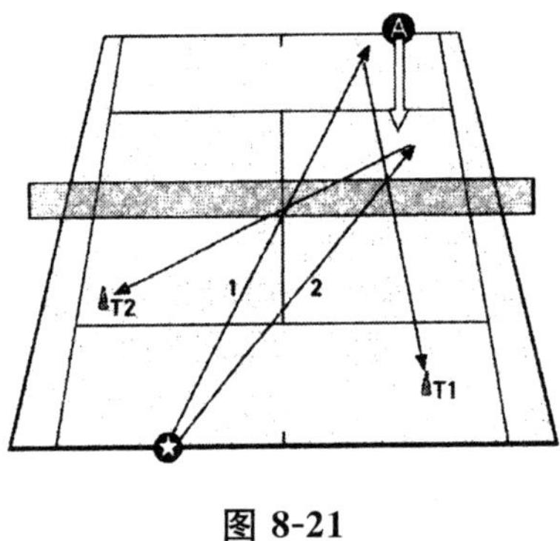

图 8-21

该训练方法能够很好地培养运动员回低截击和大角度截击回直线球的意识，同时在训练过程中还应该注意把握击球时机的准确性。

(五)大力高压球训练

运动员站在发球区“T”后，教练给运动员送球。A 将球截向目标 T，并冲刺到网前用球拍触网。当教练开始送较浅的挑高球时，A 迅速侧身转体向后移动并大力高压，使球落地后弹出挡网(图 8-22)。之后由 B 进行轮换，依次是 C 和 D。当前一运动员将球击出挡网后，后 1 名运动员到场外将球捡回来。

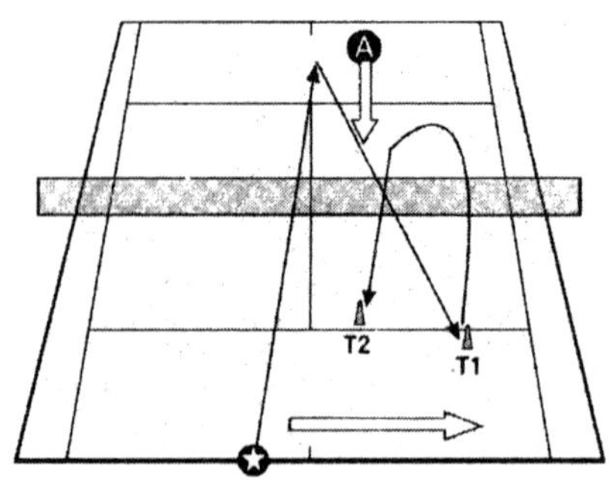

图 8-22

该训练方法能够很好地练习大力高压球，在训练过程中还应该特别注意：大力高压击球时要保持好身体的平衡；应该注意侧身击球的扣腕动作。

(六)回小斜线球训练

运动员站在发球线后。教练送球给 A 正手，A 将球截向目标 T1。教练再回较浅的高球。A 高压向目标 T2(图 8-23)。随后由 B 进行轮换，依次是 C 和 D。5 分钟后换反手进行练习。

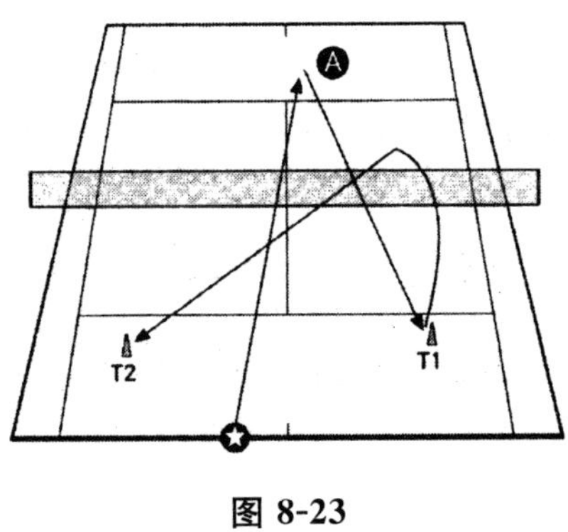

图 8-23

该训练方法能够提高高压小斜线的战术运用能力。在训练过程中还应该特别注意：截击后要向网前移动；应该根据遇到高球时，将击球点保持在身体前方。

第五节　双打战术及训练

网球运动的双打战术可以划分为发球局战术与接发球局战术，本节分别从这两个方面对网球运动的双打战术进行分析，同时对网球运动双打战术的训练方法进行阐述。

一、双打发球局战术分析

(一)双打发球局站位

发球局的站位应该坚持“以我为主、以攻为主”的指导思想，从有利于发球局的战术意图出发来决定两人的位置，通过比赛观察对方技、战术情况再做调整。中高水平的双上网战术在双打发球局的站位方面最具有代表性。下面就以此为例来对双打发球局的站位进行分析。

双上网战术在双打发球局的站位主要包括三种，即常规站位、非常规站位以及特殊站位。

1. 常规站位

在网球双打发球局的站位中，这里所说的常规站位就是异侧前后站位。而这一站位又可以分为两种，即右区发球的站位和左区发球的站位。

(1)右区发球站位

如图 8-24 所示，发球员 A 应站在底线右侧中点与双打边线的中间或略偏右 20～30 厘米的位置上，同伴 B 站在左侧网前距网 2～3 米、距左侧双打边线和发球区中线之间的位置上，B 的站位以保护边区为主兼顾中路的原则(因为如果边区空当过大被接发球员 C 以直线穿越则无法补救，而中路来球可与发球员 A 在网前拦截)。这样的发球局阵势给对方 C 造成一种网前 B 已摆好抢网进攻的架势，不但要接好发球，还要尽量避开 B 的抢攻，这样的感觉。

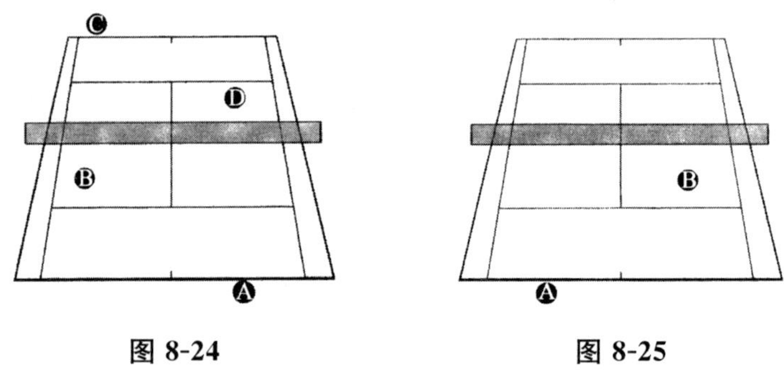

图 8-24　　图 8-25

(2)左区发球站位

如图 8-25 所示，发球员 A 在左区双打边线与中点之间略偏左的位置。这样的站位的优点在于：更有利地发出拉开对方的外角球，因为大多数的右手持拍者从左区向对方的发球区外角发球时需要从站位上调整(单打也是如此)，即使在站位上向左多调整一些也不会影响发向对方中区内角的球，因为右侧上旋大力发球的飞行路线可以很容易地发到这一点。像右区发球站位一样，同伴 B 在网前右区，站在距网 2～3 米、距中线与右侧双打边线之间，以确保右侧不被直线穿越为主兼顾中路并与发球员 A 在网前默契配合占据优势。

2. 非常规站位

在网球双打发球局的站位中，这里所说的常规站位就是同侧前后站位。而这一站位也可以分为两种，即右区发球的站位与左区发球的站位。

(1)右区发球站位

在右区发球时发现接球员 C 擅长回击小斜线球，如图 8-26 所示。因为接回的球特别斜，不但网前同伴 B 无法抢截，发球员 A 冲上网后也很难处理，造成网前的被动，这主要是由于接回的球特别斜，一旦出现此种情况可以调整为图 8-27 所示的同侧站位的方法。

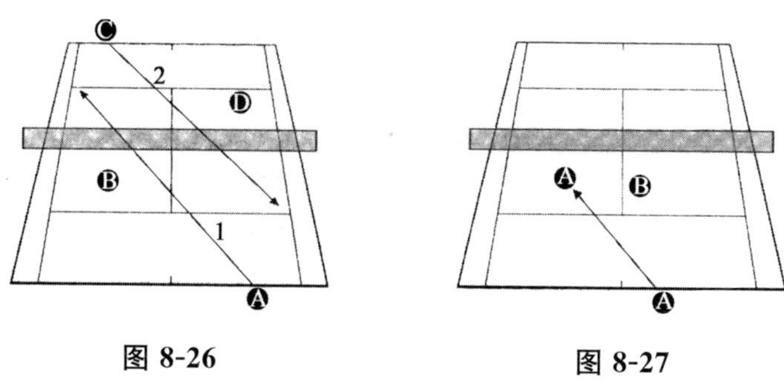

图 8-26　　　　图 8-27

(2)左区发球站位

与右区相似，如果发现对方 D 在左区接发球擅长打破网小斜线，如图 8-28 所示。使我方上网进攻受阻，网前同伴 B 很难抢到，而且 A 上网后也很难处理前场的低斜球，则只好改变为左区的同侧站位以封堵小斜线的接发球(图 8-29)。

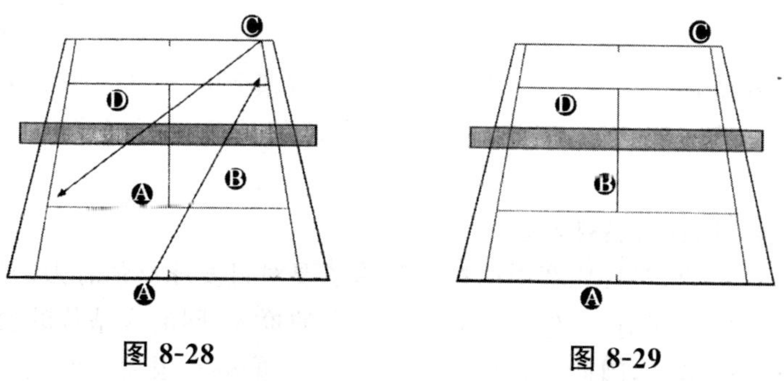

图 8-28　　　　图 8-29

3. 特殊站位

不管是发球员或者是网前同伴都有很多特殊的站位方法，这样站位的目的主要是为了达到战术目的或扰乱、迷惑对方。特殊站位主要包括两种具体的站位,即发球员的特殊站位和网前同伴的特殊站位。

(1)发球员的特殊站位

如图 8-30 所示,发球员 A 为把接球员拉出场外回击,把发球站位向外侧延伸接近单打边线,由于发球员 A 稍一疏忽就容易被对方直线接发球破网,因此此站位务必需要网前同伴的配合;发球员 A 上网也应防范小斜线破网的来球,对方在边线外侧回击球的角度极大。这样站位的发球目的在于拉开对方可攻击中路空当得分,但 B 与 A 因距离较远,全交叉换位抢网难度太大,且对方回击球的面积大、落点变化多,不宜用的过多。

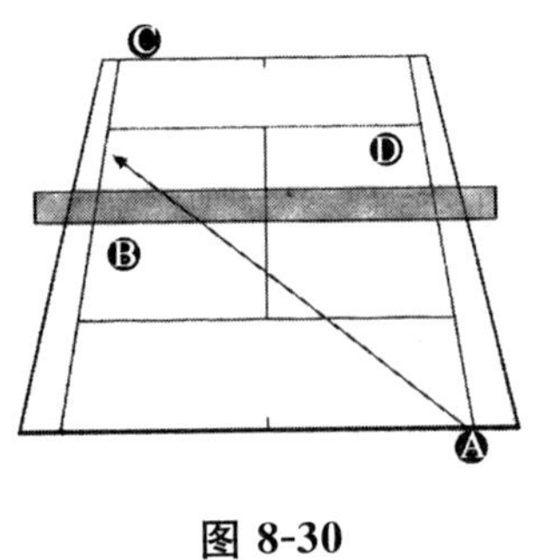

图 8-30

为了迷惑对方,以此站位同样可以发对方的内角,令对方防不胜防,之所以会达到这种效果,主要是因为发球员 A 向外站,必然引起接发球员注意防范外角落点。

与以上这种战法相反的一种变化站法是,发球员 A 向中点靠近,这样有利于发球攻击中路让 B 封住网前截击。通过这种站位的实践可以得出,这种站位的优点主要有两个方面:第一,攻击中路对方接球没有回击角度便于在网前拦截;第二,两人距离较近容易全抢网换位。即使靠近中点发球也同样可以变换发外角落点,虚虚实实让对方捉摸不定。但这些变化务必与网前的同伴默契配合,有时第一与第二发球的站位也可以变化用以扰乱对方。

(2)网前同伴的特殊站位

与单打不同,双打比赛中的接球员除了要对付发球员强有力的发球外,他一抬头就看到网前人,他还要防范网前人的抢攻,网前人站位的变化必然引起接球员的猜疑,因此,网前同伴的站位变化能够在很大程度上干扰与影响接发球员。

如图 8-31 所示,网前同伴 B 向外侧站,接球员 C 不敢打直线,但 A 发球后 B 迅速向中路抢截,可达到出其不意的效果。

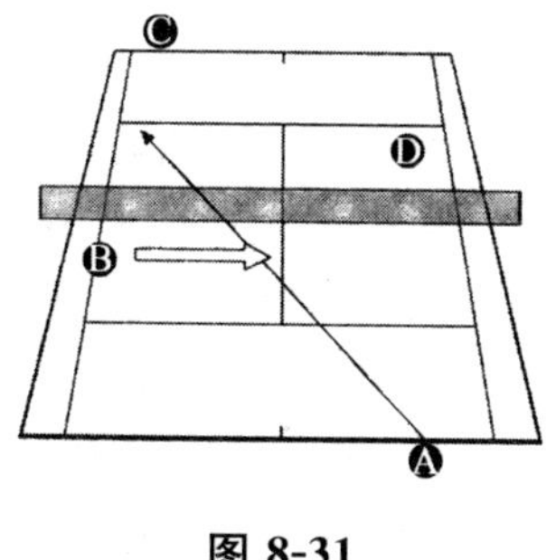

图 8-31

图 8-32 所示的 B 站位更具有挑战性，直接挡住了接发球员 C 的回球路线。因为 B 蹲得极低并不影响 A 的发球路线，但 A 一旦发球过网 B 则快速抢截，也许与 A 全交叉换位，亦可又封截直线来球，使接发球员感到极大的威胁。网前同伴 B 的特殊站位与发球员 A 的默契配合，虚虚实实，可以把发球局战术提高到一个新水平。

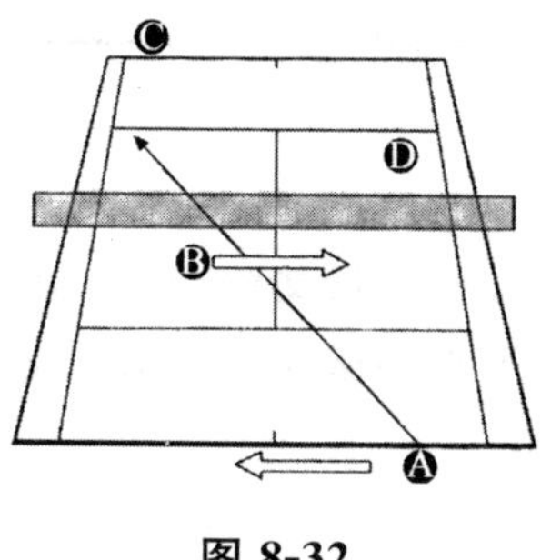

图 8-32

(二)发球局双上网战术

网球发球局的双上网战术的具体内容主要包括两个方面，即发球站位与发球落点的关系以及发球局的抢网战术配合。

1. 发球站位与发球落点的关系

在网球双打比赛中，影响发球的攻击力的因素有很多，不止受到力量与速度的影响，同时还会受到准确的多变的落点再配合同伴在网前的抢攻给对方的威胁。应该在站位不变的情况下发出不同的落点变化。因为这样可以不暴露落点变化的意图，但事实很难做到。因此，为了战术的需要，变化的站位为准确刁钻的落点和提高成功率带来良好的效果，仍可以在发球局战术中运用。

网球发球局的双上网战术也分右区发球站位和左区发球站位，但是不管右区或左区的发球站位，都要遵循一个原则，那就是越靠近底线中点发向发球区的内角（即中路）越有利。把球发向中路使接发球打不出角度，给网前同伴的抢网创造了条件。如果需要全换位抢网，这样的站位最近，换位最方便。与此发球站位相反，越靠底线两侧站，甚至靠近单打延长线（图 8-33），将球发向外角更为有利。如果再加上些侧旋转，落点可以更斜，把对方拉出场外回击，使中间出现了空当，但网前同伴必须对这样的发球有所准备，如果抢网过早过快，很容易被接发球的对方直线破网（图 8-34）。由此可知，要想取得比较理想的抢网效果，就应该掌握好适宜的时机与速度。

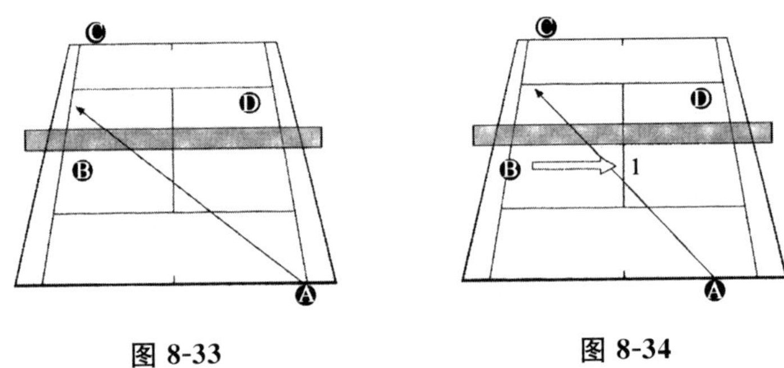

图 8-33　　　　图 8-34

大部分发球员不愿在站位上做文章，他们通常采取常规站位（即在中点与双打边线之间），其优点是既隐蔽又可以灵活地变化落点，而不足之处就是没有变化站位来得方便。

2. 发球局的抢网战术配合

抢网战术指的是网前队员利用同伴发球的有力进攻在网前抢截对方接发球的战术。由于网前队员距网近，他可以抢截高于网的来球，并打出大角度攻击力极强的截击球，得分率很高，对对方威胁大，使接发球方不仅要对付发球的攻击，还要承受抢网的巨大压力。发球员利用变化多端的发球与网前抢截的巧妙配合，破坏接发球的节奏和习惯，使接发球的质量下降以至频频失误，抢网战术的使用率和效果在很大程度上受到双打发球局战术的影响和制约，两者关系密切。

通常来讲，发球局的抢网战术主要可以划分为三种形式，即一般抢网、全换位抢网与特殊站位抢网。具体内容如下。

（1）一般抢网

一般抢网即不换位的普通抢网，这种抢网是在判断来球的方向后，抢到球网中央的吊带附近（有时超过吊带），抢打后仍回原侧准备。此种抢网的运用较为广泛，同时还能够根据实际情况和需要进行适当地调整。

例如，网前队员与发球员的默契配合可以抢截许多质量不高的接发球，抢截攻击的落点如图 8-35 所示，打向接发球员同伴的脚下；如果他迫于挨打的压力退至底线防守，抢截的攻击点可打出角度或攻击中路。

(2)全换位抢网

全换位抢网就是网前队员抢网后与发球员交叉换位(图 8-36)，具体而言，就是原先左区的队员换至右区，右区的队员到左区。此种抢网的主要优势在于：需要坚决果断、默契合作，网前的队员多在背后给发球的同伴做手势(暗号)，让发球员为他的全抢网创造有利的条件。举个例子来说明这一问题，发球的攻击点应该是对方不易打出角度而且是比较薄弱的环节，发球员补位上网不但要快，并要截击准确(因为被全抢网逼迫变线的接发球落点很难判断)。这种全换位抢网的主要特点和作用表现为：虽然有很大的风险，但抢截成功会给对方产生巨大的心理压力，对发球方则起到"鼓士气、震威风"的作用，即使抢截失误也会吓对方一跳，从而达到搅乱对方接发球习惯的目的。

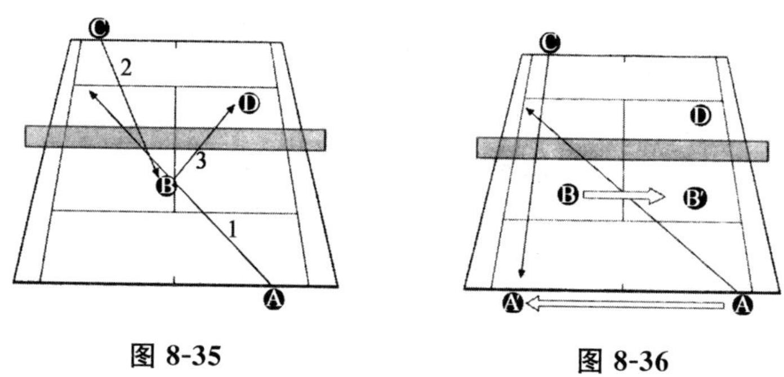

图 8-35　　　　图 8-36

(3)特殊站位抢网

尽管这种网前队员的特殊站位的运用并不广泛，但是一旦使用常常能够起到非常重要的作用。

如图 8-37 所示，网前队员 B 站在发球员 A 的前方几乎挡住发球线路，但他蹲得很低，由于与发球员有默契熟练的配合并不影响发球，当球发出后，他可以通过两种抢网方法来达到理想的抢网效果。第一种(E)：向左前方封抢直线球，攻击对方 CD 空当，发球员 A 仍向右前方上网；第二种(F)：B 封抢斜线，发球员 A 上左侧网前，同样在左区发球也可以与网前同伴有类似的配合，正由于特殊的站位与巧妙的配合，有时会达到意外的效果。

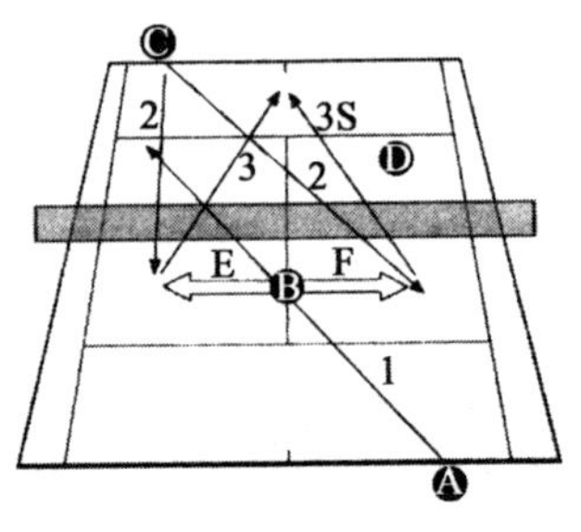

图 8-37

(三)发球局前后站位战术

发球局前后站位的战术,即发球员的同伴在网前,发球员发球后不上网(图 8-38),形成一前一后的阵势,这种战术打法具有其较为独特的特点,尽管这不是一种很积极、先进的战术打法,但是却具有比较广泛的群众基础。这种发球局站位的具体形式主要有四种,即右区发球后前后站位、左区发球后前后站位,以及由这两种形式转化出来的另外两种形式,具体如下。

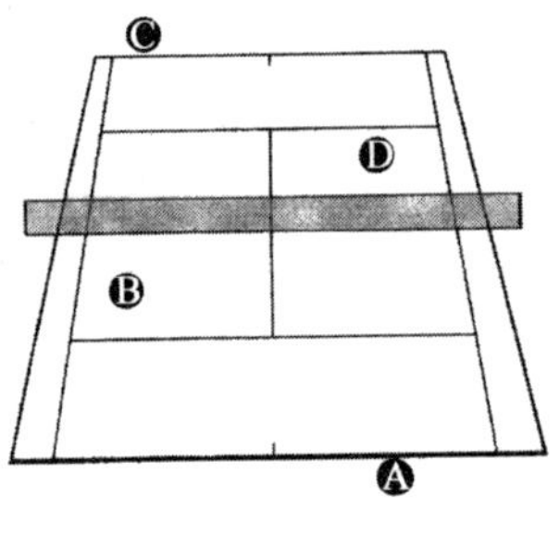

图 8-38

1. 左区发球后前后站位

如图 8-39 所示,当左区发球时,发球员 A 发球后不上网,接发球员 C 接球后也不上网,接球员的同伴 D 逼近网前,A 与 C 在底线对角线对抽,B 与 D 在网前伺机抢网进攻。

如图 8-40 所示,当 A 与 C 在左区对角线对抽时,D 逼抢太凶,A 挑直线高球过 D 的头,C 向右侧追高球与 D 换位。A 与 C 直接对抽,B 与 D 在网前伺机抢网进攻。

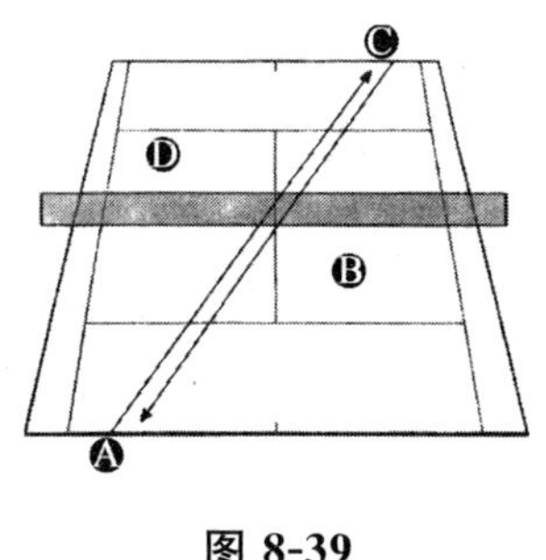

图 8-39

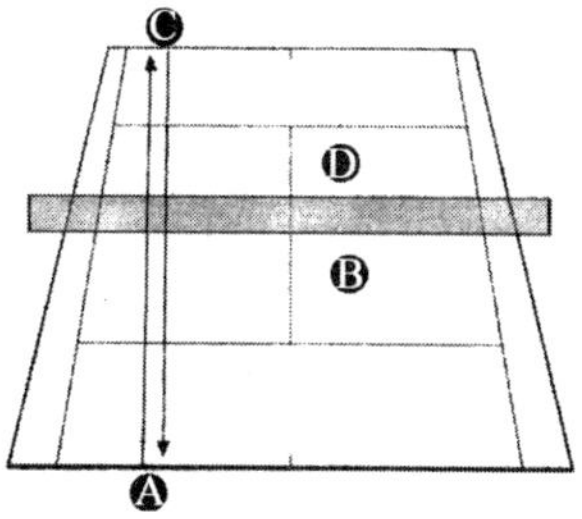

图 8-40

2. 右区发球后前后站位

如图 8-41 所示，球员 A 发球后不上网，接发球员 C 接球后也不上网，接球员同伴 D 则逼至网前与 B 处于相当的位置，A 与 C 对角线抽击，B 与 D 在网前伺机抢网。

如图 8-42 所示，当 A 与 C 在右区对角抽击时 D 逼网太近又抢得很凶，A 挑直线高球过 D 的头，C 向左追高球与 D 换位。A 与 C 直线对抽，B 与 D 在一侧隔网相对，伺机抢网。

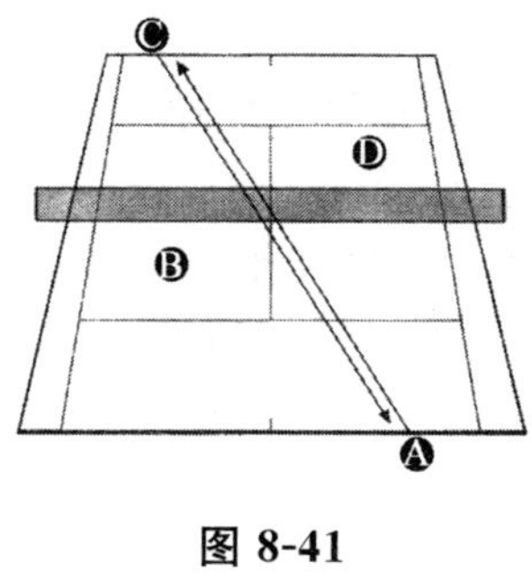

图 8-41

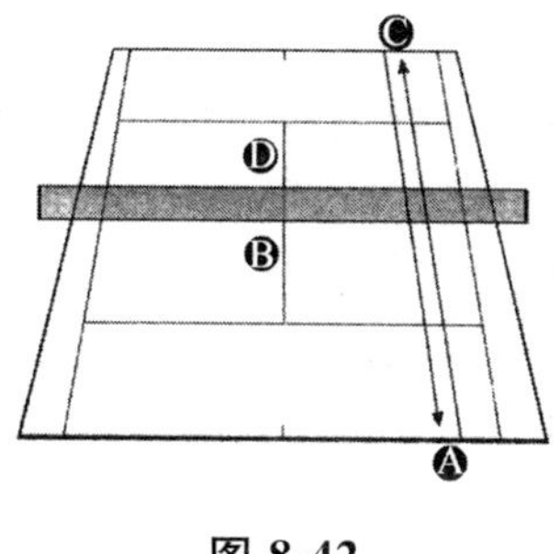

图 8-42

二、双打接发球局战术分析

(一)双打接发球局站位与配合

1. 站位

(1)左右站位(图 8-43)

双打接发球员的站位在左或右的位置比单打更向外侧，原因是双打的发球员站位一般在底线中点至双打边线之间，比单打发球员的站位靠外，这样的站位增加了发球的角度，更容易发向外角拉开对方，因此接发球员应相应外移，从理论上讲，应站在对方可能发到的外角与内角落点连线的角分线上。如果观察发现发球员A没有能力发出大角度的侧旋球，接发球员C可以放弃大角度的外角往里站，可以均衡有效地在身体两侧用正反拍接发球；左区接发球员D的站位也是同样的原理，只是右手持拍的发球员走向外角，很难发出大角度的侧旋转，如果发球员是左手持拍就可能发出向外侧旋转的球，迫使己方跑出场外回击，此时己方应向外站，有所准备。

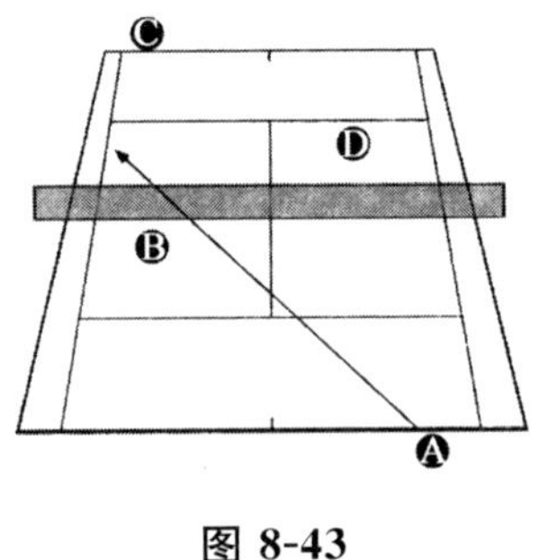

图 8-43

(2)前后站位

接第一发球站位应稍后些，但是不宜太后，接第二发球应该稍向前站些，这样的站位是比较积极和适宜的；接强有力的发球，球速快，应适当地靠后些，以便来得及判断、反应和及时做出短捷的后摆动作，若对方发球攻击力较弱，则应向前调整站位，有利于抢攻；接大力的旋转发球不宜站得太后，接侧旋球也不要退得太远。

2. 配合

(1)双底线的站位

接发球员C接球时同伴D在另一侧准备(D接球时同伴C在另一侧准备)(图8-44)，此种站位多在以下几种情况时使用：对方的第一发球攻击力很强，接发球员接球被动时，同伴退下来配合防守；发球方的发球与抢网配合默契，屡屡得手时，同伴退下来共同防守；对方采用同侧站位或特殊站位，接发球员不很适应时，同伴还是先退下来较好，以便鼓励接发球员大胆还击，往往奏效(图8-45)。

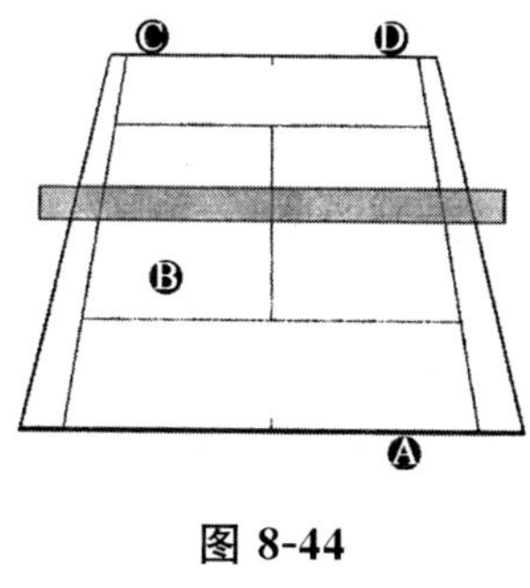

图 8-44

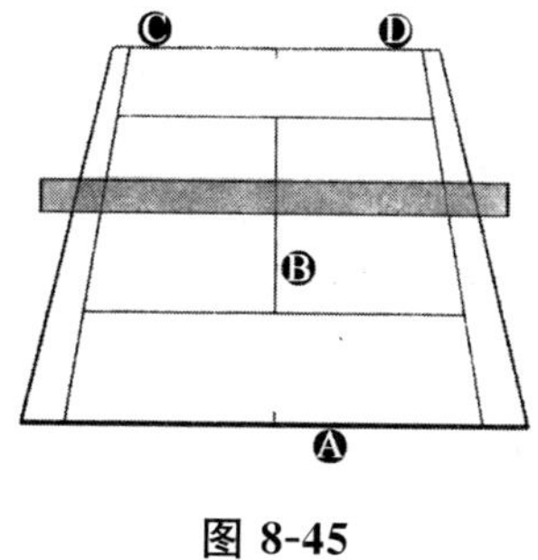

图 8-45

(2)一后一前的站位(图 8-46)

接发球员在底线附近接球,同伴站在另一侧发球线附近准备,这种站位在态势上是积极而灵活的,使发球方有压力,一旦接发球得手,站在发球线的同伴即刻冲上去抢网反攻,这是当前接发球局最常见最积极的站位,即使接发球员被动挑起高球,同伴也来得及后退,使用此种站位的情况有:接对方较弱的发球(多是第二发球);准备抢攻(包括接发球配合抢网进攻);关键分(包括局点、盘点或赛点)有意给发球方制造压力,在反攻的气势上压倒对方。

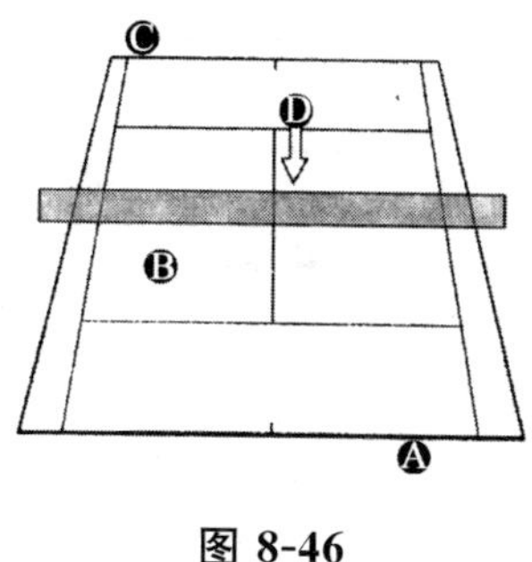

图 8-46

(二)试探性接发球局战术

在比赛过程中,只有了解对方两人发球局的战术才能够及时采取针锋相对的策略,调整合理的战术。因此,在开始的接发球局总是采用试探性的战术来了解对手。

1. 前两个接发球局战术的运用

对于前两个接发球局战术的运用主要包括三个方面,即接发球站位、接发球员同伴的站位以及接发球员的回击方法。

(1)接发球站位

接发球员的站位可先采用习惯的常规站位,当接过对方第一和第二发球后再做相应的调整(前后和左右)。

(2)接发球员同伴的站位

接发球员同伴的站位主要有三种具体的形式,具体要根据场上的实际情况和战术的需要进行有针对性地选择和使用。

①接第一和第二发球都站在D′的位置,因为接发球员C要做试探性的回击,这样的站位在配合上比较稳妥。可使接球员减少心理上的负担,大胆去接。这是一种富有攻击性和挑战性的站法,一旦接发球员A反攻得手,他就可以在网前抢攻。

②接第一发球时退到D′的底线后,接第二发球时再上到发球线的D位置处,看发接方对峙的情况再做调整。

③站在另一侧的发球线D处,接第一发球和第二发球都站在这里(图8-47)。

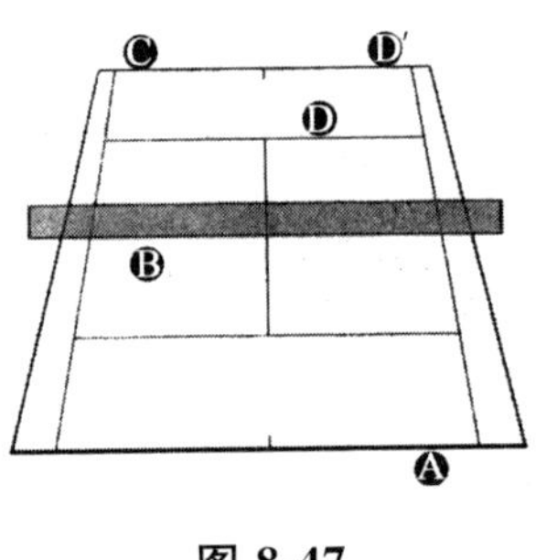

图 8-47

(3)接发球员的回击方法

接发球员的回击方法主要包括两个方面的内容,即回击落点和接发球的打法。只有这两个方面都运用得较为理想,才能取得较好的回击效果。

①回击落点(图8-48):落点分左区和右区两种,并且每个落点都有其各自不同的作用与效果,下面就以右区为例来说明一下具体的落点情况。落点1为深区斜线,这是双打接发球最多的回击落点;落点2为浅区小斜线,这是双打接发球难度较大的回击落点,可以拉开对方,有时可以直接得分;落点3为回击中路(即两人中间的空当),可能遭到网前队员D的抢截;落点4为接发球直线破网;落点5为接发球直线挑高球,挑过D的头落入深区。左区接发球员的回击落点与右区基本相同,不同之处在于方向相反。

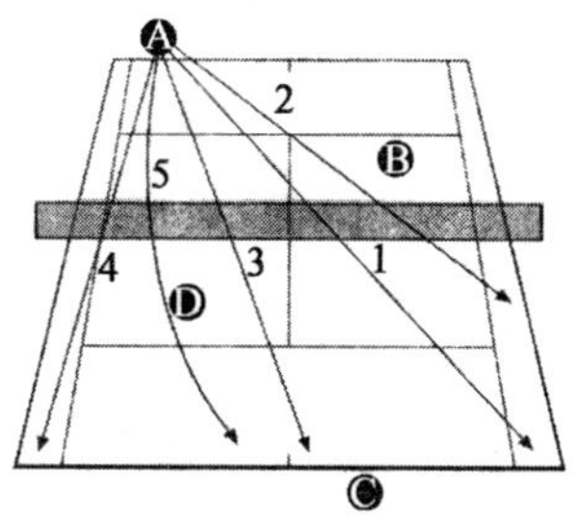

图 8-48

②接发球的打法：双打接发球的战术是从接发球第一拍开始的，由于双打战术比单打复杂得多，因此接发球的打法更加灵活多变，具体来说，可以根据不同的标准进行不同的划分：以球的旋转为主要依据进行划分，可以将接发球的打法分为上旋、下旋和侧旋、平击等；以回击力量为主要依据进行划分，可以将接发球的打法分为加力攻、中等力量回击和轻击等；以接发球动作为主要依据进行划分，可以将接发球的打法分为动作较大的抽击、迎前的快速挡击和切击等。因为接发球是属落地球的特殊击法，所以动作必须在快速中完成，并根据组织战术的需要，应变能力极强的各种打法都应掌握，只有这样才能符合指导思想的要求。

2. 观察对方发球局的战术

观察对方发球局的战术的运用主要包括四个方面的内容，即发球方的站位、发球的方法、发球后使用的战术以及发球局的战术质量。

(1)发球方的站位

站位是接发球方首先要思考的问题。发球方的站位可以分为两种，一种是常规站位，另一种则是非常规站位。

①常规站位：如图 8-49 所示，发球员 C 站在双打边线与中点之间，同伴 D 站在另一侧的网前，左区发球相同，方向相反，这是双打比赛中(包括中、高水平的)发球方最常用的站位，尤其是在比赛刚开始时采用的站位，需要仔细观察的是网前队员 D 的习惯，需要观察的内容有很多，具体来说，主要包括这几个方面：第一，网前队员 D 是站在发球线与网之间的位置还是更靠近网，是站在双打边线与中线之间还是更靠外或里；第二，发球员在发球前与发球后他的同伴站位有无变化(有经验的发球方配对有默契的合作)；第三，第一发球与第二发球时网前同伴在站位上有无变化，观察发球员 C 在右区与左区的发球站位习惯等。

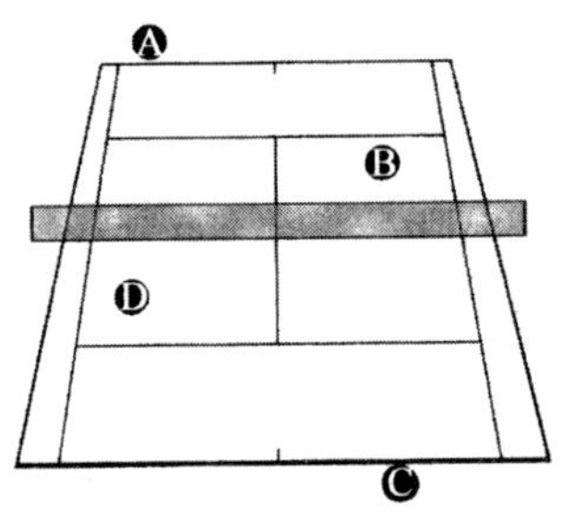

图 8-49

②非常规站位：同侧站位(即发球员与网前队员站在同侧)与特殊站位都属于非常规站位。一般来讲，特殊站位(发球方网前队员干扰接发球)是有可能在比赛一开始就出现的；而同侧站位的发球局在比赛刚开始很少使用，只有发球方发现接球员擅长接出高质量的小斜线球屡屡得手时才会改用同侧站位对付。

(2)发球的方法

第一与第二发球采用的是大力发球、旋转(上旋、侧旋、削击等成分多少)，发球方法能否取得较为理想的运用效果会受到很多因素的影响，这些影响因素主要包括：落点变化与准确程度；第一与第二发球在攻击力上的差别；左区与右区的差异；关键分时的稳定性；发球战术变化的隐蔽性等。

(3)发球后使用的战术

发球后使用的战术与接发球方的战术运用有着非常密切的关系，这就需要在比赛开始后仔细观察。具体来说，发球后使用的战术主要包括单上网战术、半双上网战术以及双上网战术这三种。

①单上网战术：即发球员发球后在底线应战，只有同伴在网前伺机抢截。单上网战术在中、低水平的双打比赛中较为常见。

②半双上网战术：

A. 第一发球后上网，第二发球后不上网或不一定上网。

B. 左右区发球时有选择地上网(根据接发球员的水平而定)。

C. 根据比分情况变化使用双上或单上，有时看网前抢网战术的需要决定发球后上不上网。

③双上网战术：即对方的两名队员都能在第一和第二发球时，不论在左右区发球后果断上网抢攻，在关键分时也毫不犹疑地大胆应用。双上网战术的运用在当代高水平的双打发球局中较为广泛，并且运用得好往往能够取得理想的战术运用效果。

(4)发球局的战术质量

双打接发球局一开始就会感到发球对方的强弱，这与发球局的战术质量存在着很大的关联。发球局的战术质量主要取决于三个方面，即发球的攻击力、发球员上网进攻的能力以及发球方抢网战术的配合。

①发球的攻击力：这是接发球员最直接的感觉，主要表现在力量，旋转与落点的变化和隐蔽莫测的程度等方面。

②发球员上网进攻的能力：对发球队员上网进攻能力的判断，主要有以下两种情况。

A. 如果发球员采用上网战术，要对他的双打水平进行有效的判断，就需要从这几方面进行观察：第一，他发球上网后第一次处理球的能力；第二，接高球的进攻能力（攻击力与稳定性）、处理低球的能力（包括低截击和反弹球）和处理大角度的来球能力；第三，冲上网的速度与回击球的节奏和手感等。

B. 如果发球员发球后不上网，就能够大致判断出这样几种情况：第一，可能是他相信自己底线的攻击力胜于他的网前能力；第二，可能是他的发球不能为上网进攻创造条件；第三，可能是中场技术太差（包括截击和反弹球）和后场对高球的保护能力差等。

③发球方抢网战术的配合

高水平双打发球局无不充分地表现在抢网战术的配合上，要抢夺对方的发球局，就应仔细观察对方的抢网特点。

（三）对方双上网的接发球局战术

双打发球方采用双上网战术者多是其发球具有相当的攻击力，同时能够为网前创造更好的进攻条件，两人在网前抢攻比较默契的配对。这种发球局的战术比较先进，会给接发球一方造成很大的压力，对于整场比赛的局势走向也具有非常重要的影响，因此，接发球方应该认真研究相应的对策。

具体来说，针对发球方的双上网战术，可以采用接发球局反抢的战术和接发球局双底线的战术进行回击。

1. 接发球局反抢的战术

这种接发球反抢的战术主要运用于当代高水平的双打比赛中。该战术的主要特点包括：它把双打接发战术推向新水平，发球方为了摆脱困境，有时改为同侧站位，变化发球员的中场截击路线，大胆变直线以抑制 B 的抢截；B 为此可以给接球员 A 做暗示，提高抢与不抢的默契程度，虚虚实实，干扰对方，使发球方的双上网战术感到极大的压力。左区的接发球反抢战术与上述基本相同，不同之处在于方向相反，相对来说，左区的接发球更加重要，这主要是由于左区的接发球有不少关键分（局、盘、赛点）。如果接发球员与同伴配合熟练而默契，会为取胜创造良机。

(1)接发球方的站位

如图 8-50 所示,这种站位对发球方的挑战性较大,这主要是由于接球员 A 一旦抢攻得手,同伴 B 在网前就有可能捕捉到反攻的机会,这种反抢战术在当代高水平双打配对在接发球时运用得较为广泛,而且配合得熟练、默契,根据发球与接发球对抗的情况,可以对 B 的站位进行适当地调整。

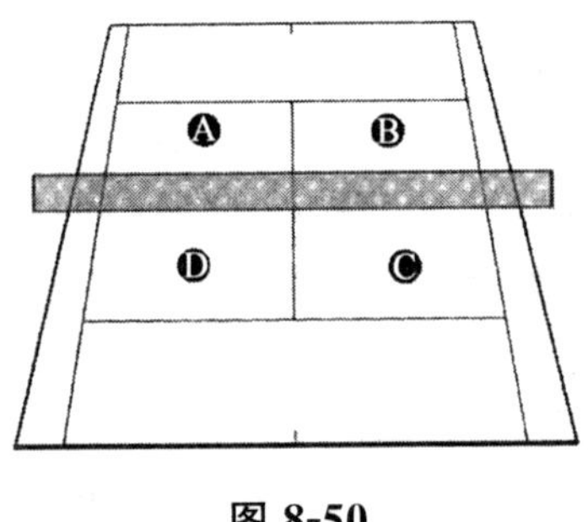

图 8-50

(2)接发球的要求

这种挑战性很强的接发球局反抢战术对于接发球破网、抢网、近网对拦等高难技术要求很高,从发球局抢网发展到接发球局抢网,把双打战术推向新水平。具体的要求主要体现在避开对方的抢网、回击的落点、反抢时机的掌握这几个方面。

①避开对方的抢网:提高接发球质量的首要标志就是避开 D 的抢网,而高水平的双打发球局不仅发球员 C 的发球具有强劲的攻击力,而且同伴 D 的抢网配合默契、积极,这对接球员 A 的要求是很高的,他不仅要准确地把球回击到对方的场区,而且要避开对方凶猛的抢网,这样就能够较好地避免同伴 B 在中场被动挨打的现象。

②回击的落点要准确:双打接发球回击的落点很多,但是最好的回击落点是在发球员 C 冲上网时的脚下,迫使他下蹲从下向上回击(低截击或反弹球),这样的还击对接发球方十分有利,能够为同伴创造有利的机会进行回击。发球员 C 不能发力进攻,球的飞行路线是从下方向过网的上方飞行,为同伴 B 创造反抢的时机,有经验的发球员遇到这种接发球会及时采取对策,调整他的上网速度,或加快抢高点进攻,或放慢节奏待球反弹高处时再迎击,尽量避开反弹球和低截击,接发球员 A 则变化回击的深度和角度迫使上网者被动回击,这种进攻与防守、控制与反控制的斗智斗勇,构成了双打精彩的场面。由此可以看出,回击的落点选择得好并且能够准确运用,往往就能取得较为理想的运用效果。关于接发球回击的落点的选择与运用,主要可以通过以下方法来达到创造反抢机会的目的。

A. 接发球回击重而深的球，虽然也可以躲避 D 的抢截，但对高水平的发球员 C 威胁不大，他可以借力截击后仍抢占网前的有利位置，使接发球方感到被动。

B. 接发球回击尽量利用双打的边区（两边比单打宽 2.74 米）如图 8-51 所示，这种回击深点对发球员 C 上网至 C1 处有直接得分的威胁，但他若判断准确至 C2 处还击，回击短斜线或变直线的可能性极大，对 B 反攻抢截不利；接球员 A 挑高球过网前队员 D 成功，就不仅是同伴 B 抢网了，A 也同时随球上网，在网前捕捉进攻的有利时机。

③反抢时机的掌握：当接发球员 A 的回击球落在发球后冲上网的 C 队员脚下，使其被迫下蹲从下向上还击，同伴 B 迅速迎上去封住回击的来球路线果断抢截，向对方的空当或 D 攻击，接球员 A 在 B 向右交叉抢截的同时，向左补位，在网前封住场区（图 8-52）。

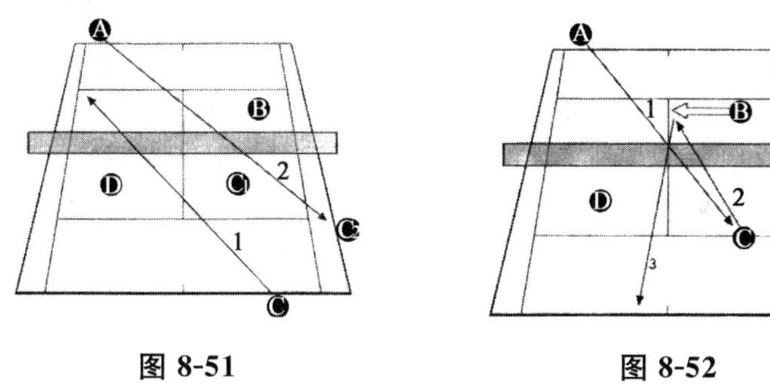

图 8-51　　**图 8-52**

2. 接发球局采用双底线的战术

(1)接发球局的站位

接发球局的站位是：接发球员 A 与同伴 B 都退至底线后（图 8-53）两人保持 3.5 米左右的距离，同时守住双打场地。

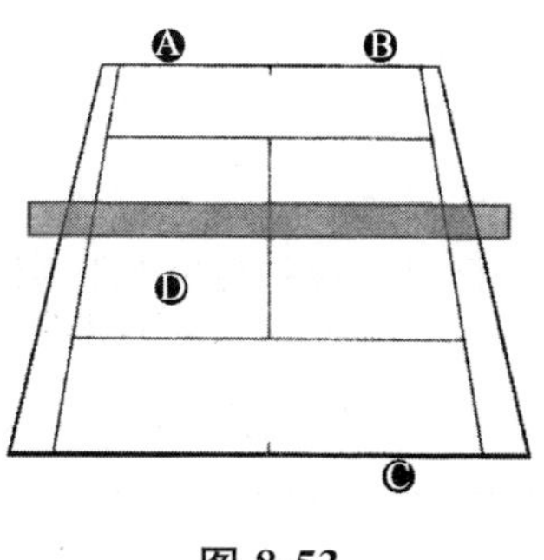

图 8-53

(2)接发球与破网的要求

为了能够达到比较理想的接发球与破网效果,主要应该达到要求。

①接发球的要求:接发球应尽量避开 D 的抢网,把球回击到发球员 C 的一侧,准备他的上网截击,与 B 组织破网反击,除了 D 抢网太凶可以接直线或挑高球抑制对方的抢网进攻外,通常情况下,都回击斜线或短斜线,这样就能够达到接发球的直接失误(尤其是下网的失误)得到尽可能地减少的目的。接较弱的第二发球时,可加力抢攻,给双上网的对方予以还击。

②接发球后的双底线破网的要求:对接发球后的双底线破网的要求比较高,因为只有这样,才有可能提高破网的成功率。具体来说,主要体现在以下几个方面。

A. 组织破网反击首要的是两人紧密协作守住场地(双打比单打容易得多)把球回击过网。不少接发球方常犯的通病是破网越打越低,结果一般只有两种,即要么被对方攻死,要么自己无故打下网失误。在双打的失误中,下网失误比出界失误更可惜,因为双打场地宽,对角线也长,一般加力的上旋破网球不易出界,尤其双打网前抢截时,经常误接出界球,有时关键分也出差错,把球回击过网就是把矛盾交给对方,让对方犯错误。这是有一定的实践基础的,据了解,尽管当今网球已经发展到空前的高水平,但在取胜的分数中,仍是对方无故失误的占多数,不仅单打,双打也是如此,由此可以看出,最不应该出现的失误就是下网失误,因此,应尽可能地避免自己出现失误,而尽量给对方制造困难,而使对方失误。

B. 连续破网攻击点的选择。攻击站位偏后者,因为后者距网较远,他无法做出决定性的截击,也很难打出大角度。这时候就应该选择攻击弱者或表现欠佳、紧张失常者,这样往往能够取得较好的攻击效果。双打破网回击的最佳选择是攻击中路,其中,较为常见的是造成对方漏接和同时抢截失误,有时很容易打的中路球也会出现无故失误,另外回击中路对方不易打出大角度,便于两人底线防守。回击边区,比单打宽出各 1.37 米的两个边区可以充分利用,尤其是从边线外回击的球。

C. 破网与挑高球的结合运用。破网与挑高球都具有各自的特点和运用效果,但是,要想真正发挥双底线对双上网战术的巨大威力,就必须将破网与挑高球技术有机地结合起来进行科学的运用。配合挑后场质量高(包括隐蔽性强的上旋攻击性高球和高而深的防守性高球)的高球的目的是让双上网的对方有后顾之忧,否则就会影响战术的运用效果,造成很难打出有攻击力和大角度的截击球,并且使双上网战术的威力受到极大的削弱,对方出现失误的概率减少的后果。因此,为了能够达到更好地破网与挑高球结合运用的效果,应该特别注意以下几种情况。

a. 如果对方双上网一旦逼至近网准备抢攻，谁距网最近(2 米左右)就挑他的高球。

b. 如果对方两人都逼近网，则挑对方高压球较差或心理稳定性差、表现欠佳者。

c. 要想使对方的配合出现失误，可以选择挑给对方两人中间的高球这一办法，往往能取得较为理想的效果。

d. 一旦挑高球迫使对方回身追赶，两人顺势上网抢攻，切勿失此良机。

(四)对方单上网的接发球局战术

单上网战术就是一人在底线(多是发球员发球后停留在底线)、另一同伴在网前伺机进攻的战术方法。

1. 对发球方采用单上网战术的原因分析

一般情况下，发球方之所以会选择采用单上网战术，原因主要包括以下几个方面。

(1)发球的攻击力和稳定性较为缺乏，不能为上网进攻创造有利的条件。

(2)由于发球上网技术差、上网速度慢、中场截击与反弹球技术差等条件限制，发球后上网的效果不尽如人意，还不如在底线稳妥。

(3)两人同时在网前怕对方挑高球，后场保护能力差，高压球进攻乏力且易失误，这样就往往会不利于上网进攻。

(4)两人在网前配合差，经常出现漏洞和失误。

2. 回击发球方单上网战术的打法

由以上分析可知，虽然有一些底线与网前配合默契的双打配对取得过一些场次的胜利，但此种发球局的双打战术要攀登高水平是比较困难的。那么，要想较好地回击发球方采用的单上网战术，可以从下面的几个方法中，根据场上的实际情况和战术打法的具体需要，进行有针对性地选择和运用。

(1)如图 8-54 所示，接发球员 A 接发球避开对方 D 的抢网回击至深区后，顺势上网至 A1 处，同伴 B 同时跟进至 B1 处，两人占据了网前进攻的有利位置，使对方接发球员的同伴 D 被迫退至底线防守，放弃了网前的制高点，把发球局的优势拱手让给了接发球的对方。即使接发球后不能随球上网，也可以在避开 D 的抢网前提下与 C 在对角线对攻中伺机上网。在对攻中同伴 B 已逼至近网与发球方 D 处于对等的位置，发接双方态势均等，要想分出胜负，主要的决定性因素就是进攻抢截时机的掌握和配合的默契程度，因此，一定要重视抢截时机的准确性和高默契度的配合。

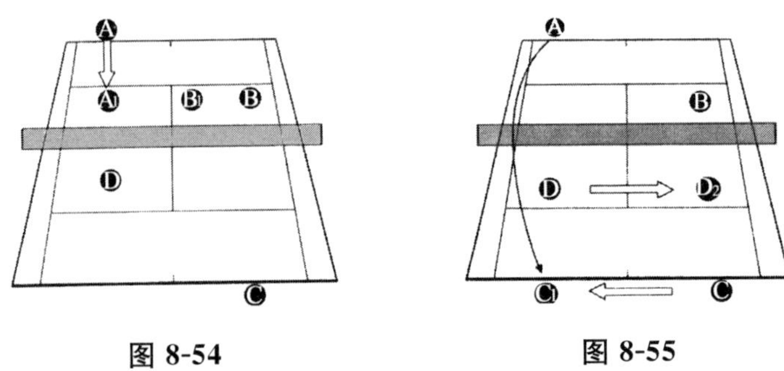

图 8-54　　　　图 8-55

(2)如果接球员 A 发现发球员 C 的正拍对角线的攻击力很强但反拍较差时，这时候就需要采取的对策是：如图 8-55 所示，可以直线高球过对方网前面队员 D 的头，从而迫使对方换位。

(3)还可以攻 C 的反拍上网，与对方对拉直线攻击薄弱的反拍，这样，就能够给同伴 B 创造在网前进攻的机会。

(4)由于在底线放轻球容易把对方引上网使自己被动，因此，高水平的双打通常不会在底线使用放轻球。但是，又由于对方发球员 C 的网前技术差，不敢双上网，这时候接球员 A 回击轻球把对方引上网使他被动，也是比较有效的一种打法。需要注意的是，为了能够更好地保护同伴 B，A 一定要保证轻球的质量。

三、双打战术训练

(一)双网前与双底线战术训练

攻防双方运动员，四人打 2 只球，以练习网前连续截击的进攻能力和底线连续破网反击能力，以对抗形式进行练习(图 8-56)。

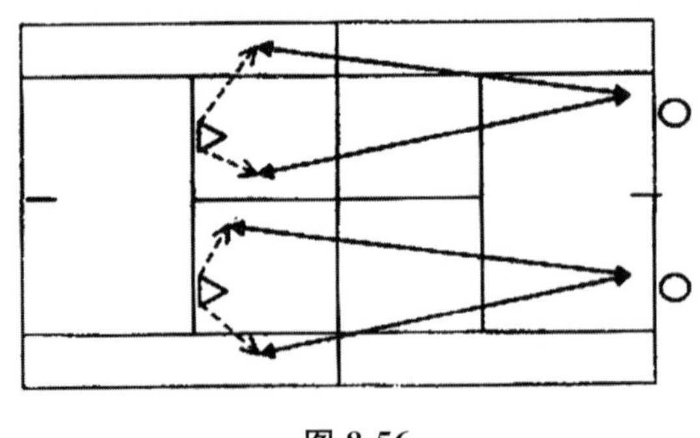

图 8-56

(二)发球上网战术训练

进攻方两名运动员一人发上,一人网前,二人轮流发球上网,进行双打发球上网战术的配合练习。为了能够更好地提高进攻方运动员发球上网后处理中场第一拍截击球的能力,要对防守方一名运动员接发球的成功率有一定要求(图 8-57)。

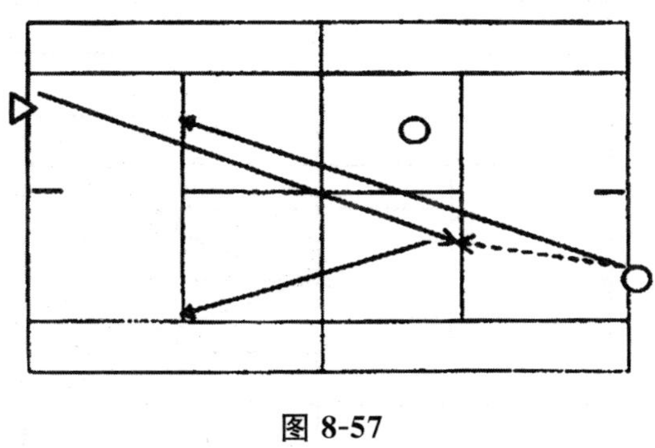

图 8-57

(三)底线技术破网或网前截击战术训练

进攻方两名运动员在球场一边的左右半区的网前或底线,防守方的一名运动员以自己的双打站位为主要依据在底线或网前进行半区的破网和网前练习,为了取得更为理想的教学效果,要求双方运动员进行多次练习(图 8-58)。

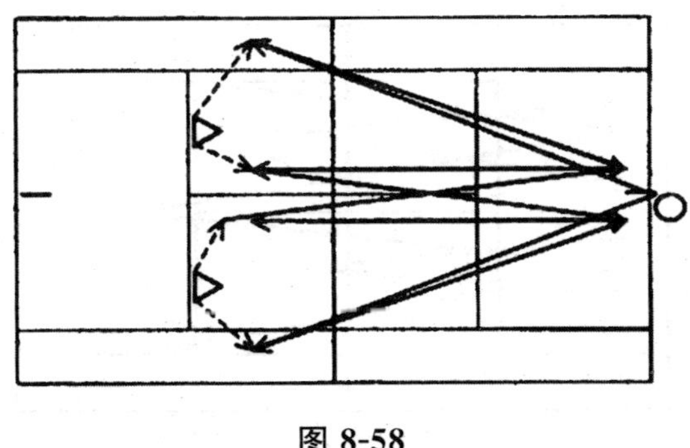

图 8-58

(四)截击凌空球或高压球战术训练

采用一对二等多种形式,在中场或近网进行截击凌空球练习,这样往往能够达到提高在网前快速对抗中的反击能力及击球和控球的能力的目的(图 8-59)。

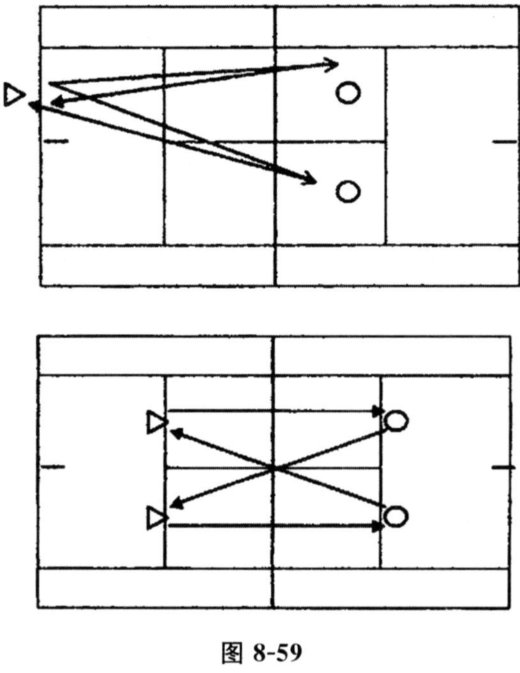

图 8-59

(五)限区破网或中近网截击战术训练

如图 8-60 所示,以双打运动员的站位为准,以中线和双打边线为限进行半区的底线穿越对中场或近网的截击教学练习。

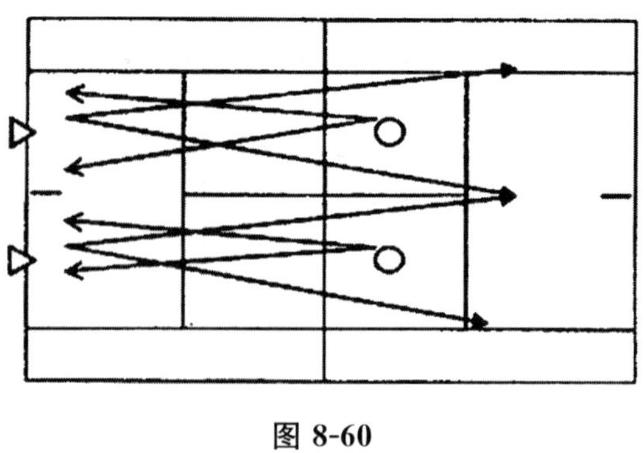

图 8-60

(六)多球练习培养与训练

多球练习的教学方法主要包括发球练习,接发球练习,发球上网抢网补位练习(图 8-61)发球上网中场、近网、高压三拍的练习(图 8-62)。

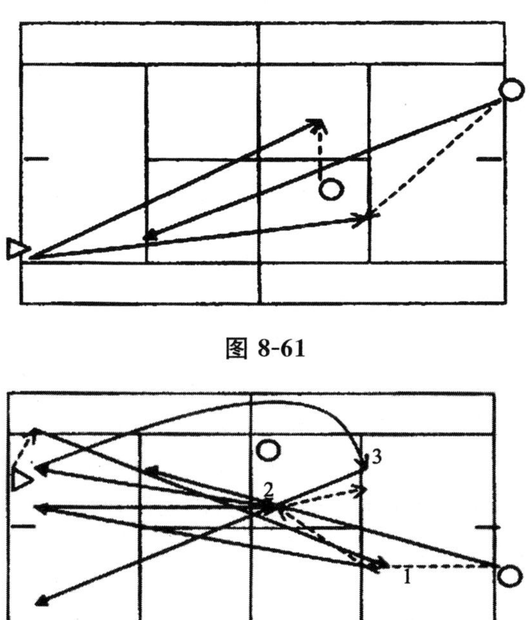

图 8-61

图 8-62

第九章　网球运动训练与科学化医务监督

网球运动训练是一个系统的过程，在这一过程中网球运动员良好训练效果的取得不仅受运动训练内容和方法等因素的影响，还与疲劳恢复、营养补充、伤病防治等具有密切的关系，这就要求网球教练员和运动员在网球运动训练中做好医务监督工作。只有在运动训练中重视疲劳恢复、科学补充营养、及时防治伤病，才能确保网球运动员的运动训练长期、持续进行，并有助于良好训练效果的获得。

第一节　网球运动训练疲劳的产生与恢复

一、运动疲劳的概念

运动性疲劳，是指在运动过程中出现了有机体的工作(运动)能力暂时性降低，但经过适当的休息和调整后，可以恢复原有技能水平的一种生理现象。它是体育中常见的一种生理现象。

疲劳，是机体对运动刺激的一种基本反应，是人体的一种正常反应，它在身体受到一定的运动负荷时产生，是一种机体出现暂时性的机体机能下降的现象。当疲劳出现后，经过适当时间休息和调整可恢复。从某种意义上讲，生命是生物能量存在的一种形式，是能量集聚、转换和耗散的一种过程。不论参与到何种活动之中，都会消耗人体内的能量，即便是在睡眠时也会有一定的能量消耗以维持最基础的生命活动，而活动越激烈，消耗能量的速度就越快，表现为活动效率在持续一定时间后都会出现下降现象，这就是机体疲劳的表现。

一般来说，运动性疲劳现象对人体并无太大的损害，它只是起到一种保护性信号或称保险阀的作用，运动疲劳的产生是提示人们不要过度疲劳，以免造成机体大的负担。

网球运动是间歇性运动，一场网球比赛中，运动员的能量消耗可高达63千焦/分，远高于篮球和足球。在网球运动训练的过程中，运动员运动水平的提高就是一个疲劳→恢复→再疲劳→再恢复的良性过程。如果运动员在网球运动训练中机体所产生的疲劳没有得到及时的恢复，就会使疲劳累积，达到一定程度时，就会产生过度疲劳；而如果运动性疲劳出现后，运动员仍继续保持原有的运动，就会使机体疲劳加重，甚至导致力竭，从而使运动性疲劳演变成一种病理现象，从而危害身体健康，严重者甚至会有生命危险。

二、网球运动训练疲劳的产生

网球运动需要运动员在极短的时间内做出积极反应，并多次重复大强度运动，易造成大脑皮质过度兴奋和过度抑制，中枢神经系统疲劳还可进一步引起各器官系统的功能失调。① 对网球运动训练中疲劳的产生机制具体分析如下。

（一）能量物质消耗

能源衰竭学说认为运动过程中体内能源物质大量消耗而得不到及时补充是产生疲劳的主要原因。实验证实，运动性疲劳与能源物质消耗过多密切相关，且运动强度、时间不同，消耗的能源物质不同。

如果网球运动运动员参与大强度的训练，运动员机体骨骼肌中的ATP作为机体所需能量的直接能源提供训练所需能量。根据大强度运动的能量代谢特点，ATP的合成主要是通过CP的分解和糖的无氧酵解而实现的。而在运动中糖的无氧酵解是ATP合成的主要途径。但是，在运动训练中，随着运动负荷的不断增加，机体内大量分解并消耗肌糖原，从而使肌肉中大量消耗ATP和CP，并且在肌肉中堆积了大量的乳酸。

实验表明，在进行网球运动训练时，会出现HL值升高，血pH值下降，失代偿性酸中毒由此发生，致使ATP合成量减少，对肌肉运动能力造成不利的影响，从而导致运动员出现运动性疲劳。

（二）物质代谢失调

机体内环境的相对稳定是组织器官保持最佳动能状态的基础和前提。通常，机体是通过呼吸、神经、血液循环、内分泌、泌尿等系统的调节，使机体

① 杨翼，李章华．运动性疲劳与防治[M]．北京：北京体育大学出版社，2008.

内环境保持动态平衡。在长时间剧烈的运动训练中，由于组织器官某些代谢产物的堆积，可导致体内代谢性酸中毒。高渗性脱水、血液 pH 值下降、渗透、血压改变等引起疲劳的诱因，都是内环境稳定状态失调的具体表现，因此，综合地说，运动性疲劳的产生是机体内环境稳定状态的失调造成的。

机体参与运动必然需要机体代谢提供运动所需能量，在网球运动训练过程中，机体内的糖、脂肪和蛋白质的有氧或无氧代谢是机体运动所需能量的主要来源。据研究表明，乳酸能系统主要提供体育所需的能量，在进行 5 分钟左右的运动训练后，血乳酸浓度达到最高。

在网球运动训练中，如果训练时间过长，会使体内能源物质快速消耗，体内的无机盐、水分等会有所减少，维生素含量也会不断下降，从而使机体内环境物质代谢失调的现象发生，机体不能继续工作，就会产生运动性疲劳。

（三）代谢产物堆积

在网球运动训练过程中，人会产生大量的代谢产物，其中对人体运动能力影响最大的就是乳酸，运动训练中，机体中乳酸大量堆积会影响体内的正常代谢，进而会影响机体的运动能力下降。

具体来说，乳酸堆积可导致三大现象进而导致运动性疲劳的产生。

（1）抑制糖、糖原的分解或酵解，增加肌肉中水分的含量，并可减少乳酸从肌肉中的运出。

（2）促使运动组织局部血管扩张，血流速度加快，虽然有利于增加氧的运输和供能，但也产生了消极作用，使 ATP 再合成速度减慢。

（3）乳酸解离后产生的氢离子，可以引起肌肉中 pH 值下降。氧离子可以从肌钙蛋白中置换钙离子，而阻断肌肉收缩，阻碍神经肌肉的兴奋传递，抑制脂肪酶的活性而降低脂肪氧化供能，促使疲劳产生。

（四）精神保护抑制

巴甫洛夫学派的学者认为，无论是体力的疲劳还是脑力的疲劳，都是大脑皮质保持性抑制发展的结果。由于大脑细胞长期兴奋就会导致“消耗”增多，当消耗到一定程度时便产生了保持性抑制。

莫索早期的实验发现，当手指拉起重物达到疲劳时，用电刺激屈指肌，手指又能拉起重物。该实验表明疲劳的产生并不是肌肉本身的疲劳，而是中枢抑制的结果。①

---

① 杨翼，李章华．运动性疲劳与防治[M]．北京：北京体育大学出版社，2008.

在网球运动训练过程中，当机体真正疲劳之前，运动员在主观上会先感知疲劳，这种疲劳感相当于是机体发出的主观疲劳信号。而运动中人体各器官、系统的活动都是在神经系统指挥下完成的，神经系统功能的降低，而人体的疲劳感会因为神经细胞抑制过程而变得更加强烈。此时人的情绪意志状态与人体功能会影响机体的疲劳程度。

（五）突变假说机制

突变假说与上述几种观点不同，它是将兴奋性和能量消耗综合到一起来看疲劳的发展。该理论认为出现运动性疲劳时，一般是在能量消耗和兴奋性衰减过程中，所存在的一个急骤的能力下降阶段，以避免能量储备进一步下降。

三、网球运动训练疲劳的恢复

（一）积极休息

实践证明，劳逸结合可有效消除体育中的运动性疲劳。结合运动员的运动状况，劳逸结合应重视以下几点。

1. 做好热身和整理活动

网球运动训练前，做好热身准备，可以充分发挥运动员的机体适应能力，提高运动员身体各项运动能力对负荷的适应和机体活力，可有效延缓运动疲劳的产生。

训练后，机体各系统都处于高度兴奋状态，放松活动可以使心血管系统、呼吸系统、神经系统和内分泌系统等从适应剧烈训练的状态逐渐过渡到安静状态，促进肌肉放松，网球运动训练后，做好放松与整理活动。放松与整理活动是消除运动中疲劳、促进体力恢复的一种有效的主动恢复手段。网球运动训练后的放松与整理活动能够使呼吸系统、神经系统、心血管系统和内分泌系统等从适应运动的状态慢慢地恢复到安静状态。运动员可以通过慢跑和呼吸体操消除疲劳，或在运动训练后通过做肌肉、韧带拉伸等放松练习来消除疲劳。

2. 积极性休息

积极性休息主要是指活动性休息，它是消除运动性疲劳的有效方法之一，这种方法能够有效促进全身血液循环，达到加速乳酸消除的目的。在运动员日常运动训练中，主要可进行散步、变换活动部位等形式的轻微运动进行。

(二)改善睡眠

1. 延长睡眠时间

良好的睡眠可有效消除疲劳，研究表明，人体在睡眠状态下，各器官、系统活动会下降到最低水平，这时，机体的物质代谢减弱，能量消耗也维持在最低水平，合成代谢有所加强，可使机体消耗的能源物质逐渐得到恢复。

需要特别提出的是，增加睡眠并不是睡眠时间越长越好，而是指合理安排作息时间，讲究睡眠卫生，并坚持始终如一。在训练期间，每天应保证 8～9 小时的睡眠时间；大训练量训练和比赛期间，睡眠时间应适当延长，可适当安排一定时间(1.5～2 小时)的午睡。

2. 提高睡眠质量

在网球运动训练后，保证良好而充足的睡眠是使身体得到恢复的重要措施。充足的睡眠可以有效缓解运动性疲劳。运动员必须遵守一定的作息制度，从而保证睡眠的时间和质量，并讲究睡眠卫生。

(三)营养补充

运动训练需要消耗机体大量的能源物质，机体能源物质的消耗是机体疲劳产生的重要原因之一，在训练性疲劳的产生过程中和训练性疲劳出现以后，尽快摄入足够的营养物质来补充能量、调节生理功能，能够机体消除疲劳并恢复到最佳生理状态。

在网球运动训练期间，运动员可结合自身情况适当补充营养，以此来补充机体生理活动所消耗的物质，并且修复体内结构的受损以及消除疲劳，通常，人体需要及时补充的物质包括糖、蛋白质、矿物质以及各类维生素(如维生素 A、维生素 B_1、维生素 B_2、维生素 C 和维生素 E 等)。

(四)物理疗法

实践表明，一些物理疗法和中医治疗措施能有效缓解运动员在运动训练中的运动性疲劳，虽然运动员不能全面掌握这些知识，但是通过简单的按摩或者求助于医师，都可以实现运动性疲劳的恢复。

针对网球运动训练中的疲劳现象和症状，可以采用以下常见的物理疗法进行缓解和治疗。

1. 沐浴

(1)温水浴:温水浴可促进人体血液循环,刺激副交感神经,镇静止痛,有利于促进疲劳肌肉的物质代谢。温水浴的水温以 40°左右为宜,温度不宜过高,时间为 10 分钟左右。也可在训练结束半小时后进行冷、热水浴,冷水温度为 15℃,热水温度为 40℃,冷浴 1 分钟,热浴 2 分钟,交替 3 次即可。

(2)桑拿浴:桑拿浴的高温、干燥有助于加速机体的血液循环,使人体大量排汗,促进体内代谢排出体外。一般来说,桑拿浴时间不宜过长,且不要在训练结束后即刻进行,以免造成脱水和加重疲劳。桑拿浴每次 5 分钟左右为宜,最好与温水浴交替进行,浴前补充足够的水和营养物质效果更佳。

(3)涡流浴:又称为水按摩,是一种水流不断搅动、利用明显的水温与水流冲动刺激肌肉的沐浴方法,涡流强度可以调节。

(4)按摩浴:采用脉冲式水力,在澡盆与肢体躯干部位相对应设置多个喷头,充分利用水的压力对需放松的肌肉自动喷射,水压可和按摩部位可以调节。

2. 按摩

推拿按摩的原理十分简单,即通过对人体的机械刺激、神经反射,通过神经—体液调节而影响人体,在运动训练中常用于消除疲劳。具体来说,推拿按摩具有以下几个方面:调节血液循环、增强心血管功能、解除大脑的紧张,改善由训练性疲劳造成的免疫功能下降的状况;刺激或抑制神经系统,产生兴奋或抑制作用,调节呼吸和改善消化机能,改善皮肤的营养;扩张作用处周围的血管,降低体内经脉和血液循环阻力;放松身心,缓解疲劳、愉悦心情。

和其他疲劳恢复措施和方法相比,用推拿按摩消除运动性疲劳经济简便,既不需要特殊医疗设备,又可以避免时间、地点和气候等因素带来的限制,随时随地都可实施。常见的按摩的方法主要有人工按摩、机械按摩、水力按摩以及气压按摩等,运动员可结合自身经济条件进行选择。

一般来说,按摩的手法要以揉捏为主,并且交替使用按压、扣击等手法。以消除疲劳为目的的按摩要在运动后方可进行,按摩时间根据疲劳程度通常设定在 30～60 分钟之间。

网球运动训练后,运动员可根据自身感觉等情况可以进行局部或全身按摩,并对按摩的时间、深度、力度等方面加以适当的调整。

3. 拔罐

拔罐，俗称拔火罐，是以杯罐为工具，利用火的燃烧排除罐内的空气产生负压，使杯罐吸附在皮肤上，作用于皮肤的治疗方法。

拔罐法是一种传统的中医疗法，针对运动疲劳恢复所使用的拔罐疗法主要是针对运动后局部严重疲劳并伴有损伤的局部性疲劳的恢复。拔罐法的原理在于，在拔罐时，身体的局部负压作用能够使组织内的瘀血散于体表，使组织代谢产物的排泄更加顺畅，从而促进疲劳消除。

4. 理疗

理疗法副作用少，目前主要包括光疗、蜡疗、电疗等，运用这些方法能够对身体局部或全身的疲劳肌肉的代谢过程有非常好的促进作用。同时促进血液循环、改善血液供应，有利于营养物质的吸收，促进代谢产物的排泄，以促进疲劳的消除。

(1)光疗法：利用人工光源或日光辐射能量治疗疾病的方法称为光疗法。

(2)直流电疗法：利用低电压、平稳的直流电流，导体两端存在电位差，使组织内离子沿一定方向移动产生电流，引起组织间体液离子浓度比例的变化，达到消除疲劳的效果。

5. 针灸

针灸也是传统中医疗法的一种，针灸与拔罐是中医传统疗法，对于治疗运动伤病有显著疗效。针灸可通血脉，拔罐则由溶血(罐内形成负压吸力较强引起局部毛细血管充血，甚至使毛细血管破裂而产生瘀血，瘀血消退过程中发生溶血，释出的血红蛋白刺激大脑皮质，从而改善对各器官系统的调节功能)、温热(拔罐时局部皮肤有温热感，温热刺激能促进局部血液循环)的作用。

利用针灸来消除疲劳主要是针对不同的疲劳程度进行的治疗，在相应的疲劳位置进行相应的针灸方法是非常有效的。

在网球运动训练结束后，针对肌肉疲劳可采用穴位针刺的方法。消除全身疲劳，则主要采取针扎强壮穴足三里的方法。局部疲劳的消除则可采取配合间动电电针消除疲劳的方法。

6. 吸氧及空气负离子疗法

实践表明，在运动训练后，当身体处于疲劳状态时在 2～2.5 个标准大气压下的高压氧舱内吸入高压氧对疲劳症状的恢复效果非常明显。其原理是通过吸氧能够使血氧含量增加，血液中的二氧化碳浓度下降，pH 值上升，提高组织氧的储备量，因此，可以通过吸氧的方法来调节机体运动训练后的酸碱平衡失调、肌肉僵硬、酸痛等疲劳问题。

空气负离子能改善肺的换气功能，增加氧吸收量和二氧化碳排出量，改善大脑机能，刺激造血机能，使红血球、血红蛋白、血小板增加，血流速度加快，心搏输出量加大，扩张毛细血管，加速乳酸的代谢，消除疲劳。

（五）音乐疗法

音乐可以影响人的心理活动，对人的神经系统可产生刺激作用，因此运动员可以通过听音乐的方法来消除机体疲劳。在长时间的运动训练后，舒缓的音乐可以帮助中枢神经系统的疲劳得到极大的缓解，同时还能够调节循环、呼吸系统和肌肉的功能。

（六）心理疗法

心理学认为，情绪因素可以帮助个体有效抵制和消除疲劳。心理疗法能减轻紧张情绪，放松肌肉，积极向上、乐观愉快的情绪对消除疲劳和延迟疲劳的产生有良好的效果。

网球训练疲劳恢复实践中，可以通过运用心理学对大脑皮层的技能来调节和消除机体疲劳。心理学方面消除疲劳的方法只要环境温暖、舒适、安静，没有直射的阳光即可，受到的限制很小。具体来说，采用心理调节是通过一系列引导词来帮助运动员做一些适当的放松练习，练习时间以持续 20～30 分钟为宜。

在利用心理疗法来促进网球运动员疲劳消除的过程中，如果配上舒缓的音乐，则可以使疲劳消除效果更佳。

第二节　网球运动训练营养的消耗与补充

一、运动营养素的构成

营养，是指人体不断从外界摄取食物，经过消化、吸收、代谢和利用食物中身体需要的物质（养分或养料）来维持生命活动的全过程。人体有六大营养素，这些营养物质人体不能合成，必须从食物中获取。任何一种食物都不能包括人体所需要的一切营养素，也不可能具备各种营养素的功能，因此，人体需要从多种食物中获得各种营养素，以维持人体生命活动和运动。

（一）糖类

糖类，又称“碳水化合物”，常见的糖类有葡萄糖、麦芽糖、乳糖、蔗糖、淀粉和纤维素等。在糖类中，纤维素与其他几种糖类有着较大的区别，它不能够被肠胃消化吸收，所以不具有营养价值，但其有着较大的生理价值，主要表现在它能够刺激肠道的蠕动、排空，避免因食物长时间在肠道中停留而腐败产生毒素，降低结肠癌、结肠炎的病发率，降低血清胆固醇，防止形成胆结石和动脉粥样硬化。

人体中，糖类是最主要的热源物质。糖的摄入有利于氨基酸的活化，促进蛋白质的合成。具体来说，糖类之于人体主要有以下作用。

（1）提供能量。糖类是人体内主要的能量来源之一，糖类提供了人体每日摄取的总热量的50％～55％，即主要来自人们的主食。糖类是机体的主要热量来源。它可以避免蛋白质的分解，供给脂肪新陈代谢中所需要的热量，给中枢神经系统提供所需的热量。如果糖类摄入不足，就会导致水分的流失和新陈代谢的减慢。

（2）大脑的主要能源，只有血糖水平保持在正常水平，人的大脑才能正常工作，才能参加其他活动。

（3）促进脂肪代谢。人们主食提供的糖类对减肥和形体的保持起着重要作用。糖类能够促进脂肪的新陈代谢。饿肚子减肥是人们认为的一种减肥方法，其实这是不划算的，这就涉及糖类的作用。减肥者身上脂肪多，如果采用饿肚子减肥方法，不进食，糖类也就无法摄入，少了糖类提供的能量，脂肪代谢无法进行，因此是不消耗的，并未达到减肥的效果。当然，饿肚子也会变瘦，但是这主要是因为水分和蛋白质的流失，脂肪不代谢，蛋白质的分解在所难免。而减肥主要是减脂肪，可见糖类的重要作用。人体不摄入能量，身体便要减少能量的消耗以延续生命，从而新陈代谢就要减慢下来。由于人体摄取能量时间的不确定性，身体发挥自我保护作用，便将摄入的能量大量储藏起来，以保证机体活下去。这也解释了节食减肥易反弹的原因。此外，人体不进食，糖类未进行摄取，人便会没有精神，没体力，也就无法保证挺拔的身姿。因此，要获得减肥的效果，必须摄取适量的糖类。

（4）糖类可以节省体内蛋白质的消耗，并对肝脏起到较好的保护作用，促进人体消化。

（5）糖类通过转化为葡萄糖而被身体吸收。胰岛素正是发挥着把这些葡萄糖运进细胞、供给人体活动所需要的热能的作用。胰岛素可以运送葡萄糖进入细胞，同时还具有降低血糖的作用，促进血糖储存成肌糖原和脂肪，减少脂肪细胞释放脂肪酸。胰岛素与低血糖和糖尿病有着密切关系，对于这两种患者，必须及时注意胰岛素问题。一般的，人体不会缺糖，而且体内多余的糖会转化为脂肪，因此不要摄入过多的糖。

（二）脂肪

脂肪是人体必需的营养素之一，减肥主要是减脂肪，但不能抑制机体对脂肪的必要摄取。脂肪是人体的重要构成物质，在人体中具有重要的生理作用，主要表现在以下几个方面。

(1)人体细胞组成成分。脂肪类营养素是组成每个细胞的细胞膜的不可缺少的成分之一，它还、外周神经组织、肝、卵等组织细胞具有重要作用。细胞存在着新陈代谢，新旧细胞的更替需要脂肪提供原料。

(2)人体运动能量来源。脂肪具有非常高的热量，每克脂肪经过氧化可以产生 9 千卡热量，比同量糖和蛋白质所产热量的两倍还多。因此，脂肪有人体“能源库”之称。

(3)新陈代谢的参与者。其中，能够调节人体新陈代谢和生长发育的肾上腺皮质激素和性激素等，其主要成分便是脂肪类物质。另外，维生素 A、维生素 D 等一些重要的脂溶性维生素都以脂肪作为其存在的必要条件并且脂肪还可以促进脂溶性维生素 A、D、E、K 的吸收。

(4)改善细胞功能。脂肪分为饱和脂肪酸和不饱和脂肪酸。大量饱和脂肪酸的摄入会导致各种心血管疾病，而不饱和脂肪酸可以增强细胞的结构，运送胆固醇，帮助胆固醇代谢，延缓血液凝固。因此，要注意饱和脂肪酸和不饱和脂肪酸的摄取，少食用富含饱和脂肪酸的肉类。

(5)保持体温，保护内脏器官。人体的大部分脂肪主要分布在皮下、肠系膜、大网膜和肾脏的周围，它能够阻止体能散发大量的热量，能够固定脏器的位置，并减少摩擦，起到缓冲和保护体内器官的作用。

（三）蛋白质

蛋白质是一切细胞和组织结构的重要成分，是生命的物质基础。蛋白质是供给机体生长、更新和修补组织的材料，它占细胞内固体成分的 80% 以上。

蛋白质的生理作用主要表现在以下几个方面。

(1)构成人体细胞。蛋白质是人体的建筑材料。它的功能主要是合成和修补细胞,如肌肉、血液、身体器官、激素、酶、抗体、皮肤、保持水分的平衡、酸碱度。人体不断地生长,细胞数量增多,细胞也在进行着新陈代谢,新旧细胞持续更替,这都需要蛋白质的及时供应和补充。肝脏是人体内蛋白质代谢比较旺盛的组织,红血球更新的速度也较快,头发、皮肤的生长也与蛋白质有关;生命只要存在,细胞就在不断代谢,蛋白质就需要持续供应。如供应不足,人体发育便受到影响,健身便无从谈起。此外,蛋白质还是一种能量来源,但往往在糖类和脂肪不足时分解,与糖类与脂肪相比,蛋白质供能极不经济。

(2)合成酶、激素和其他化合物。蛋白质有完整蛋白质和非完整蛋白质之分。完整蛋白质包含人体不能自行制造的所有重要氨基酸,要通过食物或补剂供给,对身体内蛋白质的合成有重要影响。肉类等动物性食品多含完整蛋白。非完整蛋白质不包含所有重要氨基酸,如进食足够的氮质身体可以制造非重要氨基酸。蛋白质制造及新陈代谢的维持需要足够的重要氨基酸和非重要氨基酸同时拥有。

(3)维持体内的酸碱平衡。研究表明,蛋白质可以作为保持血液正常pH值的缓冲物质,维持体内酸碱平衡。

(四)维生素

维生素是维持人体生长发育和代谢所必需的一类小分子有机物。人体对维生素的需要量较少,每天仅以毫克或者微克计算,但因人体内不能合成维生素,所以必须由食物供给。其生理作用具体表现如下。

(1)维生素具有调节和维持机体的正常代谢、促进生长发育的作用。人体内所进行的各种生化反应都是在酶的催化作用下进行的,而许多维生素是酶的辅酶或者是辅酶的组成分子。

(2)维生素对机体的能量代谢及其调节过程有着重要的作用。在人体中,大多数维生素都会参与辅酶的组成,因此,如果缺乏维生素就会对酶的催化能力产生影响,引起代谢失调,从而使机体运动能力有所降低。

各种维生素在结构上没有共性,以溶解性质为主要依据可以将维生素分为水溶性维生素和脂溶性维生素两大类。它们的生理作用具体如表9-1所示。

表 9-1　水溶性维生素和脂溶性维生素的生理作用

维生素分类		生理作用
脂溶性维生素	维生素 A	维持正常的视觉尤其是人的暗适应能力，预防夜盲症、干眼病；促进生长发育，增加身体的抵抗力；促进骨骼发育
	维生素 D	增进人体对钙和磷的吸收和利用，促进骨骼生长
	维生素 E	促进肌肉生长，提高肌肉耐力和力量；维持正常的生殖能力和肌肉代谢；增强循环、呼吸和生殖系统的功能
	维生素 K	止血，构成凝血酶原，促进肝脏制造凝血酶原
水溶性维生素	维生素 B_1	组成酶，参与碳水化合物代谢，影响代谢过程；保持消化、循环、神经系统和肌肉的正常功能；预防脚气
	维生素 B_2	即核黄素，酶的重要组成部分，促进细胞的氧化，促进生长发育，保持皮肤和眼睛的健康
	维生素 B_5	即泛酸，有抗感染，解毒，消除术后腹胀的作用
	维生素 B_{12}	抗脂肪肝，促进细胞成熟和抗体代谢，促进肝脏对维生素 A 的贮藏，防治恶性贫血
	维生素 B_6	在蛋白代谢中起着预防神经衰弱、眩晕、动脉粥样硬化的作用
	维生素 C	促进红细胞成熟，促进人体生长；增强抵抗力，连接结缔组织维持骨骼和牙齿的健康；增强对疾病的抵抗力，促进伤口愈合，增强血管的韧性，预防与治疗坏血症
	维生素 PP	又称“烟酸”，是细胞生理氧化功能中不可缺少的物质，可以防治癞皮病
	维生素 H	又称“叶酸”，有抗贫血，维持细胞正常生长和免疫系统功能的作用
	维生素 T	能够帮助血小板形成和凝血

（五）矿物质

矿物质，又称“无机盐”，原指地壳中天然存在的化合物或天然元素，人体内约有 50 多种矿物质。矿物质是人体重要组成部分，有些元素是身体保持适当生理功能所必需的，能够维持生理系统，强化骨骼结构和肌肉、神经系统，辅助酶、激素、维生素和其他元素发挥作用，需要不断地从食物中摄取。矿物质有常量元素和微量元素之分,以它们在膳食中的需要量为标准。其中含量较多的有钙、镁、钾、钠、磷、硫、氯七种元素,每日需要量在十分之几克到1克或几克,称为“常量元素”;其他元素如铁、铜、碘、锌、锰和硒,由于含量极少,每日需要量从百万分之几克(以微克计)到千分之几克(以毫克计),又称“微量元素”。

以人体常见的常微量元素为例,对其生理作用具体分析如下。

1. 钙

钙是人体牙齿和骨骼的重要构成成分,在人体内含量相对较多,约1 300克,约占体重的1.5%～2%,主要集中在骨骼和牙齿中,约99%的含量。在调节生理机能方面,钙可维持神经肌肉的正常兴奋性与心跳节律,而且钙是激活凝血酶起到凝血作用的重要物质。

2. 铁

铁在成人体内的含量为3～4克,它是人体重要的必需微量元素之一,是构成细胞的原料,并参与肌红蛋白、血红蛋白、细胞色素及某些酶的合成。

3. 碘

碘主要来源于海产的动植物食物,其主要作用是用于机体甲状腺素的合成,促进能量代谢。

4. 锌

锌是很多金属镁的组成成分或酶的激活剂。锌主要存在于骨骼、皮肤和头发中。许多研究表明,锌与酶的合成有密切关系,是酶的活性所必需的元素。

5. 磷

人体中许多酶的构成元素中都有磷,因此物质代谢的过程与磷紧密联系;三磷酸腺苷和磷酸肌酸是肌肉收缩的动力,能量代谢中的重要能源物质;而且,磷酸盐还可以维持血液的酸碱度。

6. 钾

研究表明,98%的钾存在于细胞内,维持着细胞的渗透压,调节着细胞的水平衡。钾还维持着神经肌肉的应激性和心脏的正常跳动,一旦缺钾就会引起反应迟缓、动作迟钝等连锁现象,血清钾浓度降低还会导致心律紊乱。另外，蛋白质和糖原的生成也都离不开钾的参与。

7. 镁

镁是一些酶的激活剂，它维持着神经肌肉的正常兴奋性，当血清镁浓度降低时，神经肌肉异常兴奋，肌肉容易发生痉挛。还有，镁可以保护心脏和预防高胆固醇饮食引起的冠状动脉硬化。

8. 氯化钠

钠是细胞外液中的主要阳离子，维持着细胞的渗透压，调节着细胞的水平衡和酸碱平衡。钠还可以提高神经肌肉的兴奋性，钠缺乏时，表现出心率加快、肌肉无力。氯是胃酸的主要成分，在消化活动中发挥着重要作用。

（六）水

水是生命之源，水是一种特殊的营养物质，它在人体内发挥着非常重要的作用。在成人体内水约占体重的60%，是维持人体正常生命活动的重要物质。

(1)水是机体生命活动的基础，人体内的水是进行生物化学反应的场所，水分的流失会对人体产生非常大的影响。当失水占体重的1%时，就会降低2%的运动速度，而当人体失水达到10%时，生命就会受到严重的威胁。

(2)人体内的水具有参与体温调节、润滑等作用，并与体内的电解质平衡有关。由于水的比热值较大，所以它具有较好的调节和维持体温的作用；水分能够为人体新陈代谢的过程提供较好的环境，从而促进呼吸、消化、吸收和排泄等物质代谢；水还可以改善肝脏的功能，降低食欲，有利于脂肪转化成能量；水还具有润滑的作用，如眼泪、唾液、关节滑液和浆液等。网球运动中，合理补水非常重要。

二、网球运动训练营养物质的消耗

（一）糖类的消耗

糖类是运动中的重要能源物质。研究表明，体内糖原贮量与运动能力成正比关系，糖原贮备减少，机体的耐久力下降。在参加网球运动前和运动的过程中通过合理地补糖，可以减少糖原的消耗，提高人体的运动能力。运动时肌肉的摄糖量是安静时的20倍以上，体内的糖大量消耗，因此，运动后应适量补糖以促进糖原贮量的恢复。

(二)脂肪的消耗

脂肪是高热能的营养物质,1克脂肪可供热9千卡。脂肪是长时间运动的主要能源物质,但是脂肪供能时耗氧比较多。

网球运动训练过程中,脂肪分解代谢可产生能量用于支持运动员的运动过程,在氧气不充足的条件下,脂肪代谢不完全,不仅浪费脂肪,而且使体内酸性增高,降低身体机能水平和运动能力。在网球运动中,脂肪中的脂肪酸参与供能,从而减少了体内的脂肪含量。

(三)蛋白质的消耗

蛋白质的供给量不足,会造成蛋白质缺乏,引起人体的不适。

运动可使蛋白质的代谢发生变化,但是不同性质的运动项目对蛋白质的作用也不同。耐力性运动使蛋白质分解加强,合成速度减慢;力量性运动中,需要加强蛋白质的分解为机体提供能量,运动后可见肌肉体积增大,肌肉力量增强。在长时间大强度运动中,即使当食物中供糖不足或糖被大量消耗后,蛋白质供能也只占总耗能量的15%~18%;一般的,运动一小时,机体能量总消耗中蛋白质供能的数量仅占4.4%。

网球运动中蛋白质的供能消耗较少,但是,如果蛋白质一旦缺乏,可导致运动员的运动能量下降。

(四)维生素的消耗

运动需要消耗大量的能源物质,运动中,运动员体内物质代谢过程会加强,对维生素的需要量也会增加。剧烈运动可使维生素缺乏症提前发生或症状加重,且由于运动者对维生素缺乏的耐受力比正常人差,所以应及时补充维生素。

(五)矿物质的消耗

运动中,运动者体内矿物质和微量元素的代谢均可能发生变化。运动量大时,尿中钾、磷和氯化钠排出量减少,而钙的排出量增加。在缺铁的情况下,血红蛋白含量也会随之减少,血液运输氧的能力下降,从而影响了机体的正常工作。严重的甚至会引起缺铁性贫血,人感觉乏力、头晕。如果运动者对负荷的运动量适应,体内矿物质的变动幅度就会降低。

(六)水的消耗

正常人每天水的摄入和排出处于平衡状态。参与运动时,人体内的水会随着出汗量的增多而迅速流失。

出汗有调节体热平衡的功效,而水的耗费是通过大量出汗实现的。一般来说,活动量大,机体会排出大量的汗。另外,出汗的多少与气温、热辐射强度、气压、温度、单位时间运动量及饮食中的含盐量有关。

三、网球运动训练营养物质的补充

(一)糖类的补充

1. 糖类补充的方法

糖类是身体热能的主要来源,它易于消化吸收,在日常进食的大多数食物中几乎都含有糖。在没有及时补充而又继续运动的情况下,对糖类的大量需要只能来自体内贮备的糖原,从而造成糖原枯竭。严重的糖原枯竭可能对运动员造成致命的伤害。

在运动训练中,网球运动员需要参与较强的身体负荷,运动频率和强度非常大,因此对能源的需求也很大,对糖的补充非常重要,但在补充糖类时要注意控制,不宜过多,否则过多的热量堆积在体内不仅不利于身体健康,甚至最终还会导致疾病,如糖尿病、高血脂等症状。

膳食中糖类的主要形式是淀粉,果糖很容易被吸收和利用,且在体内变成脂肪的可能性比葡萄糖要小,网球运动员可经常吃一些水果、蔬菜和蜂蜜等食物。具体来说,可以通过以下三种形式和方法来补充运动训练中的糖消耗。

(1)运动前补糖:运动训练前的数日增加膳食中的糖类食物,也可在参加运动前的1～4小时每千克体重补糖1～5克。但应避免在运动前30～90分钟补糖,以防止运动时血中胰岛素升高。

(2)运动中补糖:运动过程中,应每隔20分钟补充含糖饮料或容易吸收的含糖食物,补糖量一般不大于20～60克/小时或1克/分钟,通常采用少量多次饮用含糖饮料。

(3)运动后补糖:大强度的运动后,运动者补糖的时间越早效果越好。理想的方法是在运动后即刻补糖、运动后2小时内补糖、每隔1～2小时连续补糖。补糖量以0.75～1.0克/千克体重为宜。

2. 糖类的食物来源

据营养学家推荐，人体每日摄入糖类的量为每千克体重8～10克。糖类主要来源于从植物性食物中的谷类、根茎类和各种食糖，蔬菜和水果中获得，主要是从面粉、大米和马铃薯等食物中获得。

(二)脂肪的补充

1. 脂肪补充的方法

摄入脂肪可延迟胃的排空，增加饱腹感。但脂肪的供给量应以满足生理需要为限，不能摄入过多，否则就会引起心血管疾病、脂肪肝等疾病。而对于网球运动员来讲，摄入过多脂肪、会影响体重，体重过重会导致网球运动员运动速度的下降，这对其专项能力的提高非常不利。

因此，在补充脂肪时，对摄入脂肪的质和量都要加以限制，摄入的脂肪量以占摄入总能量的20％～25％为宜，应注意选用一些含不饱和脂肪酸的食油，少吃动物性脂肪，如果偏好肉类可以多食用鸡肉、鱼肉等。

2. 脂肪的食物来源

人体每日所需热量的20％～30％来自脂肪，而在花生、玉米、大豆、芝麻、橄榄、豆腐等素食中含有丰富的不饱和脂肪酸。

(三)蛋白质的补充

1. 蛋白质补充的方法

网球运动训练期间，运动员机体的蛋白质以分解代谢为主，因此此时就更加需要补充蛋白质以应对较多的代谢消耗，可见，蛋白质的适时补充是极为重要的。

网球运动对运动员的力量素质和速度素质要求较高，因此，训练期间，运动员的蛋白质供应量应达到2克/千克体重，优质蛋白质应占1/3。

需要特别注意的是，由于蛋白质食物的特别动力作用强，蛋白过多能提高机体的代谢率，增加水分的需要量，因此，运动前蛋白质的摄入不宜过多。

2. 蛋白质的食物来源

对于网球运动员(不包括高水平网球运动员)来讲，每日总热量摄取的20％来自蛋白质，每公斤体重，每天大约进食一克蛋白质就够了。过多摄入的蛋白不能进行储存，会再经肝脏代谢进而转化成尿素，长期大量地进食蛋白质，容易造成人体钙质流失并给肝脏造成负担。

奶制品和每餐不同豆类及谷物的组合摄入可以保证完整蛋白的摄入量。

蛋白质主要来源于动物性食物和植物性食物，通常，奶、蛋、鱼、瘦肉等动物性食物中蛋白质的氨基酸含量和比值接近人体组织蛋白，因此，营养价值非常高，其中鸡蛋和人乳蛋白质，是营养价值最高的蛋白质，蔬菜水果等食品蛋白质含量比较低(表 9-2)。

表 9-2　常见食物中的蛋白质含量(克/100 克)

食物名称	蛋白质含量	食物名称	蛋白质含量	食物名称	蛋白质含量	食物名称	蛋白质含量
牛奶	3.0	猪肝	22.7	猪后臀尖	14.6	豌豆(干)	20.0
酸奶	3.1	猪腰	15.2	猪后肘	16.1	油豆腐	18.4
鸡蛋	13.3	牛肚	12.1	猪前肘	15.1	素鸡	17.1
猪瘦肉	20.2	小麦粉	10.9	猪五花肉	14.4	油豆腐丝	24.2
牛瘦肉	19.8	大米	8.0	猪奶脯	7.7	白豆腐丝	22.6
羊瘦肉	17.1	玉米面	9.2	猪肘棒	16.5	熏豆腐干	15.8
鸡肉	19.1	黄豆	35.6	牛后腿	19.8	白豆腐干	13.4
鸡腿	17.2	豆腐	11.1	牛后腱	18.0	西瓜籽	32.3
鸭肉	17.3	红小豆	20.1	牛肝	19.8	葵花子	22.6
黄鱼	20.2	绿豆	20.6	牛蹄筋	38.4	榛子	30.5
带鱼	21.2	花生	26.6	素什锦	14.0	核桃	15.2
鲤鱼	18.2	香菇	20.1	酱豆腐	9.7	栗子	4.1
鲢鱼	17.4	木耳	12.4	羊后腿	15.5	松子	14.1
对虾	16.5	海带	4.0	羊前腿	19.7	莲子	19.5
海蟹	12.2	紫菜	28.2	鸡肝	17.4	黑芝麻	17.4
臭豆腐	14.1	毛豆	13.0	鸡心	15.3	猪肠	6.9
腐竹	44.6	豌豆	8.5	蚕豆	25.8	兔肉	19.7

(四)维生素的补充

1. 维生素补充的方法

网球运动训练期间，运动员体内物质代谢过程会加强，对维生素的需要量也会增加。剧烈运动可使维生素缺乏症提前发生或症状加重，且由于运动者对维生素缺乏的耐受力比正常人差，所以应及时补充维生素。

2. 维生素的食物来源

维生素通常存在于天然的食物之中，不能在人体内合成或合成的数量非常少。因此，必须要从食物中摄取。维生素主要源于动物的心脏、肝、肾、脑、瘦猪肉、蛋类，植物中的谷类、豆类、干果及硬果，新鲜蔬菜中也含有大量维生素(表 9-3)。

表 9-3　常见维生素的食物来源

维生素	食物来源
维生素 A	动物的肝脏、鳕鱼、大比目鱼和鱼油、鸡蛋、肉类、奶及奶制品。此外，绿叶菜类、黄色菜类以及水果类，如胡萝卜、豌豆苗、红心甜薯、青椒、菠菜、苜蓿等食物中富含维生素 A(胡萝卜素)
维生素 B_1	豆类、糙米、牛奶、家禽、葵花子仁、花生、瘦猪肉等，以及小麦、小米、玉米、大米等谷类食物
维生素 B_2	瘦肉、蛋黄、糙米、小米及绿叶蔬菜、紫菜、香菇、鲜豆、花生、牛肝、鸡肝、螃蟹、鳝鱼、小麦胚芽、鸡蛋、乳、奶酪等
维生素 B_6	鸡肉、鱼肉、牛奶、酵母、豆类、蛋黄、糙米、绿叶蔬菜、香蕉和坚果类等食物
维生素 B_{12}	动物的肝、肾、肉，以及蛋、鱼、奶等
维生素 C	水果、蔬菜等植物性食物
维生素 D	动物肝脏，特别是海鱼肝脏制成的鱼肝油、鱼肉、蛋黄、奶油等
维生素 E	小麦胚芽、大豆、植物油、绿叶蔬菜、猕猴桃、坚果类，瘦肉、乳类、蛋类、鱼肝油

(五)无机盐的补充

网球运动训练中，应特别注意以下几种无机盐的补充。

(1)钙(Ca):运动过程中,机体大量出汗会丢失大量的钙。因此,对于运动人群来讲及时补充钙离子有助于运动能力的保持和加快钙离子的恢复速度。

(2)钾(K^+):网球训练期间,口服钾可迅速恢复生长素水平和促胰岛素生长因子的水平。

(3)铁(Fe^{2+},Fe^{3+}):运动训练对红细胞有破坏作用。红细胞的代谢加快说明运动机体对铁的需要量增加,因此,人体在运动过程中对铁的需要量是非常大的。网球运动训练中,运动员对铁的需要量较高,铁丢失严重,再加上摄入不足,普遍存在铁营养状况不良。因此,运动员在膳食中应加强铁的摄入。尤其是对于女性网球运动员来讲,要高度重视铁的补充。

(4)硒(Se):硒是机体内谷胱甘肽过氧化物酶的辅助因子,由于具有消除过氧化物,增强维生素 E 的抗氧化能力等作用,因此它与运动关系密切。网球运动训练中,建议运动员硒的摄入量应为平时的 4 倍,每天约 200 微克。

(5)锌(Zn^{2+}):运动训练可以明显影响锌的代谢,引起机体锌的重新分布。可见,锌与运动能力之间的关系非常密切,它是多种酶的组成成分和激活剂,能调节体内各种代谢,并影响睾酮的产生和运输,可饮用含锌饮料来补充锌,以避免运动能力的下降。

(六)水的补充

1. 补水方法

饮水是每日水分摄入的主要途径,正常成人每日水摄入量不得少于 2 500 毫升。几乎所有食物中都含有水分,而一般食物提供的水分大致为 900 毫升。因此,除了靠食物来补水外,每日的饮水量还应控制在 1 300～1 500 毫升范围内,即通常的 6～8 杯水。

对于运动员来说,补水通常与补充电解质同时进行,在补充体能水分的同时增加电解质以提高运动能力降低运动疲劳,因此,在网球运动训练中,运动员应科学补液,具体方法如下。

(1)运动前补液:饮用的水以凉开水为最佳,一般在运动训练开始前 30 分钟饮水为宜。如果补充运动饮料(运动饮料中可含有一定量的电解质和糖),补充的量应根据具体情况而定,如在运动前 2 小时可以饮用 400～600 毫升的含电解质和糖的运动饮料。每次可摄入饮料 100～200 毫升。

(2)运动中补液:运动者运动过程中出汗量大,为预防脱水的发生,有必要在运动中补液。运动中补液应采取少量多次的方法,可每隔 15～20 分钟,补充含糖和电解质的运动饮料150~300毫升。注意补液的总量不超过800毫升/小时。

(3)运动后补液:也称复水。运动后的补液切忌暴饮,补充的液体以含有糖和电解质的运动饮料为宜。运动后的体液恢复以摄取含糖和电解质饮料效果最佳,饮料的糖含量可为5%~10%,钠盐含量为30~40毫摩尔/升。

2. 补水原则

网球运动训练中,运动员机体水分主要是通过出汗流失的,因活动量大,机体会排出大量的汗。合理的补水应该遵循以下原则。

(1)预防性原则:运动训练前,提前补水,避免脱水的发生,防止运动能力下降。

(2)少量多次原则:避免一次性大量补液,以免对胃肠道和心血管系统造成的负担加重。

(3)补大于失原则:为了在运动训练中能保持最大的运动能力和最迅速地恢复体力,补液的总量一定要大于失水的总量,尤其是钠的补充量一定要大于丢失的量。

第三节　网球运动训练中常见伤病及防治

一、网球运动训练常见损伤处理

(一)擦伤

擦伤是指有机体表面与粗糙的物体相互摩擦而引起的皮肤表层的损害。擦伤的症状主要表现为表皮剥脱,并伴有小出血点和组织液渗出。

网球运动中,擦伤较为多发的位置是握拍手,通常是由于球拍的握柄较粗、胶皮较硬、活动时间较长、击球时球拍没有握紧,经常打不到球使拍把柄转动增加与手掌的摩擦,产生。另外,球拍质量差、握柄不合格也容易导致运动员在握拍时不舒服和容易手掌擦伤或起水泡。

一般来说,网球运动员应提高臂力和握力,掌握击球技术,提高在击球瞬间紧握球拍准确击中来球的能力。同时,合理选择球拍,球拍把柄粗细应适合运动员的手掌大小;用护手胶将网球拍柄缠一下,改善握拍手感。即可有效预防擦伤。

1. 损伤征象

擦伤的症状主要表现为表皮剥脱，并伴有小出血点和组织液渗出。

2. 损伤处理

(1)轻微擦伤可以用生理盐水、红药水、紫药水涂抹受伤部位即可，不需要包扎，一周左右即可痊愈。若出现面部擦伤时，可以涂抹0.1%浓度的新洁尔溶液。

(2)伤口较大时，容易受到感染，应用酒精或碘酒对伤口周围进行消毒，如果受伤部位嵌入沙粒、碎石、碳渣等时，可以先用生理盐水和棉球轻轻刷洗，将异物清除，消毒完成后，再撒上纯三七粉或云南白药，用凡士林纱布进行适当包扎。如果没有发生感染，两周左右即可痊愈。

(3)当擦伤在关节周围出现时，在清洗、消毒后，可以用青霉素软膏或磺胺软膏等进行涂敷，否则会影响关节活动，

(二)挫伤

挫伤是指在训练中机体某部分由于受到钝性外力的作用，导致该部分及其深部组织产生闭合性损伤，如跑、跳等动作都非常容易产生挫伤，最常见的挫伤发生在大腿的股四头肌和小腿前部的骨膜和后部的小腿三头肌、腓肠肌等部位。此外，头部、上肢和腹部的挫伤也时有发生。

1. 损伤征象

挫伤后，常出现肿胀、疼痛、皮下出血和功能障碍等症状。

2. 损伤处理

挫伤后，正确的处理方法如下。

(1)当挫伤发生后，要立即对受伤部位进行局部冷敷、外敷新伤药等，并适当进行加压包扎，抬高患肢，减少出血和肿胀。

(2)股四头肌和小腿后群肌肉严重挫伤时，大都伴有部分肌纤维损伤和断裂，组织内出血形成血肿，应对受伤肢体进行包扎固定后，迅速送往医院进行诊治。

(3)头部、躯干部的严重挫伤可能会伴有休克症状，应认真观察呼吸、脉搏等情况，休克时应首先进行抗休克处理，使伤员平卧休息、保温、止痛、止血，疼痛甚者，可口服可卡因，或肌肉注射杜冷丁，并立即送医院诊治。

(三)拉伤

拉伤是指肌肉在外力的作用下过度主动收缩或被动拉长致伤。造成肌肉拉伤的原因有很多种,如准备活动不充分,动作不协调,训练方法不得当等。

1. 损伤征象

出现肌肉拉伤后,受伤部位会出现压痛、肿胀、肌肉痉挛等症状,在诊断时可以摸到硬块,肌肉断裂是比较严重的一种拉伤,需要进行及时的治疗和处理。

2. 损伤处理

拉伤后,正确的处理方法如下。

(1)肌肉拉伤较轻时,可以立即冷敷,并进行局部加压包扎,抬高患肢,24 小时候便可进行按摩或理疗。

(2)肌肉拉伤严重时,应立即送往医院进行医治。

(四)扭伤

扭伤是指关节发生异常扭转,引起关节囊、关节周围韧带和关节附近的其他组织结构损伤。

1. 损伤征象

在扭伤出现以后,会出现关节活动受限和疼痛,关节及周围出现疼痛、肿胀,有明显的压痛感觉,关节活动障碍。

2. 损伤处理

根据不同部位的扭伤,具体处理方法如下。

(1)指关节扭伤后,轻度扭伤可冷敷或轻度拔伸牵引,轻捏数次,然后用粘膏或者胶布将受伤指与靠近的健指相固定,第三天开始练习主动屈伸活动,外擦舒活酒或红花油。如关节脱位,需要立刻到医院就诊复位。

(2)肩关节扭伤后,如果判断是单纯的韧带扭伤,可采用冷敷和加压包扎。24 小时后可采用按摩、理疗和针灸治疗。出现韧带断裂时,应即可送医院手术缝合和固定处理。当肩关节肿胀和疼痛减轻后,可适当进行功能性锻炼,但不宜过早活动,以防转入慢性病症。

(3)腰部扭伤后，要立即停止运动。若出现剧烈疼痛，应送医院诊治。24 小时后，可采用热敷和外敷伤药，也可进行按摩等。

(4)膝关节扭伤后，首先应该仔细检查，了解受伤的确切部位与受伤的程度。膝关节侧向运动试验、抽屉试验、麦氏试验，分别可以检查膝关节内、外侧副韧带，前、后十字韧带以及内、外侧半月板的受伤状况。发生膝关节急性损伤后，应该立即以氯乙烷镇痛喷雾剂等进行冷敷。

(5)踝关节扭伤后，要立即用拇指压迫痛点，同时进行踝关节强迫内翻与前抽屉试验检查，从而了解韧带是否发生断裂。较轻的或少部分断裂的韧带损伤可以用粘带支持固定，并以弹力绷带包扎。如果判断是韧带断裂，最好用海绵垫或者较大的棉花垫作压迫包扎。包扎时，应该与受伤时的位置相反，如果踝内翻损伤者，则应该在外翻位置包扎固定，之后送医院进行进一步诊治。

(五)撕裂伤

撕裂伤是指受物体打击而引起的皮肤和皮下组织出现规则或不规则的裂口，有不同程度的出血和污染。在剧烈、紧张运动时，或受到突然强烈撞击时，易造成肌肉撕裂。

1. 损伤征象

开放伤顿时出血，周围肿胀。闭合伤触及时有凹陷感和剧烈疼痛。

2. 损伤处理

损伤后，正确的处理方法如下。

(1)针对轻度开放的撕裂伤，用红药水涂抹伤口即可。轻者可先用碘酒或酒精消毒，然后用云南白药或其他药物和方法止血，再用消毒纱布覆盖，并适当加压包扎。如果不能制止出血，应尽可能在靠近伤口处缚以止血带，立即送医院治疗。

(2)针对伤口较大、较深、污染较严重的撕裂伤，应及时送医院进行清创缝合手术，并口服或注射抗菌素药物预防感染，并按常规注射破伤风抗霉素。

(六)网球肘

网球肘，俗称肘关节痛，也称肱骨上髁炎，是网球运动最常见的损伤。

在网球运动中，肘关节损伤多源于错误的挥拍动作，在击球过程中，由于手掌向上、后完全手腕的动作使肘部的肌肉和肌腱红肿发炎，反手救球，发球扭转手腕并旋转等，都会导致网球肘。

1. 损伤征象

肘部肌肉和肌腱肿胀、发炎，严重者可导致肌肉和韧带撕裂。

2. 损伤处理

(1)如果在训练中突然出现肘关节痛，应立刻停止训练。

(2)病情较重者，可在现场冷敷 20 分钟，并用保护带包扎，停止打球训练 1～2 周，痛症消失后再逐渐恢复训练。

(七)胫骨痛

胫骨痛，又称胫腓骨疲劳性骨膜炎。此病在休闲网球运动训练中较为常见。而造成此病的发生。胫骨痛常常表现为骨膜松弛，骨膜下出血，并产生肿胀、疼痛等炎症反应。

1. 损伤征象

胫骨痛常常表现为骨膜松弛，骨膜下出血，并产生肿胀、疼痛等炎症反应。

2. 损伤处理

损伤后，正确的处理方法如下。

(1)当胫骨痛发生后，要注意减少足尖跑和跳的运动量，不要加重下肢的负担，并进行少量的运动来促进慢慢恢复。

(2)胫骨痛较轻时，可以采用局部按摩的方法，促进恢复。

(3)严重者应立即就医。

(八)肩袖损伤

肩袖损伤是指肩袖肌腱或合并肩峰下滑囊的损伤性炎症病变。肩袖损伤发生时，肩外展会感到疼痛，有时会向上臂、颈部放射。网球运动训练中，运动员的动作难度较大，活动幅度超过正常生理范围，很容易引起肩袖损伤。

1. 损伤征象

肩袖损伤发生时，肩外展会感到疼痛，有时会向上臂、颈部放射。当肩外展或伴有内外旋转时，疼痛会加重，压痛局限于肩峰与肱骨大结节之间。

肩袖损伤又可分为急性和慢性损伤两种，急性肩袖损伤常伴有三角肌痉挛疼痛，慢性肩袖损伤期间继发三角肌萎缩乏力。

2. 损伤处理

损伤后，正确的处理方法如下。

（1）肩袖损伤发生后，应进行适当的休息、调整，可采用物理治疗、按摩和针灸等方法治疗。此外，还可以活动、运拉肩关节和上肢，促进其恢复。

（2）肩袖损伤伴有发生肌腱断裂时，应立即就医。

（九）关节脱位

关节脱位是指关节面失去正常的联系。出现关节脱位时，如果不及时进行复位，血肿会肌化而发生关节粘连，使关节复位的难度增加。

1. 损伤征象

关节脱位后，会伴有关节囊撕裂，关节周围的软组织损伤或破裂。还会伴有疼痛、压痛和肿胀，关节功能丧失，受伤关节完全不能活动，出现畸形，关节内发生血肿。

2. 损伤处理

关节脱位后，正确的处理方法如下。

（1）针对脱位的关节，一般性的处理为立即用绷带和夹板在脱位所形成的姿势下来使伤肢固定，并尽快送到医院进行治疗。

（2）肩关节脱位时，可采用三角巾两条，分别折成宽带，一条悬挂前臂，另一条绕过伤肢上臂，于肩侧腋下缚结。

（3）肘关节脱位时，要用铁丝夹板，弯成合适的角度，置于肘后，用绷带缠稳，再用小悬臂带挂起前臂，也可直接用大悬臂带进行包扎固定。固定伤肢后及时进行复位。如果复位不及时，血肿会机化而发生关节粘连，增加关节复位的困难。

特别需要注意的是，如果没有修复技术，不可做修复回位的手术，以免加重损伤，应尽快送医治疗。

（十）韧带损伤

韧带具有保护关节正常活动的作用，但如果受到持续地挤压、牵拉或外力使关节活动超出韧带所承受的范围时，就容易导致韧带损伤。

在网球运动中，有许多急速变换、选择、急起急停的动作，这些动作常会引起膝关节软骨和韧带的损伤。① 在网球运动中，膝关节损伤是发生概率很高的一种损伤，甚至要多于网球肘。

1. 一般韧带损伤

征象：轻度韧带扭伤会出现局部轻微的疼痛和水肿，皮下出现瘀血。严重时会造成韧带撕裂，丧失功能。

处理：韧带损伤后，现场应立即冷敷、加压包扎、制动，减少出血、止痛，以避免并发症。伤后 24 小时左右可视伤情采取中药外敷或内服、按摩、理疗、康复训练等手段，促进淋巴和血液循环，加速渗出液和积血的吸收。膝内侧副韧带不完全断裂的早期治疗，主要是防止创伤部继续出血，并适当固定。膝内侧副韧带完全断裂最好的治疗方法是手术缝合。

2. 膝关节韧带损伤

网球运动的技术对人体膝关节的负荷能力有较高要求，此外，如果运动员在转身过程中，中枢脚及小腿固定，大腿随躯干突然内收内旋，在膝关节处的扭转力，或来自膝外侧的一个向内侧的冲撞力都很容易造成膝关节韧带损伤。

征象：当出现膝关节韧带损伤后表现为膝内侧短暂剧痛，韧带受伤部位有明显压痛点，常伴有半腱肌、半膜肌痉挛。

处理：弹力绷带做“8”字形（内侧交叉）压迫包扎，继续用冰袋冷敷。经此处理后可酌情继续上场比赛。韧带完全断裂者则病情症状明显加重。在完成上面几种处理方式后在利用棉花夹板固定并及时送往医院做更进一步地处理。

3. 膝内侧副韧带损伤

网球运动训练中，运动员常因场地、技术（如跳起后落地姿势不佳）、关节稳定性、身体机能状况不佳、准备活动不足、对抗能力与自我保护能力差等原因，会导致小腿突然内收内旋，或小腿与足固定、大腿突然外展外旋，造成膝关节内翻，引起外侧副韧带损伤。

征象：伤后出现痉挛性疼痛。膝内侧压痛、肿胀、皮下瘀血、小腿外展或膝伸时疼痛与功能障碍。关节内积血是严重的联合损伤的信号，意味着关节内韧带损伤，半月板可能撕裂。侧扳试验呈阳性。

处理：现场立即冷敷、加压包扎、制动，减少出血、止痛，以避免并发症。

① 乔伫，李先国，黄念新．网球运动教程[M]．南京：南京师范大学出版社，2005.

伤后 24 小时左右可视伤情采取中药外敷或内服、按摩、理疗、康复训练等手段，促进淋巴和血液循环，加速渗出液和积血的吸收。膝内侧副韧带不完全断裂的早期治疗，主要是防止创伤部继续出血，并适当固定。膝内侧副韧带完全断裂最好的治疗方法是手术缝合。

(十一)髌骨劳损

髌骨劳损，又称“髌骨软骨病”和“髌骨张腱末端病”，这两种疾病视损伤缘由可能单独发生，也可能一并发生。因此两种损伤的原理及症状大体相似，故统称为“髌骨劳损”。

网球运动训练中，运动员很有可能发生的一次直接外伤(髋骨部冲撞或牵扯)。前者往往是由于不合理的训练安排，不注意发展局部肌肉力量等。

1. 损伤征象

髌骨劳损发生后，会使人出现膝软与膝痛感。在早期，髌骨劳损只出现在大运动量训练之后，然而不适感会随着休息逐渐消失。一般膝痛常在活动开始以后减轻，运动结束后又加重，休息后又会减轻。膝痛或膝软与技术动作有较大的关联，其主要表现出来的是在出现半蹲动作时产生痛感，如日常生活中上下台阶的动作等半蹲状态动作，均会出现疼痛腿软无法发力，甚至在坐下前因不能吃力而发生跌倒等现象。严重时走路和静坐时也痛。不少病例关节酸痛程度，还与气候变化有关。

2. 损伤处理

目前无特效疗法，建议发病后尽量采取练治结合的方法缓解治疗。另外，对髌骨劳损的处理方法还可以采用按摩疗法、短波理疗(中药渗透药外敷或关节腔内注射药物)、单手拇指刮法、髌骨按压法等缓解和消除疼痛。

(十二)腰肌劳损

腰肌劳损，即腰肌筋膜炎，其病理改变是多种多样的，包括肌肉、筋膜、神经、血管、脂肪及肌腱的附着区等不同组织都会出现异样的变化。通常多是急性扭伤腰部后，治疗不彻底便参加训练，逐渐劳损所致。

1. 损伤征象

局部酸疼发沉等自发性疼痛，最常见的疼痛部位是腰椎 3、4、5 两侧骶棘肌鞘部，很多患者同时感觉有疼麻放射到臀部或大腿外侧；大部分的伤者仍能坚持从事小运动量的训练，一般表现为训练前后疼痛；在脊柱活动中，尤其是前屈时常在某一角度内出现腰痛。

2. 损伤处理

腰肌劳损发生后，可采用理疗、按摩、针灸、封闭、口服药物、用保护带及加强背肌练习等非手术治疗手段；对于顽固病例应进行手术治疗。

(十三)骨折

骨折是指在训练中由于身体某部受到直接或间接的外界力量撞击而造成的损伤。常见的骨折主要有手指骨折、肱骨骨质、尺桡骨骨折、肋骨骨折、小腿骨折等。

1. 损伤征象

出现骨折时，会有明显的疼痛产生，患处出现肿胀的现象，肢体失去正常的功能。严重时，还会伴有出血、神经损伤，甚至出现发烧和突发性休克等现象。

2. 损伤处理

发生骨折后，不要随意移动受到肢体，应采用夹板或其他代用品固定伤肢；当出现休克现象时，应对患者进行人工呼吸。而对于伤口出血的患者，应及时采取止血措施，并送往医院进行治疗。

(十四)脑震荡

1. 损伤征象

致伤后的即刻，患者出现神志昏迷、脉搏徐缓、肌肉松弛、瞳孔稍大、神经反射减弱或消失等主要征象。清醒后的伤者常有头痛、头晕、恶心、呕吐感，表现得情绪烦躁、注意力不易集中、耳鸣、失眠、记忆力减退等。

2. 损伤处理

脑震荡的处理方法具体如下。

(1)伤后立即让患者平卧，头部冷敷。若有昏迷，即指压人中、内关、合谷穴；若呼吸发生障碍，则立即进行人工呼吸。

(2)脑震荡较严重者，因常会出现反复昏迷或耳鼻口出血，如两瞳孔放大且不对称时，表明病情严重，应立即护送医院治疗。在运送途中，要让患者平卧，头部固定，谨防颠簸。一般都可自愈，不需要住院，但要注意休息和必要的药物治疗，保持情绪稳定，减少脑力劳动。

(3)脑震荡恢复期间，可定期或不定期地做脑震荡痊愈试验，以检查康复状况。其方法是：闭目，单腿站立，两臂平举，如果能保持平衡，表明脑震荡已基本治愈。这时，可适当参加体育锻炼，但要避免滚翻和旋转性动作，以免复发。

二、网球运动训练常见疾病防治

(一)过度紧张

过度紧张是运动者在进行网球运动训练的过程中由于运动负荷过大和动作过于剧烈，超过了自身的负担能力而产生的急性病理现象。

1. 病症

(1)急性胃肠功能紊乱及训练应激性溃疡：恶心、呕吐、头痛及头晕、面色苍白、呈衰弱状态，呕吐物为食物、黏液及水。训练后有恶心或不适感症状，但仍可少量进食；或训练后 8～10 小时发生呕吐。

(2)急性心脏功能不全和心肌损伤：头晕、眼花、步态不稳、面色苍白，身体迅速衰弱，呼吸困难，并有恶心、呕吐、咳嗽、咯血沫、胸痛甚至意识丧失。检查时可见脉快而弱，或节律不齐、血压降低等。

(3)昏厥：昏倒片刻后，由于脑贫血消除，病人意识很快恢复。但也有经 3～4 小时才恢复的。清醒后，病人精神不佳，仍有头痛、头晕、全身无力，也可有恶心、呕吐、逆行性健忘。

2. 预防

(1)体质较差者，不可勉强参加强度大的练习，活动前要做好充分的准备活动，并注意加强身体的全面锻炼，训练量的增加要做到循序渐进。患病时应积极治疗并注意休息，避免剧烈训练。

(2)伤病初愈或因其他原因中断训练后再重新参加锻炼者，要逐渐增加训练量，不要马上进行大强度锻炼。

3. 治疗

(1)运动者在出现过度紧张的病征时，应及时停止运动训练进行静卧休息，年长者可服用 50％的葡萄糖或镇静剂。

(2)对于过度紧张的急症患者实施急救时,应让患者平卧或半卧(心功能不全者),松解患者的衣物,同时注意保暖,然后点掐其内关和足三里穴。

(3)昏迷者可掐人中、百会、合谷、涌泉等穴;呼吸、心跳停止者应做人工呼吸和胸外心脏挤压术,可根据情况口服维生素 B_1、鲁朱那或静脉注射 25%~50%的葡萄糖 40~60 毫升,及时就医。

(二)过度疲劳

过度疲劳是由运动者长期训练不当或健身期间连续累积疲劳导致机体出现功能紊乱或病理状态。

1. 病症

轻者可表现为食欲不振、恶心、呕吐,参与网球运动训练的积极性不高,情绪不佳,焦虑;严重者可诱发心血管等突发性疾病。

2. 预防

(1)运动训练和休息要安排适当,劳逸结合,不可偏废其一。

(2)运动期间的饮食要营养均衡,多吃些营养丰富易消化的食物,以保证运动时体力消耗的补充,减少由于食量增加而给消化系统带来的负荷。同时注意科学补水。

(3)加强运动期间医务监督。运动训练时每天或隔天记录自我感觉,对比前、后的脉搏、血压数值,晨起的脉搏、食欲和睡眠情况等,以便于自我监督避免运动不当。

(4)运动要遵守循序渐进,持之以恒的原则。

(5)训练前体检。对于出现过度疲劳的训练者,应积极到医院进行全面检查。

3. 治疗

(1)及时调整训练内容和健身方法,减少运动量,注意休息和睡眠,一般的,患者在 2~3 周以后即可恢复正常。

(2)针对中、后期病情进一步发展的过度疲劳,必要时应停止健身,调整生活制度并加强营养;同时根据病情进行药物治疗(服维生素 C、维生素 B_1、葡萄糖或人参、刺五加、三七等),也可进行适当的康复性医疗体育活动(气功、温水浴、按摩等)。

(3)重者可在 2~3 个月恢复正常。

(三)肌肉痉挛

肌肉痉挛即俗称的“抽筋”,是指肌肉发生不自主地强直收缩的一种症状。人体的腓肠肌、足底的屈拇肌和屈趾肌最容易发生痉挛。肌肉痉挛常发生于长跑、足球、游泳、举重等运动时间长、运动强度大的运动。通常是由于大量出汗致使体内电解质失衡,肌肉收缩舒张失调,外部冷刺激等原因导致的。

1. 病症

发病急,局部发生不自主肌肉强直收缩,僵硬,疼痛难忍且一时不易缓解,痉挛肌肉所涉及的关节出现运动障碍。

2. 预防

(1)加强身体锻炼,提高机体的耐寒能力和耐久力。
(2)训练前做好准备活动,对容易发生痉挛的肌肉做适当按摩。
(3)注意保暖,注意电解质的补充,注意维生素的摄取。
(4)科学降体重和控制体重。

3. 治疗

牵引痉挛的肌肉常可使之缓解。例如,小腿后面群肌痉挛可伸直膝关节,用力将足背伸;足底部屈肌、屈趾肌痉挛,可用力使足和足趾背伸。此外,还可配合局部按摩,采用重推摩、揉捏、叩打、点穴(如委中、承山、涌泉等穴)手法,促使缓解。

(四)运动中腹痛

运动中腹痛是指运动员在运动中因生理和病理原因而发生腹部疼痛的一种疾病,在足球运动中比较常见。通常是由于准备活动不充分,胃肠痉挛,腹直肌痉挛,呼吸紊乱等原因造成的。

1. 病症

安静时不痛,运动中或结束时腹痛。一般无其他伴随症状。腹痛的部位常与病变脏器的位置有关:肝胆疾患或郁血,多表现为右上腹痛;脾郁血多表现为左上腹痛肠痉挛、蛔虫病多表现为腹中部痛;胃十二指肠溃疡、胃炎,多表现为中上腹痛;呼吸肌痉挛多表现为季肋部和下胸部锐痛;阑尾炎在右下腹疼痛;宿便多表现为左下腹痛。

2. 预防

(1)训练前要做好充分的准备活动,训练时应循序渐进地增加训练负荷。

(2)注意加强全面身体锻炼,提高心血管机能水平。

(3)在锻炼时要调整好训练与呼吸节奏,合理地分配训练速度。

(4)合理安排膳食。训练前不要吃得过饱或饮水过多,不吃不易消化或产气的食物;餐后 1.5～2 小时才可进行剧烈训练。不要在饥饿状态下参加锻炼。

3. 治疗

(1)运动中发生腹痛时,一般只要减低速度,加深呼吸,用手按压疼痛部位(或弯着腰跑一段),疼痛即可减轻,以至消失。如疼痛仍不减轻,甚至反而加重,就应停止运动。

(2)炎热天气时,口服十滴水或普鲁苯辛(每次 1 片),针刺或用手指点揉内关、足三里、大肠俞等穴位,都能缓解腹痛,可以试用。

(3)若为腹直肌痉挛,则可进行局部按摩,如果上述措施不见效,就应请医生处理,以防有腹部外科急症误诊而延误病情。

(五)运动性低血糖

空腹时血糖浓度低于 50 毫克/分升的一种症状即为低血糖。运动性低血糖在足球运动中比较常见。大都是因为长时间剧烈运动后,体内血糖的大量消耗和减少可造成运动性低血糖。或者是运动前饥饿,肝糖原储备不足,不能及时补充血糖的消耗导致运动性低血糖。另外还可能是因为交感神经活动增强和反应性肾上腺素释放过多,及中枢神经功能障碍可致低血糖。

1. 病症

轻者倦怠(进食前特别明显),心烦易怒,面色苍白、多汗或冷汗,身冷,体温低,心跳快速,呼吸浅促,眩晕,头痛,视力模糊,迅速或强烈的饥饿感等;重者视物模糊、焦虑、定向障碍(如返身跑)、步态不稳、出现幻觉、狂躁、精神失常,最后意识丧失、昏迷。部分患者诱发脑血管意外、心律失常及心肌梗塞。

2. 预防

(1)进行运动量大的运动时,应准备一些含糖的饮料,供途中饮用。

(2)平时缺乏锻炼者,或患病未愈及空腹饥饿时,不要参加长时间的激烈运动。

3. 治疗

(1)如果症状较轻,应使病者平卧、保暖。神志清醒者可饮浓糖水或吃少量食品,一般短时间内即可恢复。不能口服者,可静脉注射 50%葡萄糖 40~100 毫升。

(2)昏迷不醒者,可针刺人中、百会、涌泉、合谷等穴,并迅速请医生前来处理。

(六)运动性高血压

运动性高血压一般是因运动过度和过度紧张所导致的,体弱者容易发生此运动性疾病。运动性高血压是运动造成的,不是生理性的。

1. 病症

由运动引起血压升高等情况。

2. 预防

(1)运动前做好准备工作,准备活动的时间和运动量应与运动训练的内容基本保持一致。

(2)在良好的环境条件下进行训练。

(3)在身体状态和心理状态好的情况下参加运动训练。

(4)合理安排运动负荷和运动强度。

3. 治疗

一般的,只要正确合理地安排负荷量,就能恢复正常;对原发性高血压病患者应避免剧烈运动,可适当参加体育锻炼;生活要有规律,劳逸结合,有症状时可给予药物治疗。

(七)运动性贫血

因健身训练不当导致的血液中红细胞数和血红蛋白量低于正常值的现象称为运动性贫血。正常男子的血红蛋白含量为 0.69~0.83 毫摩尔/升,正常女子的血红蛋白含量为 0.64～0.78 毫摩尔/升。

1. 病症

(1)轻度运动性贫血:只有在大运动量时才出现某些症状。

(2)中度和重度运动性贫血:头晕、恶心、呕吐、气喘、体力下降、疲倦、训练后感觉明显、眼花、头痛、记忆力下降、食欲下降;皮肤、黏膜、指甲等出现苍白症状;运动中或运动后出现心悸、气促、心跳加快、脸色苍白,女运动员可出现月经紊乱或闭经。

2. 预防

合理调整膳食;如训练时经常有头晕现象,应及时诊断医治;训练时遵循循序渐进的原则,切忌突然参加超过承受力的大强度训练,

3. 治疗

在网球运动训练过程中,如果运动者被诊断为运动性贫血,应适当减少运动量,并采取以下方法进行处理。

(1)做好运动前的准备活动和整理运动,防止脚底受到过度冲击,穿质地轻软的运动鞋。

(2)加强医务监督,定期监测体内的血红蛋白和血清铁蛋白。当男运动员血红蛋白低于 100 克/升、女运动员血红蛋白低于 90 克/升时,应停止大、中强度的训练,并在医生指导下进行治疗,待血红蛋白值上升后,再逐渐恢复运动强度。

(八)运动性中暑

运动性中暑是中暑的一种,由运动导致或诱发,指肌肉运动时产生的热超过身体能散发的热而造成运动员体内的过热状态。大都是因为在炎热的天气下进行长时间进行运动;身体疲劳、失眠、失水、缺盐;对高温环境适应能力差导致。

1. 病症

中暑早期有头晕、头痛、呕吐现象。逐步发展为体温升高,皮肤灼热干燥。严重者精神失常、虚脱、痉挛、心率失常、血压下降,甚至昏迷并危及生命。

2. 预防

(1)夏天训练,要安排好锻炼时间,避免在一天中最热的时间里进行锻炼。热天训练时,宜穿浅色衣服,戴遮阳帽。保证充足地睡眠,并加强常规医务监督。

(2)合理补充营养和饮水,注意补充食物中的蛋白质,额外增加维生素 B_1、B_2、C 供给量。组织合理的水盐供应,主要是强调训练者采取少量多次饮水的原则,锻炼或比赛后的氯化钠供给量宜从常温下的 10～15 克增加到 20～25 克,所需氯化钠可通过含盐饮料、菜汤和盐渍食品提供。

(3)不耐热者要加强预防措施。中暑存在明显的个体差异,一些人对炎热较敏感,这类人体温比一般人高,发生训练性中暑的危险性较大。对炎热的低耐受性的诱因有:脱水、肥胖、体能水平低、疾病、皮肤因素等,有诱因存在时,不耐热的球类运动员应尽量减少或避免剧烈训练。

3. 治疗

当有先兆或轻度中暑时,应迅速撤离高温环境,至通风阴凉处休息,解开衣领,并服用清凉饮料、浓茶、淡盐水和解暑药物等。对病情较重的患者,应立即移到阴凉处,让其平卧。根据不同的病情,分别处理。

(1)中暑痉挛时,牵伸痉挛肌肉使之缓解,并服用含盐清凉饮料。

(2)中暑衰竭时服用含糖、盐饮料,并在四肢做重推按摩。

(3)症状重或昏迷患者,可针刺人中、涌泉、中冲等穴,并应迅速送往医院进行抢救。

(九)肌肉酸痛

运动结束后的 1～2 天,机体部分肌肉因肌纤维痉挛而酸痛的现象为延迟性肌肉疼痛。

1. 病症

轻者肌肉僵硬、酸痛和自觉酸痛部位肿胀,有压痛;严重者肌肉全长发生疼痛,且以肌腹为主。24～48 小时之内,酸痛达到高峰,之后可自行缓解,5～7 天消失。

2. 预防

(1)准备活动中,注意使即将练习时负荷重的局部肌肉活动得更充分。

(2)锻炼时,尽量避免长时间集中练习身体某一部位,以免局部肌肉负担过重。

(3)根据不同体质、不同健康状况科学地安排锻炼负荷。

(4)整理运动除进行一般性放松练习外,还应重视进行肌肉的伸展牵引练习,这有助于预防局部肌纤维痉挛。

3. 治疗

运动前充分做好准备活动,运动要循序渐进,合理把握运动强度及运动量,避免局部肌肉负担过重,锻炼后可对主要工作肌肉进行推拿按摩。对酸痛部位进行热敷或按摩或口服维生素 C 以缓解症状,也可进行针灸、电疗。

(十)重力休克

重力休克,又称运动性昏厥,是因血液的重力关系而引起的急性脑贫血,属于休克的一种。

1. 病症

运动性休克可分轻、中、重三度。

(1)轻度时,患者自觉头昏、耳鸣、眼前发黑或冒金星、恶心、面白、软弱无力,终因支持不住而跌倒。

(2)中度时,患者头昏加重,或因意识模糊而昏倒,面白,四肢发凉,出冷汗,恶心或呕吐,呼吸减慢,心率减速。

(3)重度时,患者意识模糊,知觉丧失,面白,四肢厥冷,周身大汗或无汗,呼吸浅表,心率慢并伴有节律不齐,对光反射迟钝或消失,可伴有抽搐、大小便失禁等症状。

2. 预防

(1)严格控制训练强度,充分考虑运动员可承受的运动训练强度和负荷。

(2)大强度运动训练后不要即刻停止,应进行积极性恢复,做好训练后的放松和整理活动,以防止“重力休克”或致命性心律紊乱发生。

3. 治疗

个体在进行运动训练结束之后,切忌立即停下不动,应适当做些放松动作使机体逐渐恢复到安静状态,出现昏厥者,应将患者平卧,将头放低,足垫高,掐点人中、百会、涌泉等穴,由远心端向近心端按摩下肢,以促使下肢静脉血回心加快。

(十一)月经失调

1. 病症

运动导致的女学生月经失调主要有以下几种症状。

月经先期,有两种征象,气不摄血证:量多色淡,质清稀,或淋漓不止,甚至崩漏,伴有心悸气短,神疲乏力,面色苍白,食欲不振,舌淡苔薄,脉细弱无力。阳盛血热证:月经量多,色鲜红或紫红,伴有面赤,烦躁易怒,口渴,饮食减少,口苦口干,头晕目眩,舌质淡红或边尖赤,苔薄黄,脉多弦滑或弦细等。

月经后期,有三种类型,气郁型:量少色暗有块,排出不畅,伴有小腹胀痛,乳胀胁痛,精神抑郁,舌正常或稍暗,脉弦涩。血寒型:量少色暗,有块,或色淡质稀,伴有小腹冷痛,喜温喜按,得热则减,或畏寒肢冷,小便清长,大便稀薄,舌淡,苔薄白,脉沉紧或沉迟无力。血虚型:量少色淡,质清稀,伴有眩晕,失眠,心悸,面色苍白,神疲乏力,舌淡,脉弱无力。

运动性痛经:行经前,腰酸痛,下腹部坠痛难忍,直至行经结束后才逐渐减轻,经血量少色暗。

运动性闭经:下丘脑闭经,月经停止一个月或以上。

2. 预防

(1)合理安排饮食,将摄入的总热量提高到正常水平。增加蛋白质、脂肪的摄入。

(2)合理安排训练,避免长期大运动强度训练,可以设定最大运动量。

(3)女运动员不宜服用人体激素。

3. 治疗

出现运动性月经失调,可采取以下处理方法进行缓解和治疗。

(1)推拿按摩

针对运动性痛经:患者取坐位或卧位,术者立于患者侧面,术者取关元、气海、足三里、三阴交、肾俞、太溪、太冲、天枢等穴,施以一指禅推法、按法、擦法等。用揉法揉小腹部。

(2)针灸治疗

①体穴:选用百会、气海、阳陵泉、太冲、足三里、血海、中极、内关、三阴交、肝俞、期门、膈俞、太冲等穴,用捻转补泻法,每次取 3～4 穴针刺。一日 1 次,每次留针 30 分钟,7 次为 1 疗程。

②耳穴：子宫、肝、内分泌、神门。每次取2～3穴。

(3)中医治疗

①月经先期

气不摄血证：宜益气补血，健脾养心，可用归脾汤，水煎，温服，一日1剂，一日3次。

阳盛血热证：宜清热凉血止血，可用清热凉血方，水煎，温服，一日1剂，一日3次。

②月经后期

血虚型：宜补血益气，可用人参养荣汤，水煎，温服，一日1剂，一日3次。

血寒型：宜益气补血，温经止痛，可用趁痛散，上药研粗末，一次15克，水煎去渣后分2次热服。

气郁型：宜疏肝行气，活血止痛，可用柴胡疏肝散，水煎，温服，一日1剂，一日3次。

(4)西医治疗

可用氨甲苯酸或酚磺乙胺等止血剂。难以控制的出血可服用避孕药。

(十二)岔气

岔气是指运动时发生与腹痛位置不同的突然性胸壁或上腹近肋骨处的疼痛现象。网球运动员的耐力跑训练中，运动员呼吸调节不当容易岔气。

1. 病症

岔气后，胸壁或上腹近肋骨处出现明显的疼痛，说话、深呼吸或咳嗽时局部疼痛，按压疼痛部位有明显压痛感。

2. 预防

训练前要充分地活动开肢体，使身体适应后逐渐加大运动量。在运动中要掌握正确的呼吸方法和节奏，并养成经常锻炼的习惯。

3. 治疗

(1)深吸气后憋住不放，握拳由上到下依次捶击胸腔左、右两侧，亦可用拍击手法拍击腋下，再缓缓作深呼气。

(2)连续做深呼吸，同时用手紧压疼痛处可有一定程度的缓解。

(3)用食指和拇指用力捻捏内关和外关穴，同时做深呼吸和左右扭转身躯的动作。

(十三)昏厥

暂时性的知觉和行动能力丧失的状态称为昏厥。

1. 病症

昏厥前患者会感到头昏,全身无力,眼前发黑,耳鸣,恶心等。

(1)血管减压性晕厥:情绪不稳定、疲劳,发作前出汗、流涎、心动徐缓,上述症状持续数十秒至数分钟后意识丧失。

(2)心源性晕厥:情绪不稳定、疲劳等,发作前有出汗、流涎、心动徐缓、出现眼黑、心悸、胸痛、面色苍白并有紫绀、呼吸困难、颈静脉怒张,血压下降,心率、心音和脉搏有改变,心电图多有异常表现等。

(3)脑源性晕厥:头痛、眩晕、呕吐、抽搐,常有失语、轻偏瘫、患侧视力减退或失明等。

(4)体位性低血压晕厥:意识突然丧失,无前驱症状。

(5)低血糖性晕厥:头晕、无力、饥饿感、震颤、恶心、冷汗、心动过速和行为慌乱等,晕厥历时较长,补充糖后意识可恢复。

(6)迷走反射性晕厥:眩晕、恶心、面色苍白、出汗、肢体发软等,持续数分钟继而突然意识丧失,意识丧失数秒或数分钟后自然苏醒。

2. 预防

(1)平时要经常坚持训练,增强体质。

(2)久蹲后不要突然起立。

(3)疾跑后不要立即停下来。

(4)不带病参加剧烈训练。

(5)不在饥饿的情况下参加剧烈训练。

3. 治疗

病情较轻者,在昏倒片刻后,脑贫血会消除而清醒过来;对出现昏厥的患者,应使其平卧或头部稍低位、松解衣带,热毛巾擦脸,做下肢向心性推摩或揉捏,嗅氨水或点掐其人中、百会、合谷等穴。在患者未恢复知觉前或有呕吐现象时切忌饮食,醒后可给以热饮或少量食物,并注意安排运动员充足休息。

参考文献

[1]胡亚斌.八位世界优秀男子职业网球选手的技战术特征[D].北京体育大学,2005.

[2]李春艳.江苏省高校网球运动开展的现状分析及对策研究[D].南京师范大学,2008.

[3]张艳辉.湖北省普通高校网球运动现状及发展对策研究[D].武汉体育学院,2006.

[4]张荣魁.我国高校网球教学与训练的多维度探析[M].长春:吉林大学出版社,2012.

[5]易春燕.中国网球运动发展研究[M].郑州:河南大学出版社,2014.

[6]孟霞.现代网球运动全攻略[M].北京:中央编译出版社,2015.

[7]杨忠令.现代网球教程[M].杭州:浙江大学出版社,2011.

[8]董杰.网球教程[M].北京:高等教育出版社,2005.

[9]陶志翔.网球运动教程[M].北京:北京体育大学出版社,2007.

[10]王保成,王川.球类运动员体能训练理论与方法[M].北京:北京体育大学出版社,2005.

[11]乔伫,李先国,黄念新.网球运动教程[M].南京:南京师范大学出版社,2005.

[12]王向宏.体能训练理论与方法[M].北京:北京航空航天大学出版社,2010.

[13]杨翼,李章华.运动性疲劳与防治[M].北京:北京体育大学出版社,2008.

[14]邱勇.羽毛球 网球[M].北京:北京师范大学出版社,2008.

[15]殷剑巍,万建斌,黄珊.网球裁判法解析[M].北京:人民体育出版社,2015.

[16]王杰.网球入门与技术图解[M].北京:人民体育出版社,2006.

[17]周铭共.网球 世界因你而精彩[M].北京:高等教育出版社,2007.

[18]王捷.网球入门[M].合肥:安徽科学技术出版社,2005.

[19]应圣远,王加强.网球普通高等体育选项课教材[M].北京:北京体

育大学出版社,2005.

[20]周海雄等.网球运动员体能与心理训练手册[M].北京:人民体育出版社,2009.

[21]张月芳.运动人体科学基础教程[M].广州:华南理工大学出版社,2004.

[22]全国体育学院教材委员会.运动训练学[M].北京:人民体育出版社,2000.

[23]周海雄,祁兵.网球技战术训练手册[M].北京:人民体育出版社,2007.

[24]张民朝.体育与健康[M].西安:陕西人民出版社,2006.

[25]段黔冰,张红坚.网球快速入门[M].广州:世界图书出版公司,2007.

[26]王永盛.大学体育教育教程[M].北京:中国书籍出版社,2008.

[27]张钧,张蕴琨.运动营养学[M].北京:高等教育出版社,2006.

[28]田野.运动生理学高级教程[M].北京:高等教育出版社,2003.